POESIAS COMPLETAS

CLASICOS

CUBANOS

2

**Cubierta: Casa de Heredia; dibujo
de Rosaura García Tudurí.**

JOSE MARIA HEREDIA

POESIAS COMPLETAS

Selección, estudio y notas
por
ANGEL APARICIO LAURENCIO
Miembro del Instituto de Cultura Hispánica de Madrid
y
Profesor de Literatura de la Universidad de Redlands, California.

Ediciones Universal
P. O. Box 353
MIAMI, Florida, 33145. U. S. A.

*Derechos reservados
para todos los países*

© 1970.—ANGEL APARICIO LAURENCIO

Depósito Legal: S. 108 - 1970

1970. — GRAFICESA. — Ronda de Sancti-Spíritus, 9. — SALAMANCA

A la memoria de mi madre Herminia Laurencio de Aparicio que me educó en el amor a Cuba y a la libertad.

RECONOCIMIENTOS

Me es imposible consignar los nombres de todas las personas que me han estimulado en la tarea de preparar esta edición de las Poesías de Heredia. Debo, no obstante, expresar mi agradecimiento a la doctora Ana Rosa Núñez y a la doctora Rosa Abella, por haber facilitado mi investigación en la Biblioteca de la Universidad de Miami.

Debo hacer mención de las profesoras Mercedes y Rosaura García Tudurí por sus consejos y recomendaciones. En igual sentido deseo expresar mi gratitud a la profesora colombiana Leonor Perilla Rojas, y a mi distinguido amigo el profesor Alfredo Brigola.

Estoy igualmente agradecido del "Faculty Research Committe", de la Universidad de Redlands, por haber hecho posible esta investigación.

Por último, debo informar del auxilio recibido de don José María Chacón y Calvo, el más insigne heredista de nuestros días, fallecido recientemente en La Habana; y de mi esposa, que me ha estimulado en todo momento, para que este trabajo fuera una realidad.

"*Olmedo, que cantó a Bolívar mejor que Heredia, no es el primer poeta americano. El primer poeta de América es Heredia. Sólo él ha puesto en sus versos la sublimidad, pompa y fuego de su naturaleza. El es volcánico como sus entrañas, y sereno como sus alturas*". José Martí, "Heredia", en "El Economista Americano", Nueva York, julio de 1888.

INFLUENCIAS POETICAS EN JOSE M.ª HEREDIA

Desde que Marcelino Menéndez y Pelayo con el prestigio de su magisterio y de su autoridad intelectual, señaló algunas influencias ocasionales en la producción poética de Heredia, la gran mayoría de los críticos profesionales, sin detenerse a comprobar si los juicios del erudito español eran siempre correctos y desprovistos de pasión y resentimiento, no han hecho otra cosa, que repetirlos al pie de la letra. Con todo el respeto y admiración que sentimos por el más insigne heredista de nuestros días don José María Chacón y Calvo, no compartimos su apreciación de que Nicasio Alvarez Cienfuegos dio ocasión al autor de la *Antología de poetas hispanoamericanos* para escribir una página definitiva de crítica comparada [1]. Las páginas escritas por Menéndez y Pelayo sobre Heredia, deben ser objeto de revisión, para desentrañar lo que hay en ellas de sinceridad y verdad y destacar el sentimiento de rencor que en ocasiones las anima. Los críticos profesionales en su gran mayoría, reproducen escuetamente el dictamen de Menéndez y Pelayo, que a nuestro juicio, no es definitivo.

---

[1] JOSÉ MARÍA CHACÓN Y CALVO: *José María Heredia*, en "Ensayos de Literatura Cubana", Editorial Saturnino Calleja, S. A., Madrid, 1929, págs. 254 y 255. Este trabajo fue reproducido por el autor en "Estudios Heredianos", Editorial Trópico, La Habana, 1939.

1. Marcelino Menéndez y Pelayo

Menéndez y Pelayo señala que pese a ser tan vigorosa la originalidad de Heredia, no es difícil descubrir en su obra poética

> "rastros del estilo de Cienfuegos; de la última manera de Meléndez (verbigracia, en la elegía '¡Adiós, amada, adiós! llegó el momento...', que recuerda en seguida el 'Adiós, voy a partir, bárbara amiga...'); del estro patriótico de Quintana (verbigracia, en la oda 'España Libre', y generalmente en todas las políticas); y aun de la mansa dulcedumbre de Lista (por ejemplo, en la oda 'A la Religión', dictada por el mismo género de cristianismo sentimental y teo-filantrópico que inspiró los elegantes versos 'A la Beneficencia' y 'El Triunfo de la Tolerancia...'"[2].

¿Cuáles son los rastros de la última manera de Juan Meléndez Valdés que Menéndez y Pelayo descubre en Heredia? "La Partida" de Heredia nada debe a la "Elegía III" que Meléndez había escrito con el mismo título. Llama la atención que los críticos no hayan reparado en la modificación que Menéndez y Pelayo introduce en la elegía de Meléndez Valdés para hacerla más coincidente con la composición de Heredia. Menéndez y Pelayo escribe que la elegía "¡Adiós, amada, adiós! llegó el momento..." nos recuerda enseguida el "Adiós, voy a partir, bárbara amiga...". Sin embargo, al cotejar ambas composiciones se descubre la mixtificación.

---

[2] Marcelino Menéndez y Pelayo: *Historia de la Poesía Hispano-Americana*, tomo I, Librería General Victoriano Suárez, Madrid, 1911, págs. 241 y 242.

Juan Meléndez Valdés escribe:

> En fin voy a partir, bárbara amiga
> voy a partir, y me abandono ciego
> a tu imperiosa voluntad. Lo mandas;
> ni sé, ni puede resistir: adoro
> la mano que me hiere, y beso humilde
> el dogal inhumano que me ahoga.
>
> (MELÉNDEZ VALDÉS: Elegía III, *La Partida*) [3]

Y Heredia dice:

> ¡Adiós, amada, adiós! llegó el momento
> del pavoroso adiós... mi sentimiento
> dígate aqueste llanto... ¡ay! ¡el primero
> que me arranca el dolor! ¡Oh Lesbia mía!
>
> (HEREDIA: *La Partida*)

Manuel Pedro González ha señalado la peculiar coincidencia de que en similares circunstancias, es decir, ausente de ella (Julia Leacroft) publicó Byron en 1806 un corto poema titulado *To Lesbia* (*The Poetical Works of Lord Byron*, Edited, with a Memoir, by Ernest Hartley Coleridge, London: John Murray, 1905, p. 12). Byron canta en él un amor ya extinguido y en esto difiere del de Heredia. ¿Se había familiarizado Heredia con Byron en 1819, cuando todavía no sabía inglés? [4].

¿Cuáles son los rastros del estro petriótico que de Manuel José Quintana se descubren "generalmente en todas las poesías políticas de Heredia? La huella de Quin-

---

[3] MELÉNDEZ VALDÉS: *Poesías*, Clásicos Castellanos, Madrid, 1925, pág. 251. Edición de Pedro Salinas.
[4] MANUEL PEDRO GONZÁLEZ: *José María Heredia, primogénito del romanticismo hispano*, El Colegio de Méjico, Méjico, 1955, nota 18, pág. 86.

tana en Heredia es esporádica y circunstancial, no general como afirma Menéndez y Pelayo. El maestro español no demuestra, ni prueba ese ascendiente, se limita a decirnos que hay influencias de Quintana en la oda a "España Libre" y que el poema "Las Sombras" es indigno de su fama por ser una pésima imitación [5], un remedo de "El Panteón del Escorial" [6].

La oda "España Libre" se publicó en La Habana, en 1820, cuando Heredia tenía diecisiete años y Quintana cuarenta y ocho. Hay en la composición unas estrofas, en que Heredia exclama:

¿Quién me diera
del cantor de Guzmán y de Padilla,
el acento inmortal? ¡Oh! cómo entonces
resonando en el cielo la voz mía,
los altos hechos, las hazañas vuestras
de un polo al otro polo extendería.

(HEREDIA: *España Libre*)

Exclamación de admiración que Menéndez y Pelayo convierte caprichosamente en influencia.

El juicio de Menéndez y Pelayo sobre el poema "Las Sombras" es injusto y apasionado. Es cierto que Heredia "le tomó a Quintana el plan y la idea de resucitar a los personajes históricos y ponerlos a dialogar" [7]. Pero nada más, Menéndez y Pelayo juzga la intención política del poema, no los méritos artísticos de la composición. Quintana ataca a Felipe II y al pasado imperial; Heredia arremete contra los conquistadores. "A tal extremo llega la intemperancia de don Marcelino que al citar unos versos del poema como ejemplo de la ojeriza, ceguera y mal

---
[5] MARCELINO MENÉNDEZ Y PELAYO: *Ob. cit.*, pág. 235.
[6] MARCELINO MENÉNDEZ Y PELAYO: *Ob. cit.*, pág. 242.
[7] MANUEL PEDRO GONZÁLEZ: *Ob. cit.*, pág. 135.

gusto de Heredia, copia en bastardilla, alterando lo que Heredia escribió, para hacer más patente los defectos del poema. Dijo Heredia: "Cualesquiera español es un tirano" y don Marcelino transcribe "Cualesquier"[8]. Menéndez y Pelayo no justifica la acusación de que "Las Sombras" sea una "pésima imitación", un remedo de "El Panteón del Escorial". Veamos en detalle en qué consiste la pésima imitación:

cuando después de reluchar en vano
con la dura opresión en que gemía,
la tierra, sin aliento, al yugo indigno
el cuello pusilánime tendía...

(QUINTANA: *El Panteón del Escorial*)[9]

El orbe todo entre cadenas gima,
y el hombre hundido en servidumbre odiosa
la mano bese que feroz le oprima,
los campos yermos y la tierra inculta
queden de hoy más: miseria dolorosa
única herencia a los humanos sea:
sumido en el horror todo se vea.

(HEREDIA: *Las Sombras*)

Al punto presurosas
mis plantas se alejaron
a las sierras nevadas y fragosas,
lindes eternos de las dos Castillas.

(QUINTANA: *El Panteón...*)

---

[8] MANUEL PEDRO GONZÁLEZ: *Ob. cit.*, pág. 135.
[9] MANUEL JOSÉ QUINTANA: *Poesías*, Clásicos Castellanos, Madrid, 1927, edición de Narciso Alonso Cortés.

Aquesos pensamientos revolvía
en el espacio de su inquieta mente
cuando una tarde al acabar el día
silencioso vagaba tristemente
en el monte sagrado en que reposan
de los Reyes Aztecas las cenizas.

(HEREDIA: *Las Sombras*)

¡Sepulcros, responded!... Y de repente
vuélvense de la bóveda las puertas
sobre el sonante quicio estremecido:
la antorcha muere que mis plantas guía,
y embargado el sentido,
mil terribles imágenes se ofrecen
a mi atemorizada fantasía.

(QUINTANA: *El Panteón...*)

Yo cavilaba así; la clara luna
resplandeciente en la mitad del cielo
al través de los árboles sombríos
con suave vislumbrar bañaba el suelo.
Con su plateada luz, que dulce y triste
al mover de las hojas, semejaba
a mil espectros pálidos y fríos
que rápidos en torno vagueando
se ocultaban do quier: mi alma llenaba
una dulce y feliz melancolía.

(HEREDIA: *Las Sombras*)

Un alarido agudo, lastimero,
el silencio rompió que hondo reinaba,
mientras las urnas lánguida alumbraba
pálida luz de fósforo ligero.

(QUINTANA: *El Panteón...*)

Mas de repente escucho entre los vientos
tristes gemidos resonar...
    (HEREDIA: *Las Sombras*)

Levanto al grito la aterrada frente,
y en medio de la estancia pavorosa
un joven se presenta augusto y bello.
En su lívido cuello
del nudo atroz que le arrancó la vida
aún mostraba la huella sanguinosa...
    (QUINTANA: *El Panteón...*)

                            alzado
revuelvo en derredor la vista mía,
y un hombre miro que hacia mí se acerca,
de perlas y oro el traje recamado...
    (HEREDIA: *Las Sombras*)

        ¿Quiénes sois? ¿Qué hicisteis
del inmenso poder que se extendía
con pasmo universal de polo a polo?
    (QUINTANA: *El Panteón...*)

        ¿Cómo, cobardes,
el alto imperio que os dejé perdisteis?
¿Mis soldados invictos que se hicieron?
¿A quién el trono de Ahuitzol cedisteis?
    (HEREDIA: *Las Sombras*)

Llegaba aquí, cuando de la alta sierra
bramador huracán fue sacudido,
de tempestad horrísona asistido,
para espantar y combatir la tierra.

Derramóse furioso por los senos
del edificio; el panteón temblaba;
la esfera toda se asordaba a truenos;
a su atroz estampido
de par en par abiertas
fueron de la honda bóveda las puertas:
entraron los relámpagos, su lumbre
las sombras disipó, y enmudecido
y envuelto ya en pavor, cobro el sentido,
cual si con tanta majestad quisiera
solemnizar el cielo
la terrible lección que antes me diera.
>   (QUINTANA: *El Panteón...*)

mas de repente el cielo escurecióse,
a la luna ocultó que antes hermosa
al mundo con su luz iluminaba.
Allá a lo lejos el furioso trueno
estalló, resonando en mis oídos;
relámpagos sin fin brillar se vieron,
por el aire las sombras se esparcieron
y el monte resonó con sus gemidos.
>   (HEREDIA: *Las Sombras*)

Las citas son largas, pero instructivas. "Las Sombras" no es un remedo de "El Panteón del Escorial" y mucho menos una pésima imitación. Hay alguna que otra semejanza, pero como ha indicado Manuel Pedro González "el sentimiento que inflama el largo diálogo entre los héroes evocados es original, propio, y americano por sus proyecciones continentales"[10]. Hay en "Las Sombras" reminiscencias de otras composiciones de Quintana, que me es grato subrayar, con el objeto de demostrar lo sec-

---

[10] MANUEL PEDRO GONZÁLEZ: *Ob. cit.*, pág. 136.

tario y violento que en ocasiones resultaba el juicio de
Marcelino Menéndez y Pelayo.

> ¿Qué era, decidme, la nación que un día
> reina del mundo proclamó el destino,
> la que a todas las zonas extendía
> su cetro de oro y su blasón divino?
> > (QUINTANA: *A España después de la Revolución de Marzo*)

> ¿A dó se oculta la nación que un día
> al Anáhuac inmenso dominaba,
> que su cetro de gloria en él tendía,
> que a su enojo la América temblaba?
> > (HEREDIA: *Las Sombras*)

llaman allí contra la patria mía
y vedan estampar gloria y ventura
en el campo fatal donde hay delitos.
¿No cesarán jamás? ¿No son bastantes
tres siglos infelices
de amarga expiación?
> (QUINTANA: *A la expedición española...*)

¿No lamentáis de América la suerte?
¿Qué vio tres siglos en su rico suelo
sino honor y cadenas, luto y muerte?
> (HEREDIA: *Las Sombras*)

Señalemos que Quintana en "A España después de la Revolución de Marzo" clama por

> Desenterrad la lira de Tirteo,
> y al aire abierto, a la radiante lumbre
> del sol, en la alta cumbre
> del riscoso y pinífero Fuenfría,

allí volaré yo, y allí cantando
con voz que atruene en rededor la sierra,
lanzaré por los campos castellanos
los ecos de la gloria y de la guerra.

Mientras que Heredia en la "Oda a los habitantes de Anáhuac" grita

¡Quién me diera
del vengador Tirteo
la abrasadora voz! ¡Oh! ¡si pudiera
encender en los pechos mejicanos
aquesta hoguera que mi pecho abrasa
de amor de libertad!

No sería agotador encontrar en las composiciones políticas de Heredia que hemos citado, giros rebuscados y determinados prosaísmos empleados por Quintana, verbigracia, "tirano odioso", "tenebroso averno", "servil cadena", etc. Hasta aquí la influencia de Quintana en las poesías políticas de Heredia. Como muy bien puede verse, la deuda de Heredia "no es general", es limitada y circunstancial. *Composiciones "de altísimo valor patriótico"* [11] *como "La Estrella de Cuba", "A Emilia", "Vuelta al Sur", y el "Himno del Desterrado", nada deben a la inspiración "del estro patriótico de Quintana".*

Menéndez y Pelayo sostiene que "también es visible la influencia de D. Juan Nicasio Gallego" en la producción poética de Heredia. ¿Hasta qué punto influyó Nicasio Gallego en Heredia? De acuerdo con el maestro español, la oda "A Bolívar" empieza con estos versos:

---

[11] JOSÉ MARÍA CHACÓN Y CALVO: *Las cien mejores poesías cubanas,* segunda edición, Ediciones Cultura Hispánica, Madrid, 1958, pág. 50.

¡Libertador! Si de mi libre lira
jamás el eco fiero
al crimen halagó ni a los tiranos,
escucha su himno de loor que inspira,
ferviente admiración.

"Son casi puntualmente —escribe don Marcelino— los mismos que en la elegía "El Dos de Mayo" había aplicado el poeta zamorano a Daoiz y Velarde" [12].

si de mi libre musa
jamás el eco adormeció a tiranos,
ni vil lisonja emponzoñó su aliento,
allá del alto asiento
a que la acción magnánima os eleva,
el himno oíd que a vuestro nombre entona,
mientras la fama alígera le lleva
del mar de hielo a la abrasada zona.

La "influencia" de Gallego es más potente en la composición que Heredia compuso "Al C. Andrés Quintana Roo por haber reclamado contra la expulsión arbitraria del General Pedraza". Heredia cita textualmente los versos de Gallego, pero los pone en bastardilla:

jamás a la opresión quemé el incienso,
y limpio el corazón, pura las manos,
oso decir que *de mi libre Musa*
jamás el eco adormeció a tiranos.
Recibe, pues, el himno de alabanza
que parte de mi lira
y generosa inspiración me inspira.

---

[12] MARCELINO MENÉNDEZ Y PELAYO: *Ob. cit.*, nota 1, pág. 242.

En "A un amigo desterrado por opiniones políticas", Heredia vuelve a utilizar expresión parecida cuando dice:

> Si la Musa que altiva me inspira
> nunca supo adular a tiranos,
> de la lira que tiembla en mis manos
> hoy preside a la noble canción.

La "influencia visible" de Juan Nicasio Gallego se reduce en toda la obra poética de Heredia a los versos siguientes:

> si de mi libre musa
> jamás el eco adormeció a tiranos...

En una oportunidad los transcribe textualmente poniéndolos en bastardilla, y en dos ocasiones diferentes los utiliza modificándolos. A esa cita, queda reducida la "visible influencia" de Juan Nicasio Gallego en José María Heredia.

2. José María Chacón y Calvo

José María Chacón y Calvo es hoy la mayor autoridad de la literatura cubana y el más prestigioso heredista de nuestros días. Para Chacón y Calvo en la vida literaria de Heredia hay tres momentos capitales: el de su primera estancia en Méjico (época de formación y de probables influencias humanísticas): el del estudio asiduo de los poetas salmantinos (este momento coexiste con el primero, pero se extiende hasta gran parte de la vida del poeta) y el del inicio de la tendencia romántica (culto al pseudo Ossian, traducciones e imitaciones de Byron, Millevoye y Lamartine)[13].

---

[13] José María Chacón y Calvo: *Las etapas formativas de la poesía de Heredia*, en "Estudios Heredianos", Editorial Trópico, La Habana, 1939, pág. 36.

INTRODUCCION 23

De acuerdo con Enrique Larrondo y Masa, una de las primeras influencias que pesan sobre Heredia es la de Juan Pedro Claris de Florian, escritor francés y autor de fábulas morales y traductor del "Quijote". Florian había dado a la poesía incipiente de Heredia, según Chacón y Calvo, su fondo razonador, su ética concreta. Heredia olvidaría pronto estas influencia. En la primera edición de sus poesías destinadas a la imprenta, eliminó casi por completo el fabulario traducido o imitado de Florian [14].

El segundo momento en la vida literaria de Heredia es el del estudio e influencia de los poetas salmantinos. En Heredia, apunta Chacón y Calvo, hay reminiscencias visibles de Nicasio Alvarez Cienfuegos en la más famosa de sus composiciones descriptivas [15]. Con anterioridad Marcelino Menéndez y Pelayo había afirmado:

"Hasta en 'El Niágara' le persigue la memoria de su autor predilecto (Cienfuegos), en cuya lectura estaba tan empapado, que le acontecía imitarle sin quererlo"[16].

Veamos en qué consiste la "imitación de Heredia". Cienfuegos había dicho en su poema "La Primavera":

¿Y por siempre sin fin estéril llama
en mi pecho arderá? ¿Nunca una amante
dará empleo feliz a la ternura
de un triste corazón a quien inflama
todo el dios del amor; que ni un instante
vivirá sin amar? ¿Do está, oh natura,

---

[14] JOSÉ MARÍA CHACÓN Y CALVO: *La vida y la poesía de Heredia*, en "Estudios Heredianos", pág. 99.
[15] JOSÉ MARÍA CHACÓN Y CALVO: *Las etapas formativas en la poesía de Heredia*, pág. 32.
[16] MARCELINO MENÉNDEZ Y PELAYO: *Ob. cit.*, pág. 241.

tu ley primaveral? En vano, en vano
de un nuevo Abril renacerá florido,
de un amor y otro amor.
                      Yo no culpable,
yo solo en juventud ¡ay me! perdida,
entre tanto contento
mi soledad y desamor lamento.
                      ¡Yo desquerido,
sin hijos, sin esposa:
nunca será mi primavera hermosa!

Y Heredia dice en "El Niágara":

                      ¡Ay! agostada
siento mi juventud, mi faz marchita,
y la profunda pena que me agita
ruga mi frente de dolor nublada.
  Nunca tanto sentí como este día
mi soledad y mísero abandono
y lamentable desamor... ¿Podría
en edad borrascosa
sin amor ser feliz?
                      ¡Ay! desterrado
sin patria, sin amores,
sólo miro ante mí llanto y dolores.

La huella de Cienfuegos es evidente en algunas poesías amatorias de Heredia. Huella que se reduce al empleo de ciertas expresiones que los críticos consideraron de mal gusto, y que en su época puso en circulación Cienfuegos. La fama literaria de Heredia, no se debe a sus composiciones amorosas, carentes por lo general de valor poético intrínseco, desaliñadas, ampulosas y declamatorias, sino a sus composiciones descriptivas, patrióticas y románticas. Y en estas últimas Heredia no debe nada, absolutamente nada a Cienfuegos.

Los otros poetas de la escuela salmantina que influyeron en Heredia, en opinión de Chacón y Calvo, fueron Meléndez, Quintana y Jovellanos. "En *La Inconstancia* (que recuerda, por cierto —y entiende que nadie ha reparado en esta semejanza—, en sus principios, el comienzo de la Epístola a Anfrisio, de Jovellanos), el ardor pasional está expresado tan en sus detalles que toca en los límites del prosaísmo"[17].

"La Inconstancia" de Heredia comienza:

En aqueste pacífico retiro,
lejos del mundo y su tumulto insano,
doliente vaga tu sensible amigo.
Tú sabes mis tormentos, y conoces
a la mujer infiel... ¡Oh! si del alma
su bella imagen alejar pudiese,
¿cuál fuera yo feliz! ¡cómo tranquilo
de amistad en el seno
gozara paz y plácida ventura
de todo mal y pesadumbre ajeno!

La "Epístola de Fabio a Anfriso" de Jovellanos comienza:

Desde el oculto y venerable asilo
do la virtud austera y penitente
vive ignorada y, del liviano mundo
huida, en santa soledad se esconde,
el triste Fabio al venturoso Anfriso
salud en versos flébiles envía...

---

[17] JOSÉ MARÍA CHACÓN Y CALVO: *Las etapas formativas en la poesía de Heredia*, pág. 52.

Fabio es el nombre que se da a sí mismo Jovellanos y escribió esta epístola desde el monasterio del Paular a su amigo Anfriso, Mariano Colón, duque de Veragua; Heredia dedica "La Inconstancia" a su amigo Domingo del Monte.

El tercer y último momento de la vida literaria de Heredia es el más interesante y polémico porque revela con claridad el aspecto romántico de su producción poética. Inclinación romántica que se inicia con el culto al falso Ossian y que se desarrolla y perfecciona en la segunda edición de sus poesías cuando imita y traduce en varias formas a Chateaubriand, Millevoye, Byron y Lamartine [18].

3. Otros críticos literarios

Emilio Martín González del Valle al señalar las influencias que predominan en la poesía de Heredia, no hace otra cosa, que repetir los juicios de Andrés Bello y Menéndez y Pelayo. Bello juzga que los cantos de Heredia, se asemejan en algo a los de Byron. Y Menéndez y Pelayo reconoce que la entonación, es enteramente castellana, y se refleja en las odas de Rioja, Quintana y Gallego [19].

Roberto F. Giusti no agrega nada nuevo al juicio de Menéndez y Pelayo. El literato y crítico argentino se limita a hacer una síntesis de los conceptos emitidos por el maestro español. Para Giusti, Heredia fue discípulo de Cienfuegos, y además, sufrió la influencia de algunos poe-

---

[18] José María Chacón y Calvo: *Las etapas formativas en la poesía de Heredia*, págs. 31 y 36.
[19] Emilio Martín González del Valle: *La poesía lírica en Cuba*. Tipo-Lit., de Celestino Verdaguer, Barcelona, 1884, pág. 46.

tas perrománticos ingleses, entre ellos el Falso Ossian, y de Chateaubriand uno de los padres del romanticismo, descriptor elocuente, en prosa, de la naturaleza americana. Señalando al final de su comentario, que Heredia, también admiró y tradujo a Byron [20].

Juan J. Remos afirma telegráficamente que Horacio formó el gusto poético de Heredia, y los poetas españoles que influyeron en su estilo, eran de cepa horaciana: Meléndez, Cienfuegos y Quintana [21].

Max Henríquez Ureña encuentra diversas influencias circunstanciales que podrían señalarse en Heredia. ¿Cuáles son esas influencias? La de Quintana, en algunos rasgos de poesía civil y, de manera esporádica, la de Jovellanos, la de Gallego, acaso la de Lista. Cienfuegos desde el punto de vista de la forma externa. Y entre los extranjeros, la de Byron, de cuyos primeros cantos de "Childe Harold" encontramos eco manifiesto en los arrebatados acentos con que Heredia describe el imponente espectáculo de las tempestades [22].

Raimundo Lazo, ni lo prueba ni demuestra, pero asegura que es fácil descubrir en las poesías de Heredia, las influencias de los clásicos españoles, como Fernando de Herrera, de autores del siglo XVIII, como Cadalso, la de Quintana, de autores franceses, como Chateaubriand, aunque, en realidad, nada debe Heredia al pretendido modelo [23].

---

[20] ROBERTO F. GIUSTI: *Lecciones de literatura argentina e hispanoamericana*, Editorial Estrada, Buenos Aires, 1947, páginas 71-72.
[21] JUAN J. REMOS: *Proceso histórico de las letras cubanas*, Ediciones Guadarrama, S. L., Madrid, 1958, págs. 81-82.
[22] MAX HENRÍQUEZ UREÑA: *Panorama histórico de la literatura cubana*, primer tomo, Méjico, 1963, pág. 114.
[23] RAIMUNDO LAZO: *La literatura cubana*, Universidad Nacional Autónoma de Méjico, Méjico, 1965, pág. 65.

En los juicios que acabamos de reproducir sobre las diversas influencias que pesan sobre la poesía de Heredia, ni se prueba ni se demuestra en ningún momento con ejemplos la huella de Cienfuegos, Meléndez, Quintana, Lista, Herrera, Cadalso, Byron y Chateaubriand en la producción poética herediana. Esas afirmaciones, no obstante provenir de autoridades críticas y literarias, carecen de base y fundamento. Los autores mencionados, en lugar de la investigación por cuenta propia, han preferido el camino fácil de reproducir y repetir las rotundas afirmaciones de Marcelino Menéndez y Pelayo, sin detenerse a comprobar hasta qué punto eran ciertas o falsas las afirmaciones del maestro español.

Alberto Lista, Andrés Bello, Cánovas del Castillo y José Martí juzgaron antes que Menéndez y Pelayo con rigor, desprovistos de rencor y de pasión política las influencias que predominan en las poesías de Heredia.

Alberto Lista anota que algunas de las *locuciones* empleadas por Heredia anuncian al discípulo de Cienfuegos. Lista quiere "destruir el pésimo efecto que las poesías de Cienfuegos han hecho en todas las almas ardientes tanto en materias políticas como literarias". Le molestaba a Lista y a la crítica de su tiempo "la osadía" en el arte de expresar los pensamientos de Cienfuegos [24].

Andrés Bello, indica, en la poesía herediana cierto sabor al genio y estilo de lord Byron. También señala las huellas de Meléndez, y de otros célebres poetas castellanos —que no menciona— tomando de ellos la afectación de arcaísmos, la violencia de construcciones, y a veces aquella pompa hueca, pródiga de epítetos, de terminaciones peregrinas y retumbantes [25].

---

[24] Domingo del Monte: *Centón Epistolario*, vol. I, páginas 30-32.
[25] Andrés Bello: *Juicio sobre las poesías de J. M. Heredia*, en el "Repertorio Americano", Londres, tomo II, agosto 1827.

Antonio Cánovas del Castillo consideraba que las poesías amatorias de Heredia debieran estar escritas en prosa, añadiendo que no era difícil encontrar en las mismas claras reminiscencias de Meléndez [26].

José Martí en discurso elocuente, nos dice que Heredia le imita a Byron su amor al caballo; y a continuación se pregunta: "¿a quién le imita la oda al Niágara, y al Huracán, y al Teocalli, y la carta a Emilia, y los versos a Elpino, y los del Convite?". Y responde: "Con Safo sólo se le puede comparar, porque sólo ella tuvo su desorden y ardor" [27].

Menéndez y Pelayo afirma que Heredia imitó "alguna vez" a lord Byron, y "más de una vez" a Chateaubriand. Pero a pesar de esas imitaciones, su originalidad es tan vigorosa, que "todavía queda en él un sello de independencia y de vida" [28].

Resumiendo: Tenemos que las influencias que recibe Heredia son más de forma que de fondo. Lista y Bello consideraron de mal gusto y condenaron el empleo de ciertas locuciones que Heredia tomó de Cienfuegos. Pero Cienfuegos no sólo fue un renovador del idioma sino que como ha señalado Larra fue el primer poeta filosófico de la lengua castellana [29]. Lista y Menéndez y Pelayo juzgaron la influencia política de Cienfuegos en la producción poética de Heredia. Influencia que para ellos era pésima y dañina. Como ha señalado José Luis Cano [30], Cienfue-

---

[26] ANTONIO CÁNOVAS DEL CASTILLO: *Estudio sobre la literatura hispano-americana*, en la "Revista Española de Ambos Mundos", 1854.
[27] JOSÉ MARTÍ: *Discursos*, 30 de noviembre de 1889.
[28] MENÉNDEZ PELAYO: *Ob. cit.*, págs. 238-239 y pág. 240 nota 2.
[29] LARRA: *Artículos de crítica literaria y artística*, Madrid, 1923, p. 193.
[30] NICASIO ALVAREZ DE CIENFUEGOS: *Poesías*. Edición, introducción y notas de José Luis Cano. Clásicos Castalia, Madrid, 1969, págs. 9-39.

gos y también Heredia, añadimos nosotros, fueron lo que hoy llamaríamos poetas sociales, poetas comprometidos, pues no ocultaron en sus versos el amor a la libertad y la condena a la opresión y tiranía. Heredia fue además, el sublime cantor de la dignidad del hombre.

Hemos estudiado las influencias españolas y extranjeras que se le han señalado a la producción poética de Heredia. Ahora nos toca ver la influencia de Heredia en la poesía hispanoamericana. Los estudios que se han publicado hasta el presente son escasos. Manuel Pedro González ha sido el primero en observar y destacar la ascendencia herediana en Ignacio Rodríguez Calván, y en Esteban Echeverría [31].

Rodríguez Galván fue el primer romántico de Méjico, y de acuerdo con el criterio de Menéndez y Pelayo su poema la "Profecía de Guatimoc", es sin lugar a dudas "la obra maestra del romanticismo mejicano" [32]. Pedro González estudia comparativamente seis o siete composiciones de Galván y llega a la conclusión de que la ascendencia del poeta cubano es tanto o más honda que la de Espronceda [33]. Un estudio comparado entre "Las Sombras" de Heredia y la "Profecía de Guatimoc" de Galván demuestra con claridad la ascendencia del cubano sobre el mexicano [34]. Veamos:

---

[31] MANUEL PEDRO GONZÁLEZ: *Ob. cit.*, pág. 102 nota 30 y pág. 137.

[32] MENÉNDEZ PELAYO: *Ob. cit.*, pág. 132. Señala el maestro español que "la parte política es de inflamada elocuencia". ¿Por qué? Porque Rodríguez Galván no declama contra la antigua España.

[33] MANUEL PEDRO GONZÁLEZ: *Una influencia inexplorada en Ignacio Rodríguez Galván*, en "Cuadernos Americanos", noviembre-diciembre 1955. Vol. LXXXIV, págs. 256-278.

[34] *Las Sombras* fue publicado en la "Gaceta Diaria de Méjico", 23 octubre 1825. Galván escribió la *Profecía de Guatimoc* catorce años más tarde.

Tras largos nubarrones asomaba
pálido rayo de luciente luna,
tenuemente blanqueando los peñascos
que de Chapultepec la falda visten.
Cenicientos a trechos, amarillos,
o cubiertos de musgo verdinegro
a trechos se miraban; y la vista
de los lugares de profundas sombras
con terror y respeto se apartaba.
Los corpulentos árboles ancianos,
en cuya frente siglos mil reposan,
sus canas venerables conmovían
de viento leve al delicado soplo...
....

¡Qué dulce, qué sublime
es el silencio que me cerca en torno!
¡Oh, cómo es grato a mi dolor el rayo
de moribunda luna, que halagando
está mi yerta faz! —Quizá me escuchen
las sombras veneradas de los reyes
que dominaron el Anáhuac, presa
hoy de las aves de rapiña y lobos
que ya su seno y corazón desgarran.

(IGNACIO RODRÍGUEZ GALVÁN: *Profecía de Guatimoc*)

Cuando una tarde al acabar el día
silencioso vagaba tristemente
en el monte sagrado en que reposan
de los Reyes Aztecas las cenizas
allá donde mil árboles antiguos
a despecho del tiempo y de los siglos
siempre verde y hermosa alzan al cielo
la inmensa copa...

Yo cavilaba así; la clara luna
resplandeciente en la mitad del cielo
al través de los árboles sombríos
con suave vislumbrar bañaba el suelo
con su plateada luz, que dulce y triste
al mover de las hojas, semejaba
a mil espectros pálidos y fríos
que rápidos en torno vagueando
se ocultaban do quier: mi alma llenaba
una dulce y feliz melancolía.
(HEREDIA: *Las Sombras*)

                  Huyendo el mundo
me acojo a ti ....
(RODRÍGUEZ GALVÁN: *Profecía...*)

                 Morada fría
de grato horror y oscuridad sombría,
a ti me acojo............................
(HEREDIA: *El desamor*)

Templa mi lira, y de los sacros vates
dame la inspiración.
                        (RODRÍGUEZ GALVÁN: *Profecía...*)

Templad mi lira, dádmela, que siento
en mi alma estremecida y agitada
arder la inspiración.
                              (HEREDIA: *Niágara*)

          ...Mentira,
perfidia y falsedad hallé tan sólo.
(RODRÍGUEZ GALVÁN: *Profecía...*)

Hallé perfidia,
y maldad y dolor...
> (HEREDIA: *En mi cumpleaños*)

Sin amistad y sin amor... (La ingrata
de mí aparta la vista desdeñosa,
y ni la luz de sus serenos ojos
concede a su amador... En otro tiempo,
en otro tiempo sonrió conmigo).
Sin amistad, y sin amor, y huérfano...
> (RODRÍGUEZ GALVÁN: *Profecía...*)

Nunca tanto sentí como este día
mi soledad y mísero abandono
y lamentable desamor...
....
¡Ay! ¡Desterrado,
sin patria, sin amores,
sólo miro ante mí llanto y dolores!
> (HEREDIA: *Niágara*)

De oro y telas cubierto y ricas piedras
un guerrero se ve; cetro y penacho
de ondeantes plumas se descubre; tiene
potente maza a su siniestra, y arco
y rica aljaba de sus hombros penden...
> (RODRÍGUEZ GALVÁN: *Profecía...*)

De perlas y oro el traje recamado;
dorada mitra su cabeza cubre;
manto nevado de algodón hermoso
con majestad al brazo revolvía,
y rica espada en ademán airoso
de un dorado tahalí pender se vía.
> (HEREDIA: *Las Sombras*)

Brilló en el cielo matutino rayo
de súbito cruzó rápida llama,
el aire convirtióse en humo denso
salpicado de brasas encendidas
cual rojos globos en oscuro cielo;
la tierra retembló, giró tres veces
en encontradas direcciones; hondo
cráter abrióse ante mi planta infirme,
y despeñóse en él bramando un río
de sangre espesa, que espumoso lago
formó en el fondo, y cuyas olas negras,
agitadas subiendo, mis rodillas
bañaban sin cesar. Fantasma horrible,
de formas colosales y abultadas,
envolvió su cabeza en luengo manto,
y en el profundo lago sumergióse.

(RODRÍGUEZ GALVÁN: *Profecía...*)

Mas de repente el cielo oscurecióse,
a la luna ocultó que antes hermosa
al mundo con su luz iluminaba.
Allá a 1 olejos el furioso trueno
estalló, resonando en mis oídos;
relámpagos sin fin brillar se vieron,
por el aire las sombras se esparcieron
y el monte resonó con sus gemidos.

(HEREDIA: *Las Sombras*)

Rastros de Heredia se encuentran en "La Cautiva" considerada como la primera obra romántica de la Argentina. La crítica ha afirmado que Esteban Echeverría bebió directamente en las fuentes francesas el romanticismo, sin tener en cuenta, como ha señalado Pedro González que en las diez primeras estrofas de "La Cautiva" se descubren las huellas de la segunda y quinta estrofa de "En el Teocalli de Cholula". He aquí la prueba:

Era la tarde, y la hora
en que el sol la cresta dora
de los Andes. El desierto
inconmensurable, abierto
y misterioso a sus pies
se extiende, triste el semblante,
solitario y taciturno
como el mar, cuando un instante
el crepúsculo nocturno,
pone rienda a su altivez.
....

Ya el sol su nítida frente
reclinaba en occidente,
derramando por la esfera
de su rubia cabellera
el desmayado fulgor.
Sereno y diáfano el cielo,
sobre la gala verdosa
de la llanura, azul velo
esparcía, misteriosa
sombra dando a su color.

El aura moviendo apenas
sus olas de aroma llenas,
entre la hierba bullía
del campo que parecía
como un piélago ondear.
Y la tierra, contemplando
del astro rey la partida,
callaba, manifestando,
como en una despedida,
en su semblante pesar.
....

Se puso el sol; parecía
que el vasto horizonte ardía:
la silenciosa llanura
fue quedando más oscura,
más pardo el cielo, y en él,
con luz trémula brillaba
una que otra estrella, y luego
a los ojos se ocultaba,
como vacilante fuego
en soberbio chapitel.

El crepúsculo, entretanto,
con su claroscuro manto,
velo la tierra; una faja
negra como una mortaja,
el occidente cubrió;
mientras la noche bajando
lenta venía, la calma
que contempla suspirando
inquieta a veces el alma,
con el silencio reinó.

(ESTEBAN ECHEVERRÍA: *La Cautiva*)

Era la tarde; su ligera brisa
las alas en silencio ya plegaba,
y entre la hierba y árboles dormía,
mientras el ancho sol su disco hundía
detrás de Iztaccihual. La nieve eterna,
cual disuelta en mar de oro, semejaba
temblar en torno de él; un arco inmenso
que del empíreo en el zenit finaba
como espléndido pórtico del cielo
de luz vestido y centelleante gloria,
de sus últimos rayos recibía
los colores riquísimos. Su brillo

desfalleciendo fue; la blanca luna
y de Venus la estrella solitaria
en el cielo desierto se veían.
¡Crepúsculo feliz! Hora más bella
que la alma noche o el brillante día,
¡cuánto es dulce tu paz al alma mía!
....

Al paso que la luna declinaba,
y al ocaso fulgente descendía,
con lentitud la sombra se extendía
del Popocatepetl, y semejaba
fantasma colosal. El arco oscuro
a mí llegó, cubrióme, y su grandeza
fue mayor y mayor, hasta que al cabo
en sombra universal veló la tierra.

(HEREDIA: *En el Teocalli de Cholula*)

Tampoco es difícil descubrir rastros del estilo de Heredia en algunas composiciones de José Espronceda. Menéndez y Pelayo y César Barja afirman que Espronceda imitó bellamente el "Himno al Sol" de Ossian [35], que Heredia ya había traducido. Pero al hacer un estudio comparado entre la imitación de Espronceda y la oda "Al Sol" de Heredia, lo primero que salta a la vista, es que Espronceda debió conocer la obra poética del cubano. El "Himno al Sol" es considerado por Federico Carlos Sáinz de Robles [36], Angel Valbuena Prat, Agustín del

---

[35] MENÉNDEZ Y PELAYO: *Ob. cit.*, pág. 242, nota 2. CÉSAR BARJA: *Libros y autores modernos*, segunda edición, New York, 1964, pág. 195.
[36] FEDERICO CARLOS SÁINZ DE ROBLES: *Historia y antología de la poesía española* (Del siglo X al XX). Madrid, 1964. Cuarta edición. Editorial Aguilar, págs. 1002-1003. Se incluye el *Himno al Sol* de Espronceda como poesía original.

Saz [37], J. García López [38] y Carlos M. Ragucci [39], como poesía original sin hacer mención de que se trata de una imitación de Ossian. El "Himno al Sol" [40] de Espronceda debe más a Heredia que a Ossian como a continuación pasamos a demostrar:

Para y oyéme, ¡oh Sol!, yo te saludo
y extático ante ti me atrevo a hablarte...
    (ESPRONCEDA: *Himno al Sol*)

Yo te amo, Sol: tú sabes cuán gozoso
cuando en las puertas del orienta asomas,
siempre te saludé.
    (HEREDIA: *Al Sol*)

¡Cuánto siempre te amé, Sol refulgente!
    (ESPRONCEDA: *Himno al Sol*)

Tu fuego puro, que en tu amor me enciende
    (HEREDIA: *Al Sol*)

---

[37] ANGEL VALBUENA PRAT y AGUSTÍN DEL SANZ: *Historia de la literatura española e hispanoamericana*, Editorial Juventud, S. A., tercera edición, Barcelona, 1956, pág. 195. "Lo mejor de esta etapa se refiere al período inicial de su poesía, es su retórico pero brillante y sonoro *Himno al Sol*".

[38] Espronceda inicia su carrera literaria con versos de factura noeclásica. Entre las composiciones de esta época incluye el *Himno al Sol* que puede "enlazarse por su rotunda retórica con la tradición herreriana mantenida por Lista". J. GARCÍA LÓPEZ: *Historia de la literatura española,* novena edición, Editorial Vicens-Vives, Barcelona, 1965.

[39] CARLOS M. RAGUCCI: *Manual de literatura española*, Editorial Don Bosco, quinta edición, Buenos Aires, 1960, pág. 497. Se dice que el *Himno al Sol* es poesía original de Espronceda.

[40] NARCISO ALONSO CORTÉS sostiene que el *Himno al Sol* de Espronceda, "fue evidentemente inspirado por la oda *Al Sol*, de Meléndez..." JOSÉ DE ESPRONCEDA: *Poesías Líricas*, Clásicos Ebro, Zaragoza, 1964, pág. 17.

Vívido lanzas de tu frente el día,
y alma y vida del mundo,
tu disco en paz majestuoso envía
plácido ardor fecundo,
y te elevas triunfante,
corona de los orbes centelleante.
    (ESPRONCEDA: *Himno al Sol*)

Cuando en tu ardor vivífico la viertes
larga fuente de vida y de ventura...
....
                             Más puro
centella tu ancho disco en occidente.
Respira el mundo paz.
    (HEREDIA: *Al Sol*)

      y al furor de Aquilón desaparecen
                      (ESPRONCEDA: *Himno al Sol*)

      cual humo al aquilón desaparecieron
                      (HEREDIA: *Al Sol*)

bramó la tempestad
    (ESPRONCEDA: *Himno al Sol*)

Truena la tempestad
    (HEREDIA: *Al Sol*)

      audaz siguiendo tu inmortal carrera
                      (ESPRONCEDA: *Himno al Sol*)

      y tu carrera eterna proseguías
                      (HEREDIA: *Al Sol*)

Goza tu juventud y tu hermosura,
¡oh Sol!
>   (ESPRONCEDA: *Himno al Sol*)

¿No te gozas ¡oh Sol! en su hermosura?
>   (HEREDIA: *Al Sol*)

¡oh Sol! gózate ahora
en el fulgor sublime y en la fuerza
de tu edad juvenil.
>   (OSSIAN: *Al Sol*, traducción de Heredia)

>   las orlas de tu ardiente vestidura
>   >   (ESPRONCEDA: *Himno al Sol*)

>   las orlas de su parda vestituda
>   >   (HEREDIA: *En una tempestad*)

y tu rica, encendida cabellera
>   (ESPRONCEDA: *Himno al Sol*)

alza el Sol su cabeza encendida
>   (HEREDIA: *Al Sol*)

>   y el mundo bañas con tu lumbre pura
>   >   (ESPRONCEDA: *Himno al Sol*)

>   >   y al mundo
>   con calor vivificas intenso...
>   >   (HEREDIA: *Al Sol*)

del trueno pavoroso
>   (ESPRONCEDA: *Himno al Sol*)

retumba el trueno pavoroso...
>   (OSSIAN: *Al Sol,* traducción de Heredia)

El romance "A la noche" de Espronceda se tiene por una composición poética original. Sin embargo, al cotejarla con la imitación que hizo Heredia de la poesía "A la noche" de Pindemonte, no es difícil descubrir las huellas del poeta cubano en el español.

Reminiscencias de Heredia se descubren también en el Duque de Rivas. Al comparar "En el Teocalli de Cholula" de Heredia con "El Tiempo" del Duque de Rivas se comprueba cuanto venimos afirmando. Heredia dice: "En el abismo del no ser se hundieron", y el Duque de Rivas escribe: "se hundieron del no ser en los abismos". Heredia exclama: "Todo perece / por ley universal", y el Duque de Rivas proclama: "Cuanto ahora existe, todo perecerá". La coincidencia en el tema: que nada permanece, que el tiempo todo lo destruye; y en el tono crepuscular y melancólico de ambas composiciones, nos llevan a la conclusión de que el Duque de Rivas conoció la obra poética de Heredia, y que la misma dejó huellas en su espíritu.

ANGEL APARICIO LAURENCIO
Miami, en el verano de 1969.

BIBLIOGRAFIA

I.—EDICIONES

HEREDIA, José María: *Himno patriótico al restablecimiento de la Constitución.* Imprenta J. B. Arizpe, Méjico, 1820. Se halla en el British Museum.

— *España Libre, Oda.* Esta poesía se publicó en el "Indicador Constitucional", diario de La Habana de 16 de agosto de 1820. Se editó según el Catálogo de Andrade en Méjico, en 1850.

— *El Dos de Mayo.* Imprenta Fraternal de los Díaz de Castro, La Habana, 1821. (Cita de Bachiller).

— *Poesías.* Behr y Kahl, Nueva York, 1825.

— *Colección de poesías amatorias dedicadas a las amables jóvenes de la República Mejicana.* Imprenta del Aguila, Méjico, 1828.

— *Poesías del ciudadano José María Heredia.* Imprenta del Estado, a cargo de J. Matute, Toluca, 1832. Segunda edición corregida y aumentada.

— *Poesías de Don José María Heredia.* Editadas por F. Muñoz del Monte. J. F. Piferrer, Barcelona, 1840.

— *Selections from the Poems of Don J. M. Heredia, with Translations into English Verse by James Kennedy.* Imprenta J. M. Eleizegue, La Habana, 1844.

— *Poesía inédita del Ldo. D. J. M. Heredia dedicada al Santísimo Sacramento.* Méjico, 1848. (Cita de Bachiller).

- *Poesías del ciudadano J. M. Heredia.* Tip. de Rafael y Vila, Méjico, 1852.
- *Poesías.* Nueva y completa edición incluyendo varias poesías inéditas. Roe Lockwood & Son, Nueva York, 1853. Es la primera edición de Vingut, según el Sr. José A. Escoto.
- *Poesías.* Editor Francisco Xavier Vingut, Nueva York, 1853. (Citada en el Catálogo de Ticknor).
- "Otra edición igual a la anterior con la tragedia *Abufar o La familia árabe*". Nueva York, 1854. Citada por el Sr. José A. Escoto.
- "Nueva y completa edición incluyendo varias poesías inéditas". En la portada se lee: "Cuarta edición" de los dramas y poesías de Heredia. Roe Lockwood & Son, Nueva York, 1858.
- *Poesías.* Quinta edición corregida y aumentada. F. Christern, Nueva York, 1858.
- *Poesías.* Nueva y completa edición. Roe Lockwood & Son, Nueva York, 1860.
- *Poesías.* J. Durand, Nueva York, 1862.
- *Obras poéticas de José María Heredia.* Con una biografía de Heredia escrita por Antonio Bachiller y Morales. Imprenta de N. Ponce de León, Nueva York, 1875.
- *Poesías líricas.* Con prólogo de Elías Zerolo. Editorial Garnier Hermanos, París, 1893.
- *Poesías completas.* Imprenta La Moderna Poesía, La Habana, 1912.
- *Cantos patrióticos.* Con breve prólogo de Néstor Carbonell. La Habana, 1 de mayo de 1916, vol. IX de la "Biblioteca de Cuba".
- *Prédicas de Libertad.* Selección y prólogo de Francisco González del Valle. Cuadernos de Cultura, segunda serie, Publicaciones de la Secretaría de Educación. Dirección de Cultura, La Habana, 1936.

- *Pequeña Antología.* Selección y prólogo de José María Chacón y Calvo. Editor Jesús Montero, La Habana, 1939.
- *Antología Herediana.* Selección de las mejores poesías líricas, obras dramáticas, cartas, discursos y artículos de José María Heredia y Heredia, escogidos y anotados por Emilio Valdés y de Latorre. Editada por el Consejo Corporativo de Educación, Sanidad y Beneficencia... Imprenta "El Siglo XX", La Habana, 1939.
- *Poesías, discursos y cartas.* Con una biografía de Heredia escrita por María Lacoste de Arufe, y juicios de José Martí, Manuel Sanguily, Enrique Piñeyro y Rafael Esténger. Cultural, S. A. (Colección de libros cubanos). La Habana, 1939.
- *Poesías completas.* Homenaje de la ciudad de La Habana en el centenario de la muerte de Heredia. Municipio de La Habana, 1941. El vol. I contiene: "Introducción" por Emilio Roig de Leuchsenring; "Días y hechos de José María Heredia" por Francisco González del Valle y Emilio Roig de Leuchsenring; "Heredia, apuntes para un estudio sobre su vida y su obra" por Enrique Gay-Calbó; "Reencuentro y afirmación del poeta Heredia" por Angel I. Augier. El vol II contiene una "Advertencia" por Emilio Roig de Leuchsenring, y los juicios de José Martí sobre Heredia.
- *Revisiones literarias.* Selección y prólogo de José María Chacón y Calvo. Publicaciones del Ministerio de Educación. Dirección de Cultura. La Habana, 1947.
- *Versos* (Selección). Nota introductoria de Mariano Sánchez Roca. Biblioteca popular de clásicos cubanos. Vol. 6, Editorial Lex, La Habana, 1960.
- *Poesías.* Cuadernos Cubanos. Consejo Nacional de Cultura. La Habana, 1965.
- *Poesías líricas.* Con breve prólogo de Emilio Gasco Contell. Casa editorial franco-ibero-americana, París, sin fecha.
- *Sila.* Tragedia en cinco actos de Jouy. Imprenta A. Valdés, Méjico, 1825.

- *Tiberio.* Tragedia en cinco actos de Chenier. Imprenta del Supremo gobierno, Méjico, 1827.

- *Oración pronunciada por el ciudadano José María Heredia, Juez de primera instancia de Cuernavaca y Vice-Presidente de la Junta Patriótica de dicha villa, en el último aniversario del grito de la Independencia Nacional.* Imprenta del Gobierno, Tlalpam, 1828.

- *Los últimos romanos.* Tragedia en tres actos. J. Matute y González, Tlalpam, 1829.

- *Lecciones de Historia Universal.* Imprenta del Estado a cargo de Juan Matute. 4 vols., Toluca, 1831-1834.

- *Waverly o Ahora sesenta años.* Novela histórica de Walter Scott. Traducción. Imprenta de Galbán, Méjico, 1833.

- *Discurso pronunciado en la plaza mayor de Toluca en 27 de setiembre de 1834, en la fiesta cívica para celebrar el aniversario de la independencia por el ciudadano J. M. Heredia, Ministro de la Audiencia del Estado.* Imprenta del Gobierno del Estado a cargo de Juan Matute, Toluca, 1834.

- *Bosquejo de los viajes aéreos de Eugenio Robertson en Europa los Estados Unidos y las Antillas, por E. Roch.* Traducido del francés por D. José María Heredia. Imprenta de Galbán, Méjico, 1835. Se halla en la Biblioteca Nacional de Madrid.

- *Discurso pronunciado en la festividad cívica de Toluca, en 16 de setiembre de 1836 por el ciudadano José María Heredia. Magistrado de la Excma. Audiencia.* Reimpreso por J. Lara, Toluca, 1836.

- *Cartas.* En "Revista de Cuba", tomos IV y V, La Habana, 1878-1879.

- *Cayo Graco.* Tragedia en tres actos y en verso, original de Chenier. En "Revista de Cuba", tomo VI, La Habana, 1879.

- *Saul.* Tragedia en cinco actos, original de Alfieri. En "Revista de Cuba", tomo VII, 1880.

— *Atreo.* Tragedia en cinco actos de P. Jolyot de Crébillon. En "Revista de Cuba", tomo VIII, La Habana, 1880.

— *El Epicúreo.* Novela escrita en inglés por T. Moore y traducida por José María Heredia. "El Repertorio", La Habana, 1880-1881.

— *El fanatismo.* Tragedia en cinco actos, original de Voltaire, traducida libremente del francés. En "Revista de Cuba", tomo IX, La Habana, 1881.

— *El campesino espantado.* Sainete compuesto en La Habana para diez personas. En Escoto, J. A., "Revista histórica, crítica y bibliográfica de la literatura cubana", Matanzas, 1916, I, núm. I, págs. 49-58; González del Valle, F., "Heredia en La Habana", La Habana, 1939.

— *Eduardo IV o El usurpador clemente.* En Escoto, J. A., "Revista histórica, crítica y bibliográfica de la literatura cubana", Matanzas, 1917.

II.—Estudios

ACEVEDO, Luciano de: *Un problema literario, ¿Bryant tradujo la oda al Niágara de Heredia?* En "Cuba Contemporánea", La Habana, febrero, 1920.

AGRAMONTE, Roberto: *Palabras sobre Heredia.* En "Revista de los Estudiantes de Filosofía", La Habana, junio 1939.

ALONSO, Amado y CAILLET-BOIS, Julio: *Heredia como crítico literario.* En "Revista Cubana", vol. XV, enero-junio 1941.

ALLISON PEERS, E.: *A Critical Anthology of Spanish Verse.* University California Press, Berkely and Los Angeles, 1949.

AMY, Francis J.: *Musa bilingüe.* Press of "Boletín Mercantil", San Juan, Puerto Rico, 1903.

AMUNATEGUI, Miguel y VÍCTOR, Gregorio: *Juicio crítico de algunos poetas hispanoamericanos.* Imprenta del Ferrocarril, Santiago de Chile, 1861.

ANDERSON IMBERT, Enrique: *Historia de la literatura hispanoamericana.* Tercera edición. Tomo I. Fondo de Cultura Económica, Méjico, 1961.

ANDERSON IMBERT, Enrique y FLORIT, Eugenio: *Literatura hispanoamericana, antología e introducción histórica.* Holt, Reinhart and Winston, Inc., Nueva York, 1960.

An Anthology of Spanish American Literature. Preparada bajo los auspicios del Instituto Internacional de Literatura Iberoamericana. Con la colaboración de E. Herman Hespelt, Irving A. Leonard, John T. Reid, John A. Crow y John E. Englekirk. Appleton-Century-Crofts, Inc., New York, 1946. Existe una segunda edición de 1968.

ARRASCAETA, Enrique de: *Poeta de la América de habla española.* Colección de poesías escogidas. El siglo ilustrado, Montevideo, 1881.

ARROM, José J.: *Historia de la literatura dramática cubana,* Yale University Press, New Haven, 1944.

BACHILLER Y MORALES, Antonio: *Apuntes para la historia de las letras y de la instrucción pública en la isla de Cuba.* Tres tomos. Cultural, S. A., La Habana, 1937.

BALAGUER, Joaquín: *Heredia, verbo de la libertad.* Editorial El Diario. Santiago, República Dominicana, 1939.

BASTIANINI, René y MOLINA Y VEDIA, Laura B. de: *Literatura americana y argentina.* Librería del Colegio, S. A., Buenos Aires, 1952.

BELLO, Andrés: *Juicio sobre las poesías de Heredia.* En "Repertorio Americano", Londres, enero de 1827.

BERENGUER CARISOMO, Arturo: *Historia de la literatura argentina y americana.* Segunda edición. Luis Lasserre y Cía., S. A., Buenos Aires, 1960.

BÖXHORN, Emile: *El gran poeta José María Heredia.* En "Cuba Contemporánea", La Habana, junio 1926.

BRYANT, William Cullen: *Poems*. Editados por Washington Irving, Londres, 1832. Y la edición del mismo año publicada en Nueva York por E. Bliss.

BUENO, Salvador: *Historia de la literatura cubana*. Editora del Ministerio de Educación, La Habana, 1963.

BUSTAMANTE, Luis J.: *Enciclopedia popular cubana*. Vol. II, Cultural, La Habana, 1946?-1948.

CALCAGNO, Francisco: *Diccionario biográfico cubano*. N. Ponce de León, Nueva York, 1878.

CÁNOVAS DEL CASTILLO, Antonio: *Estudio sobre la literatura hispano-americana*. En "Revista Española de Ambos Mundos", 1855.

CARBONELL Y RIVERO, José Manuel: *La poesía lírica en Cuba*. En "Evolución de la cultura cubana". El Siglo XX, La Habana, 1927.

CARILLA, Emilio: *La lírica de Heredia: En el teocalli de Cholula*. En "Pedro Henríquez Ureña y otros estudios". Editor R. Medina, Buenos Aires, 1949.

— *La literatura de la independencia hispano-americana*. Editorial Universitaria de Buenos Aires, 1964.

CARTER, Boy G.: *Traducciones francesas de José María Heredia, en La Revue des Deux Mondes*. En "Revista Iberoamericana", vol. 17, núm. 34, agosto 1951 - enero 1952.

CARREÑO, Alberto María: *Algunos cubanos ilustres en Méjico*. En "Revista Bimestre Cubana", vols. 59-60, La Habana, 1947.

CHACÓN Y CALVO, José María: *José María Heredia*. En "Cuba Contemporánea", La Habana, junio y julio 1915.

— *Vida universitaria de Heredia: papeles inéditos*. En "Cuba Contemporánea", La Habana, julio 1916.

— *Nueva vida de Heredia*. En "Revista de La Habana", noviembre 1930.

— *La poesía de Heredia en su centenario*. En "Revista Cubana", La Habana, abril-junio 1937. El mismo en "Universidad", Méjico, Sección Panorama, septiembre 1937.

- *Estudios heredianos.* Editorial Trópico, La Habana, 1939.
- *El horacianismo en la poesía de Heredia.* Molina, La Habana, 1939. Véase "Anales de la Academia Nacional de Artes y Letras", La Habana, julio 1938 - junio 1940.
- *Las constantes de la vida de Heredia.* En "Revista Iberoamericana", abril 1940.
- *Proceso de la poesía de Heredia.* En "Revista de la Universidad de La Habana", septiembre-diciembre 1941.
- *José María Heredia.* En "Revista Cubana", La Habana, enero-junio 1949.
- *Heredia y su Ensayo sobre la novela.* En "Anales de la Academia Nacional de Artes y Letras", La Habana, 1949.
- *Un aspecto de la poesía de Heredia: su tonalidad religiosa.* En "Noverium", Marianao, mayo 1957.
- *Las cien mejores poesías cubanas.* Segunda edición. Ediciones Cultura Hispánica, Madrid, 1958. La primera edición fue publicada por Reus, Madrid, 1922.

CHAPIN, C. C.: *Bryant and Some of His Latin American Friends.* En "Boletín de la Unión Panamericana", noviembre 1944.

CHAPMAN, Arnold: *Atala and Niagara: Further Comment.* En "Modern Language Notes", LXVIII, 1953.

- *Heredia's Ossian Translations.* En "Hispanic Review", XXIII, 1955.
- *Unos versos olvidados de Heredia.* En "Revista Iberoamericana", XXVI, 1961.

COESTER, Alfred: *The Literary History of Spanish America.* Segunda edición. The Macmillan Company, New York, 1928. La primera edición es de 1916.

- *Hallazgo de un regalo desconocido de Domingo del Monte a José María Heredia.* En "Hispania", vol. XII, 1939. Véase "Revista Bimestre Cubana", vol. 43, enero-junio 1939.

CORONADO, Francisco de Paula: *El error de un clérigo y la credulidad de un bibliógrafo.* En "Social", La Habana, septiembre 1926.

CUESTA JIMÉNEZ, Valentín Bernardo: *Dos proscriptos y un adalid: Saco, Heredia, Martí.* Imp. Pedreguera, Guines, Cuba, 1943.

DÍEZ-ECHARRI, Emiliano y ROCA FRANQUEZA, José María: *Historia de la literatura española e hispanomaricana.* Aguilar, Madrid, 1960.

El Laúd del desterrado. Contiene algunas poesía de Heredia. Imprenta de "La Revolución", Nueva York, 1858.

ESCOTO, José Antonio: *Los restos de José María Heredia.* En "Cuba y América", La Habana, noviembre 15 de 1903.

— *Ensayo de una biblioteca herediana.* En "Cuba y América", La Habana, febrero-marzo 1904.

ESTÉNGER, Rafael: *Heredia: la incomprensión de sí mismo.* Editorial Trópico, La Habana, 1938.

— *Cien de las mejores poesías cubanas.* Ediciones Mirador, La Habana, 1948.

EXPÓSITO CASASUS, Juan J.: *José María Heredia y Heredia, patriota, político y jurista.* Comp. Editora de Libros y Folletos, O'Reilly 304, La Habana, 1939.

FERNÁNDEZ DE CASTRO, José Antonio: *Domingo del Monte, editor y corrector de las poesía de Heredia.* En "Revista Cubana", La Habana, abril-junio 1938.

FERNÁNDEZ DE LA VEGA, Oscar: *Rebeldía y nostalgia en el destierro: Heredia.* Barcelona, 1958.

FERNÁNDEZ MORERA, Aleida B.: *Rasgos psíquicos de Heredia.* En "Revista Bimestre Cubana", vol. 43, La Habana, enero-junio 1939.

FORNARIS, J. y SOCORRO LEÓN, J.: *Cuba poética.* Imprenta del Tiempo, La Habana, 1855.

GARCÍA GARÓFALO MESA, M.: *José María Heredia en Méjico.* Ed. Botas, Méjico, 1945.

GARCÍA TUDURÍ, Mercedes: *Personalidad y nacionalidad de Heredia.* En "Revista Bimestre Cubana", La Habana, enero-junio 1939.

GARCÍA TUDURÍ, Rosaura: *José María Heredia.* (Conferencia). Miami, 29 de junio de 1968.

GAY-CALBÓ, Enrique: *Heredia.* En "Revista Bimestre Cubana", enero-junio 1939.

GICOVATE, Bernardo: *El yo poético y su significado.* (Juan Ramón Jiménez, Heredia y Neruda). En "Asomante", San Juan, Puerto Rico, julio septiembre 1965.

GIUSTI, Roberto F.: *Lecciones de literatura argentina e hispanoamericana.* Ed. Estrada, Buenos Aires, 1947.

GLICKSBERG, C. I.: *An Uncollected Poem by William Cullen Bryant.* En "American Book Collector", abril 1935.

GODWIN PARKE: *The Life and Works of William Cullen Bryant.* Tomo I, D. Appleton and Company, New York, 1883.

GÓMEZ-GIL, Orlando: *Historia crítica de la literatura hispanoamericana.* Holt, Rinehart and Winston, New York, London, Toronto, 1968.

GÓMEZ VILA, Seida: *Heredia, influido e influyente.* En "Revista Bimestre Cubana", La Habana, enero-junio 1939.

GONZÁLEZ DEL VALLE, Francisco: *Del epistolario de Heredia. Cartas a Silvestre Alfonso.* En "Revista Cubana", enero-marzo 1937.

— *José María Heredia, juez de Veracruz.* En "Revista Cubana", julio-septiembre 1937.

— *Tres cartas inéditas de Del Monte a Heredia.* En "Revista Cubana", octubre-diciembre 1937.

— *Cronología herediana.* Ministerio de Educación. Dirección de Cultura, La Habana, 1938.

— *La dignidad de Heredia como diputado.* En "Revista Bimestre Cubana", enero-junio 1939.

— *Poesías de Heredia traducidas a otros idiomas.* En "Revista Bimestre Cubana", julio-diciembre 1939. Recogidas en forma de libro en 1940.

— *Heredia en La Habana.* Cuadernos de Historia Habanera, Municipio de La Habana, 1939.

— *Mis trabajos heredianos.* En "Revista Bimestre Cubana", julio-diciembre 1940.

GONZÁLEZ DEL VALLE, Manuel: *Artículo en defensa de Heredia, contra la crítica de D. Ramón La Sagra.* En "Diario de La Habana", 25 de marzo de 1829.

GONZÁLEZ, Manuel Pedro: *José María Heredia, primogénito del romanticismo hispano.* El Colegio de Méjico, 1955.

— *Una influencia inexplorada en Ignacio Rodríguez Galván.* En "Cuadernos Americanos", noviembre-diciembre 1955.

— *Two great pioneers of Inter-American cultural relations.* (William Cullen Bryant and José María Heredia). En "Hispania", mayo 1959. De este trabajo se publicó una versión en español: *Bryant y Heredia, dos grandes pioneros de las relaciones culturales inter-americanas.* En "Revista Nacional de Cultura", Caracas, noviembre-diciembre 1962.

GONZÁLEZ DEL VALLE, Emilio Martín: *La poesía lírica en Cuba.* (Apuntes para un libro de biografía y de crítica). Segunda edición corregida y aumentada. Tipo-Lit. de Celestino Verdaguer, Barcelona, 1844.

GONZÁLEZ NUEVO, Orosia: *Ambito universal y local que recibe Heredia.* En "Revista Bimestre Cubana", enero-junio 1939.

GUITERAS, Pedro J.: *Don José María Heredia.* En "Revista de Cuba", t. IX, La Habana, 1881.

HAMILTON, Carlos: *Historia de la literatura hispanoamericana.* Ed. EPESA, Madrid, 1966.

HELIODORO VALLE, Rafael: *Amigos mejicanos de Heredia.* En "Revista Bimestre Cubana", enero-junio 1939. Véase "Revista de la Universidad de La Habana", mayo-agosto 1939.

HILLS, Elijah Clarence: *Bardos cubanos.* Ed. D. C. Heath y Cía., Boston, 1901.

— *Did Bryant Translate Heredia's Ode to Niagara.* En "Modern Language Notes", diciembre 1919.

— *The Odes of Bello, Olmedo and Heredia.* Ed. G. P. Putnam's Sons, New York and London, 1920.

HOLMES, Henry Alfred: *Spanish America in Song and Story.* Henry Holt and Company, New York, 1932.

JIMÉNEZ PASTRANA, Juan: *Personalidad de José María Heredia y su influencia en la evolución histórica de la nacionalidad cubana.* En "Revista de la Universidad de La Habana", mayo-agosto 1939.

KENNEDY, James: *Modern poets and poetry of Spain*, Londres, 1852.

LARRONDO, Enrique: *Los ensayos poéticos de Heredia.* En "Las Antillas", t. II, núm. 3, La Habana, 1920.

LASO DE LOS VÉLEZ, Pedro: *Poetas de Cuba y Puerto Rico.* Colección escogida de poesías de Avellaneda, Heredia, Mendive, Milanés y Tapia, precedidas de un prólogo por el Dr. Laso de los Vélez. La Habana, Alejandro Cano, 1875.

LAZO, Raimundo: *La literatura cubana.* Universidad Nacional Autónoma de Méjico, 1965.

LENS Y DE VERA, Eduardo Félix: *Heredia y Martí; dos grandes figuras de la lírica cubana.* Ed. Selecta, La Habana, 1954.

LEZAMA LIMA, José: *Antología de la poesía cubana.* Consejo Nacional de Cultura, La Habana, 1965.

LISTA, Alberto: *Juicio sobre las poesías de Heredia.* En "Centón Epistolario", vol. I, págs. 30-32.

LONGFELLOW, Henry H.: *Poets and poetry of Europe.* The Riverside Press, Cambridge, 1893.

LÓPEZ PRIETO, Antonio: *Parnaso cubano.* Ed. Miguel Villa, La Habana, 1881.

MANZONI: *Poesías líricas.* Ed. Ruggero Palmieri, Madrid, 1923.

MAÑACH, Jorge: *Heredia y el romanticismo.* En "Cuadernos Hispanoamericanos", núm. 86, Madrid, febrero 1957.

MÁRQUEZ STERLING, Manuel: *Escrito sobre Heredia.* En "El Fígaro", La Habana, 10 de enero de 1904.

MARTÍ, José: *Heredia.* En "El Economista Americano", Nueva York, julio 1888.

— *Heredia*. Discurso pronunciado en "Hardman Hall". Nueva York, 30 de noviembre de 1889.

MARTÍ RICO, Dolores: *Las ideas de Heredia*. En "Revista Bimestre Cubana", enero-junio 1939.

MARTÍNEZ BELLO, Antonio: *José María Heredia* (Síntesis biográfica). En "Cuba", (Bol. quin.), La Habana, núm. 2, 1946.

MAZA, Francisco de la: *La ciudad de Cholula y sus iglesias*. Imprenta Universitaria, Méjico, 1959.

MEJÍA, Gustavo Adolfo: *José María Heredia y sus obras*. Molina y Cía., La Habana, 1941.

MENÉNDEZ Y PELAYO, Marcelino: *Historia de la poesía hispanoamericana*. Librería Victoriano Suárez, tomo I, Madrid, 1911.

MENTON, Seymour: *Heredia, introductor del romanticismo*. En "Revista Iberoamericana", vol. XV, núm. 29, febrero- julio 1949.

MERCHÁN, Rafael María: *Estudios críticos*, Bogotá, 1886.

MITJANS, Aurelio: *Estudio sobre el movimiento científico y literario de Cuba*. Imprenta de A. Alvarez y Compañía, La Habana, 1890.

MONTERDE, Francisco: *Heredia y el enigma de "Los últimos romanos"*. En "Revista Iberoamericana", Méjico, 30 noviembre 1939.

MORALES Y MORALES, Vidal: *Iniciadores y primeros mártires de la revolución cubana*. Colección de libros cubanos. Cultural, S. A., La Habana, 1931.

MOORE, Ernest R.: *José María Heredia in New York*. En "Symposium", vol. V, mayo 1951.

NOÉ, Julio: *Curso y antología de la literatura hispanoamericana y especialmente argentina*. Ed. Estrada, séptima edición, Buenos Aires, sin fecha.

NÚÑEZ ESTUARDO: *José María Heredia, cantor del Niágara*. En IPNA (Organo del Instituto Cultural Peruano-Norteamericano), Lima, enero-junio 1950.

NÚÑEZ DOMÍNGUEZ, José de J.: *La integridad como magistrado de José María Heredia.* En "Revista de Revistas", Méjico, núm. 1336, 23 de diciembre de 1935.

ONÍS, José de: *Los Estados Unidos vistos por escritores hispanoamericanos.* Trad. de la ed. inglesa de 1952. Ediciones Cultura Hispánica, Madrid, 1956.

— *The alleged acquaintance of William Cullen Bryant and José María Heredia.* En "Hispanic Review", julio 1957. El mismo artículo fue publicado en español: *William Cullen Bryant y José María Heredia, vieja y nueva polémica.* En "Cuadernos Americanos", marzo-abril 1958.

ORIHUELA, Andrés A.: *Poetas españoles y americanos del siglo XIX.* París, 1851-1853.

ORJUELA, Héctor H.: *Revaloración de una vieja polémica: William Cullen Bryant y la oda Niágara de José María Heredia.* En "Thesaurus" (Boletín del Instituto Caro y Cuervo), Bogotá, XIX, 1964.

ORTEGA, E. M. D.: *D. J. M. Heredia* (El Recreo de las Familias). Impreso por Mariano Arévalo, Librería de Galván, Méjico, 1838.

PAN AMERICAN UNION: *Heredia, bard of Niagara.* Boletín 73, junio 1939.

PÉREZ CABRERA, José Manuel: *Historiografía de Cuba*, Méjico, 1962.

PETERSON, Roy M.: *Bryant as a. Hispanophile.* En "Hispania", noviembre-diciembre 1933.

PICHARDO MOYA, Felipe: *La cubanidad de nuestra poesía anterior a Heredia.* En "Revista de La Habana", marzo 1943.

— *Heredia en Puerto Príncipe.* En "Revista de La Habana", septiembre 1944.

PIERPONT, John: *The National Reader*, Boston, 1831.

PLASENCIA, Aleida: *Los manuscritos de José María Heredia en la Biblioteca Nacional.* En "Revista de la Biblioteca Nacional José Martí". La Habana, enero-diciembre 1959.

PIÑEYRO, Enrique: *Cómo acabó la dominación de España en América*. Garnier, París, 1908.

PORTUONDO, José Antonio: *Bosquejo histórico de las letras cubanas*. Consejo Nacional de Cultura, La Habana, 1962.

RANGEL, Nicolás: *Nuevos datos para la biografía de José María Heredia y Heredia*. En "Revista Bimestre Cubana", La Habana, marzo-abril y mayo-junio 1930.

RE, Achille del: *José María Heredia, poeta e patriota cubano (1803-1839)*, Roma, 1958.

REMOS, Juan J.: *Proceso histórico de las letras cubanas*. Ediciones Guadarrama, S. L., Madrid, 1958.

REYES, Alfonso: *El paisaje en la poesía mejicana del siglo XIX*. Tip. de la viuda de F. Díaz de León, Méjico, 1911.

RIVERO GONZÁLEZ, Juana Luisa: *El sentimiento patriótico-revolucionario en la lírica cubana desde Heredia hasta Martí*. Talleres de Heraldo Pinareño, Pinar del Río, 1947.

RODRÍGUEZ DEMORIZI, E.: *El cantor del Niágara en Santo Domingo*. Ciudad Trujillo, 1939.

SACO, José Antonio: *Observaciones acerca del juicio crítico sobre las poesías de Heredia, por D. Ramón de la Sagra*. En "El Mensajero Semanal". Nueva York, vol. I, núm. 51, 8 de agosto de 1829.

SÁIZ DE LA MORA, J.: *José María Heredia, prosista y pedagogo*. En "América", La Habana, diciembre 1944.

SAGRA, Ramón de la: *Juicio crítico sobre las poesías de Heredia*. En "Anales de Ciencias, Agricultura, Comercio y Artes", La Habana, tomo II, 1828.

SANGUILY, Manuel: *Una estrofa sobre el Niágara en Heredia y dos poetas yanquis, y El soneto es de Heredia*. En "Literatura Universal". Editorial América, Madrid, 1918.

— *José María Heredia, el poeta y el revolucionario cubano*. En "Revista Cubana", La Habana, tomo XII, 1890. Véase "La Tribuna", Diario Político. La Habana, 1 de agosto de 1890.

SPELL, Jefferson Rea: *The Mexican Periodicals of José María Heredia".* En "Hispania", vol. XXII, mayo 1939.

STIMSON, Frederick S.: *Orígenes del hispanismo norteamericano.* Ediciones Andrea, Méjico, 1961.

STURGES, Henry C.: *Chronologies of the Life and writings of William Cullen Bryant with a bibliogrephy of his works in prose and verse.* Burt Franklin, New York, 1968.

TORRES-RÍOSECO, Arturo: *Antología de la literatura hispanoamericana.* F. S. Crofts and Co., New York, 1939.

— *The Epic of Latin American Literature.* University of California Press, Berkely and Los Angeles, 1959. La primera edición es de 1942.

— *La huella de Quintana en la literatura hispanoamericana.* En "Revista Iberoamericana", vol. 22, 1957.

— *Nueva historia de la gran literatura iberoamericana.* Tercera edición. Emece, Buenos Aires, 1960.

TOUSSAINT, Manuel: *Bibliografía mejicana de Heredia.* Secretaría de Relaciones Exteriores, Méjico, 1953.

TEZZA, E.: *I Niagara, Ode di G. M. Heredia.* Volgarizzata da E. Tezza, Padova, 1895.

TRELLES, Carlos M.: *Bibliografía cubana del siglo XIX,* Matanzas, 1911. Reimpresa en Alemania, Vaduz, 1965.

UREÑA, Max Henríquez: *Panorama histórico de la literatura cubana,* primer tomo. Méjico, 1963.

UREÑA, Pedro Henríquez: *Las corrientes literarias de la América Hispana.* Trad. de la primera ed. inglesa de 1945, por Joaquín Díez-Canedo. Fondo de Cultura Económica, Méjico, 1954.

UTRERA, Cipriano de: *Heredia* (Centenario de José María Heredia, 1839-1939. Homenaje de la República Dominicana). Ciudad Trujillo, 1939.

VALDÉS ROIG, Ciana: *José María Heredia.* En "América", La Habana, marzo 1954.

VARONA, Enrique José: *Un traductor de Heredia.* En "El Fígaro", La Habana, 14 de abril de 1895.

- *Heredia*. En "Desde mi Belvedere", Cultural, S. A., La Habana, 1938.
VINGUT, Gertrude F.: *Joyas de la poesía española*. Geo R. Lockwood and Son, New York, 1855.
- *Selections fron the best Spanish poets*. Vingut Press, New York, 1856.
VILLANUEVA, Joaquín Lorenzo: *Juicio sobre la poesía de Heredia*. En "Ocios de Emigrados", Londres, diciembre 1825.
VITIER, Cintio: *Lo cubano en la poesía*. Universidad Central de Las Villas, 1958.
- *Los grandes románticos cubanos*. Tercer Festival del libro cubano. La Habana, 1960.
WALSH, Thomas: *Hispanic anthology; poems translated fron the Spanish by English and North American poets*. G. P. Putnam's Sons, New York and London, 1920.

RESUMEN CRONOLOGICO DE LA VIDA DE JOSE MARIA HEREDIA

1803 Diciembre 31: Nace en la ciudad de Santiago de Cuba. Sus padres: José Francisco Heredia y Mieses y María Merced Heredia y Campuzano.

1804 Enero 13: Es bautizado en la Parroquia de Nuestra Señora de los Dolores.

1806 Junio 25: Su padre llega a Pensacola, donde ha sido nombrado Asesor de la Intendencia de la Florida Occidental. Según Chacón y Calvo, no hay noticias categóricas de que Heredia acompañase a su padre a la Florida, pero se presume.

1810 Se traslada con su familia a La Habana y de ahí a Santo Domingo. Tradicionalmente se ha venido afirmando que hizo estudios en la Universidad de Santo Domingo. Estas noticias tradicionales, aceptadas por A. de Angulo y Guiridi y repetidas por Antonio Bachiller y Morales y Pedro J. Guiteras, deben ser consideradas como suposiciones sin fundamento alguno.

1815 Parte con su padre a Venezuela; no ha podido comprobarse que hiciera estudios en la Universidad de Caracas, aunque la tradición así lo consigna.

1817 Regresa a La Habana.

1818 Estudia Leyes en la Universidad de La Habana. Inicia sus amores con Isabel Rueda, la "Belisa" o "Lesbia" de sus poemas.

1819 Escribe su primera obra dramática, *Eduardo VI, o El Usurpador Clemente,* representada en Matanzas, en un teatro de aficionados, entre los cuales se contaba el autor.
Escribe en La Habana su sainete *El campesino espantado.*
Viaja a Méjico, donde su padre desempeña el cargo de Alcalde del Crimen de la Audiencia. Escribe la poesía *La Partida* dedicada a su novia Isabel. Inicia su colaboración en el periódico "Noticioso General" de Méjico.
Termina la primera recopilación de sus poesías que ha llegado hasta nosotros: *Colección de las composiciones de José María Heredia. Cuaderno 2.* Del Cuaderno primero sólo se tiene noticia por la mención que hace Heredia en la relación de sus obras que dejó escrita y debió haber contenido la traducción de las "Fábulas" de Florián. Hace la segunda colección de sus poesías: *Ensayos Poéticos,* en la que incluye la traducción de las fábulas.

1820 Reinicia sus estudios de Leyes en la Universidad de Méjico.
Abril-septiembre: Traduce en verso libre la tragedia *Pirro* de Jolyot de Crébillon.
Octubre 31: Muere su padre en la ciudad de Méjico.
Diciembre: Escribe *En el Teocalli de Cholula,* con el título de *Fragmentos descriptivos de un poema mejicano,* que la crítica ha considerado la mejor de sus composiciones.
Hace su tercera colección poética: *Obras Poéticas.*

1821 Febrero: Regresa a La Habana.
Abril: Recibe el grado de Bachiller en Derecho Civil, disertando sobre el tema siguiente: "Servo heredio legari non potest".
Junio: Edita su primer periódico literario, "Biblioteca de Damas", del que sólo aparecieron cinco números, en la Imprenta Fraternal, en La Habana. Publicación tan rara hoy que no se conserva ningún ejemplar en las bibliotecas públicas de Cuba.

1822 Es representada en Matanzas su versión de la tragedia *Atreo* de Jolyot de Crébillon.

1823 Marzo: En "El Revisor Político y Literario" se anuncia de una manera solemne la próxima edición de las poesías de Heredia.
Junio: Obtiene el título de Abogado en la Audiencia de Puerto Príncipe.
Octubre: Escribe *La Estrella de Cuba*, su primera poesía revolucionaria. Es denunciado por participar en la conspiración de los Soles y Rayos de Bolívar. Se dicta auto de prisión contra él. Se oculta en la casa de José de Arango, padre de "Pepilla", la "Emilia" de su "Epístola". Noviembre 14: Huye de Matanzas disfrazado de marinero en el bergantín "Galaxy", hacia Boston.
Diciembre 4: Llega a Boston.
Diciembre 22: Llega a Nueva York, donde se reúne con Tomás Gener, Félix Varela, Leonardo Santos Suárez y otros cubanos.

1824 Junio: Escribe su oda *Niágara*.
Diciembre: Escribe su *Epístola a Emilia*. Es condenado en rebeldía, como conspirador, a destierro perpetuo.

1825 Publica la primera edición de sus *Poesías* en Nueva York.
Agosto: Embarca en Nueva York rumbo a Méjico. Durante la travesía compuso el *Himno al sol, La vuelta al sur* y el *Himno del desterrado*.
Octubre 14: Llega por segunda vez a la capital azteca.
Diciembre 12 y 13: Es representada su tragedia *Sila*, adaptación del francés Jouy, en Méjico.

1826 Enero 20: Se le confiere la plaza de oficial quinto en la Secretaría de Relaciones.
Febrero 4: Comienza a publicarse el periódico crítico literario "El Iris", dirigido y redactado por Claudio Linati, Florencio Galli y José María Heredia.

Junio 27: Es habilitado por el Congreso del Estado de Méjico para ejercer la abogacía.

Agosto 25: Aparece el prospecto del periódico "El Argos", dirigido por Heredia.

Diciembre 27: Lee el Presidente Victoria el mensaje de clausura de la legislatura del Congreso Federal, escrito por Heredia.

1827 Enero 8: Es representada en el Teatro Principal por el célebre actor español Andrés Prieto su tragedia *Tiberio*, imitación de Chenier.

Febrero 23: Es nombrado Juez del Distrito de Veracruz.

Mayo 25: Es nombrado Juez de Primera Instancia del Estado de Cuernavaca.

Septiembre 15: Contrae matrimonio con Jacoba Yáñez, hija de un Magistrado de la Audiencia, Isidro Yáñez.

Octubre: Redacta una exposición al Congreso del Estado de Méjico, que suscriben españoles vecinos de Cuernavaca, en protesta del proyecto de ley de expulsión de españoles.

1828 Septiembre 3: Nace su primera hija, María de las Mercedes, que murió el 22 de julio del siguiente año.

Diciembre 15: Es nombrado Fiscal de la Audiencia de Méjico.

1829 Edita la revista "Miscelánea", que duró hasta junio de 1832.

Noviembre 27: Nace su hija Loreto, que muere en Matanzas en enero de 1910.

Diciembre: Publica *Los últimos romanos*, su última obra dramática.

1830 Marzo: Pierde la Fiscalía, como consecuencia de su actitud en defensa del sucesor de Victoria, general Vicente Guerrero, contra el cual se sublevó Anastasio Bustamante, logrando ocupar la presidencia.

Mayo: Vuelve al juzgado de Cuernavaca.

1831 A principios de enero es nombrado Ministro de la Audiencia, y ésta le eligió representante suyo en la comisión que debía redactar los Códigos del Estado.
Enero: Es condenado en rebeldía a la pena de muerte y confiscación de bienes por su participación en la conspiración para la independencia de Cuba "Gran Legión del Aguila Negra", en La Habana.
Junio: Redacta "El Conservador", de Toluca.
Julio 25: Nace su hija Jacoba, que murió el 17 de mayo de 1835.
Septiembre 16: Pronuncia en Toluca un discurso.
Inicia la publicación de las *Lecciones de Historia Universal*, que terminan de editarse al año siguiente.

1832 Aparece en Toluca la segunda edición de sus *Poesías*.

1833 Febrero: Es elegido por unanimidad representante a la Legislatura.
Redacta un proyecto de "Código Penal".
Agosto 12: Se representa en La Habana su tragedia *Abufar o La familia árabe*, imitación de Ducis.
Noviembre: Desempeña las cátedras de Literatura y de Historia Antigua y Moderna en el "Instituto Literario" de Toluca. Ocupa el cargo de Ministro Interino de la Audiencia del Estado de Méjico.
Publica su traducción de *Waverly o Ahora sesenta años*, novela de Walter Scott.
Edita y dirige la revista literaria "Minerva", de la que se publicaron 27 números, según el catálogo de la biblioteca de Andrade.

1834 Septiembre 5: Nace su hijo José Francisco, que murió en julio de 1835.
Octubre 13: Es nombrado director del "Colegio del Estado, antiguo "Instituto Literario".

1835 Enero 23: Es designado Ministro propietario de la Audiencia de Méjico y Rector del Colegio del Estado.
Publica su traducción de *Bosquejos de los viajes aéreos*

de Eugenio Robertson en Europa, los Estados Unidos y las Antillas, de E. Roch.
Mayo 17: Muere su hija Jacoba.

1836 Solicita en carta al general Tacón autorización para regresar a Cuba.
Mayo 6: Nace José de Jesús, que murió en La Habana el 18 de noviembre de 1923.
Octubre 28: Se traslada a Cuba. En el viaje escribe *Al Océano.*
Noviembre 6: Se reúne con su madre en Matanzas.

1837 Regresa a Méjico, donde cesa en el cargo de Ministro de la Audiencia, por exigir una ley la condición de nativo para desempeñar ese puesto.

1838 Julio 10: Nace su hija Julia.
Se traslada a Cuernavaca, gravemente enfermo de tuberculosis pulmonar.

1839 Regresa a Méjico y dirige la parte literaria del "Diario del Gobierno de la República Mejicana" hasta el 30 de abril, en que abandona sus labores por su grave estado de salud.
Mayo 2: Carta a su madre.
Mayo 7: Muere en la ciudad de Méjico y es enterrado en el panteón del Santuario de María Santísima de los Angeles.

1844 Sus restos son trasladados al cementerio de Santa Paula. Al clausurarse esta necrópolis pasaron a la fosa común del cementerio de Tepellac.

BIBLIOGRAFÍA:

JOSÉ MARÍA CHACÓN Y CALVO: *Estudios heredianos,* Editorial Trópico, La Habana, 1939.

FRANCISCO GONZÁLEZ DEL VALLE: *Cronología herediana (1803-1839),* Ministerio de Educación, Dirección de Cultura, La Habana, 1938.

DEDICATORIA Y ADVERTENCIA A LA EDICION DE 1825

La edición de 1825 dice en la portada: Poesías / de / José María Heredia, / Nueva York: / Librería de Behr y Kahl, 129 Broadway. / Imprenta de Gray y Bunce. / .1825. *Lleva la siguiente dedicatoria:*

A D. IGNACIO HEREDIA

¿A quién deberé dedicar estas poesías sino al mejor de los amigos, al que me ama más que un hermano, a ti, Ignacio mío? Cuando apesar de las olas del Océano que nos separan, lleguen a tus manos, léelas bajo las mismas sombras pacíficas donde muchas de ellas se escribieron, donde en paz pensé acabar mis días a tu lado. Pero un huracán imprevisto arruinó todas mis inocentes esperanzas, y me ha traído a fatigar con mi aspecto errante las playas extranjeras. Desde ellas se parten a tu seno estas efusiones de mi alma, con las que te envía toda su amistad pura, ardiente, eterna

José María Heredia

Y además una Advertencia *en castellano y en inglés. El texto castellano dice así:*

Se notará en esta obrita profusión de acentos; pero ha sido necesario emplearlos, para hacerla útil a los americanos que estudian el español, y desean adquirir una buena pronunciación.

Y la traducción del texto inglés es como sigue:

El autor ha prestado particular atención a los acentos, con objeto de que estas poesías sean útiles a los americanos que aprenden el español. Nada más adecuado para procurarles un conocimiento práctico de la exacta pronunciación de las palabras que el hábito de leer versos. ¡Reciban aquéllos este pequeño servicio de un joven desterrado, como expresión de gratitud por el asilo que le ofrece este afortunado país!

DEDICATORIA Y ADVERTENCIA A LA EDICION DE 1832

La edición de 1832, que comprende dos tomos en un volumen, dice en la portada de cada uno: Poesías / del ciudadano / José María Heredia, / Ministro de la Audiencia de México, / Segunda edición corregida y aumentada [*Aquí* Tomo I *y* Tomo II, *respectivamente*] Toluca: 1832. / Imprenta del Estado, a cargo de Juan Matute. *El tomo I, que contiene las poesías amorosas lleva esta*

DEDICATORIA

A mi esposa.

Cuando en mis venas férvidas ardía
la fiera juventud, en mis canciones
el tormentoso afán de mis pasiones
con dolorosas lágrimas vertía.

Hoy a ti las dedico, esposa mía,
cuando el amor, más libre de ilusiones,
inflama nuestros puros corazones,
y sereno y de paz me luce el día.

Así, perdido en turbulentos mares,
mísero navegante al cielo implora
cuando le aqueja la tormenta grave;

Y del naufragio libre, en los altares
consagra fiel a la deidad que adora
las húmedas reliquias de su nave.

Esta dedicatoria había sido ya publicada por Heredia, con ligerísimas variantes, en "El Amigo del Pueblo", Méjico, t. I, núm. 14, 31 diciembre 1827, pág. 30 y con el siguiente título: *Dedicatoria de mis poesías eróticas a mi esposa*.

El tomo II, lleva la siguiente "Advertencia":

"En 1825, publiqué la primera edición de estas poesías, sin pretensión alguna literaria. Mis amigos la deseaban, y sus instancias me distraían de los vastos designios que me inspiraban la exaltación y el amor a la gloria. Por este motivo, y como quien arroja de sí una carga, lancé al mundo mis versos para que tuviesen su día de vida, en circunstancias muy desventajosas, pues la tormenta que me arrojó a las playas del Norte, me privó de los manuscritos, dejándome sin más recursos que mi fatigada memoria".

"Olvidé pronto aquel libro, y entré en la ardua carrera que me llamaba. Un concurso raro de circunstancias frustró mis proyectos, reduciéndome a ocupaciones sedentarias, que hicieron revivir mi gusto a la literatura. Entre tanto, mis poesías habían corrido con aceptación en América y Europa, y la reimpresión de varias en París, Londres, Hamburgo y Filadelfia; el juicio favorable de literatos distinguidos, y la exaltación literaria excitada en mi país por la discusión de su mérito, prorrogaron el día de vida que yo les había señalado".

"Me veo, pues, en el caso de hacer esta nueva edición, en que además de haber corregido con esmero las poesías ya publicadas, se incluyen las filosóficas y patrióticas que faltan en la de 1825".

"El torbellino revolucionario me ha hecho recorrer en poco tiempo una vasta carrera, y con más o menos fortuna he sido abogado, soldado, viajero, profesor de lenguas, diplomático, periodista, magistrado, historiador y poeta a los veinte y cinco años. Todos mi escritos tienen que resentirse de la rara volubilidad de mi suerte. La nueva generación gozará días más serenos, y los que en ella se consagren a las musas, deben ser mucho más dichosos".

José María Heredia

1832

POESIAS AMOROSAS

LA PARTIDA

¡Adiós, amada, adiós! llegó el momento
del pavoroso adiós... mi sentimiento
dígate aqueste llanto... ¡ay! ¡el primero
que me arranca el dolor! ¡Oh Lesbia mía!
No es tan sólo el horror de abandonarte
lo que me agita, sino los temores
de perder tu cariño: sí; la ausencia
mi imagen borrará, que en vivo fuego
grabó en tu pecho amor... ¡Eres hermosa,
y yo soy infeliz...! en mi destierro
viviré entre dolor, y tú cercada
en fiestas mil de juventud fogosa
que abrasará de tu beldad el brillo,
me venderás perjura,
y en nuevo amor palpitará tu seno,
olvidando del mísero Fileno
la fe constante y el amor sencillo.

      Sumido en pesares
      y triste y lloroso,
      noticias ansioso
      de ti pediré:
      y acaso diránme
      con voz dolorida:
      "Tu Lesbia te olvida,
      tu Lesbia es infiel".

Yo te ofendo, adorada: sí; perdona
a tu amante infeliz estos recelos.
¿Cuándo el que quiso bien no tuvo celos?
Tú sabrás conservar con fiel cariño
de tu primer amante la memoria;
no perderás ese candor que te hace
del cielo amor, y de tu sexo gloria.
¡Lloras! ¡ay! ¡lloras...! ¡Oh fatal momento
de dicha y de dolor...! Aquese llanto,
que tu amor me asegura,
me rasga el corazón... Tu hermosa vida
anublan los pesares y amargura
por mi funesto ardor... ¡El cielo sabe
que con toda la sangre que me anima
comprar quisiera tu inmortal ventura!
Mas desdichado soy... ¿por qué te uniste
a mi suerte cruel, que ha emponzoñado
de tus años la flor...?

                    ¡Adiós, querida...!

¡Adiós...! ¡Ay! apuremos presurosos
el cáliz del dolor... Ese pañuelo
con tus preciosas lágrimas regado,
trueca por éste mío,
besándolo mil veces y en sus hilos
mi llanto amargo uniendo con tu llanto
daré a mis penas celestial consuelo.
—"Lesbia me ama, diré, y en mi partida
ese llanto vertió... Tal vez ahora
mi pañuelo feliz besa encendida,
y le estrecha a su seno,
y un amor inmortal jura a Fileno."

Piensa en mí, Lesbia divina;
y si algún amante osado
de tus hechizos prendado,
quiere robarme tu amor;
pon la vista en el pañuelo,
prenda fiel de la fe mía,
y di: —"Cuando se partía,
¡cuán grande fue su dolor...!"

(Abril 1819)
Ed. 1832

Lesbia es Isabel Rueda y Ponce de León.

LA PRENDA DE FIDELIDAD

Dulce memoria de la prenda mía,
tan grata un tiempo como triste ahora,
áureo cabello, misterioso nudo,
    ven a mi labio.

¡Ay! ven, y enjugue su fervor el llanto
en que tus hebras inundó mi hermosa,
cuando te daba al infeliz Fileno,
    mísero amante.

Lágrimas dulces, de mi amor consuelo,
decidme siempre que mi Lesbia es firme;
decid que nunca romperá su voto
    pérfida y falsa..

¡Oh! cuánto el alma de dolor sentía,
cuánto mi pecho la aflicción rasgaba,
cuando la hermosa con dolientes ojos
    viéndome dijo:

"¡Siempre, Fileno, de mi amor te acuerdas!
"¡Toma este rizo que mi frente adorna...
"¡Toma esta prenda de constancia pura...
    "¡Guárdala fino!"

A dondequiera que la suerte cruda
me arrastre, ¡oh rizo! seguirásme siempre,
y de mi Lesbia la divina imagen
    pon a mis ojos.

Tú me recuerdas los felices días
de paz y amor que fugitivos fueron,
cual débil humo de aquilón al soplo
    tórnase nada.

¡Oh! ¡cuántas veces su cabello rubio,
al blando aliento de la fresca brisa
veloz ondeaba, y en feliz desorden
    vino a mi frente!

¡La luna amiga con su faz serena
mil y mil veces presidió mi dicha...!
Memoria dulce de mi bien pasado,
    ¡sé mi delicia!

(Abril 1819)
Ed. 1832

EL RIZO DE PELO

    Rizo querido,
tú la inclemencia
de aquesta ausencia
mitigarás.

    De torpe olvido
ni un solo instante
al pecho amante
permitirás.

  En el punto fatal de mi partida
¡oh Dios! vi a mi adorada,
la vi, Deliso, en lágrimas bañada,
la cabellera el aire desparcida...
nunca, Deliso, nunca tan hermosa
la vi. —¡Partes! me dijo moribunda,
los bellos ojos trémula fijando
en mi faz dolorosa:

  —Parto, dije, y el labio balbuciente
no pudo proseguir, y los sollozos
suplieron a la voz, y tristemente
por el aire sonaron. Ella entonces
quitando un rizo a su cabello de oro,
con tiernísima voz, —Toma, decía,
—guárdale ¡ay Dios! ¡para memoria mía...!

¡Oh parte de mi bien! ¡oh mi tesoro!
Ven a mis labios, ven... Será mi pecho
tu mansión duradera,
solo consuelo que la suerte fiera
en mi mal me dejo, y al contemplarte
diré vertiendo lágrimas ardientes:
—¡Feneció mi alegría:
feneció la ventura y gloria mía!

    Ven, oh rizo a mis labios y seno:
¿Sientes, di, su latir afanoso?
Pues lo causa tu dueño amoroso,
prenda fiel de firmeza y amor.
    Mis amargos insomnios alivia,
y en mi llanto infeliz te humedece:
¡oh! ¡cuán larga la noche parece,
cuando vela gimiendo el dolor!

(1819)
Ed. 1832

A ELPINO

¡Feliz, Elpino, el que jamás conoce
otro cielo ni sol que el de su patria!
¡Ay! ¡si ventura tal contar pudiera...!

Tú, empero, partes, y a la dulce Cuba
tornas... ¡Dado me fuera
tus pisadas seguir! ¡Oh! ¡cuán gozoso
tu triste amigo oyera
el ronco son con que la herida playa
al terrible azotar del Océano
responde largamente! Sí; la vista
de sus ondas fierísimas, hirviendo
bajo huracán feroz, en mi alma vierte
sublime inspiración y fuerza y vida.
Yo contigo, sus iras no temiendo,
al vórtice rugiente me lanzara.

¡Oh! ¡cómo palpitante saludara,
las dulces costas de la patria mía,
al ver pintada su distante sombra
en el tranquilo mar del Mediodía!
¡Al fin llegado al anchuroso puerto,
volando a mi querida,
al agitado pecho la estrechara,
y a su boca feliz mi boca unida,
las pasadas angustias olvidara!

Mas, ¿a dónde me arrastra mi delirio?
Partes, Elpino, partes, y tu ausencia
de mi alma triste acrecerá el martirio.
¿Con quién ¡ay Dios! ahora
hablaré de mi patria y mis amores,
y aliviaré gimiendo mis dolores?
El bárbaro destino
del Tetzcoco en las márgenes ingratas
me encadena tal vez hasta la muerte.
—Hermoso cielo de mi hermosa patria,
¿no tornare yo a verte?

Adiós, amigo: venturoso presto
a mi amante verás... Elpino, dila
que el mísero Fileno
la amará hasta morir... Dila cual gimo
lejos de su beldad, y cuantas veces
regó mi llanto sus memorias caras.
Cuéntala de mi frente, ya marchita,
la palidez mortal...
                    ¡Adiós, Elpino,
adiós, y sé feliz! Vuelve a la patria
y cuando tu familia y tus amigos
caricias te prodiguen, no perturbe
tu cumplida ventura
de Fileno doliente la memoria.
Mas luego no me olvides, y piadoso
cuando recuerdes la tristeza mía,
un suspiro de amor de allá me envía.

(1819)
Ed. 1832

En la edición de 1825 aparecía con el título "A un amigo que partía a La Habana". En la de Toluca la nombra "A Elpino". Y en *Obras Poéticas*, 1820, "A D. J. M. Uuzueta en su viaje a La Habana"

RECUERDO

Despunta apenas la rosada aurora,
plácida brisa nuestras velas llena;
callan el mar y el viento, y sólo suena
el rudo hendir de la cortante prora.

Yo separado ¡ay mé! de mi señora,
gimo no más en noche tan serena:
dulce airecillo, mi profunda pena
lleva al objeto que mi pecho adora.

¡Oh! ¡cuántas veces, al rayar el día,
ledo y feliz de su amoroso lado
salir la luna pálida me vía!

¡Huye, memoria de mi bien pasado!
¿Qué sirves ya? Separación impía
la brillante ilusión ha disipado.

(Créese de 1819 ó 1820)
Ed. 1832

A LA HERMOSURA

Dulce hermosura, de los cielos hija,
don que los dioses a la tierra hicieron,
oye benigna de mi tierno labio
    cántico puro.

La grata risa de tu linda boca
es muy más dulce que la miel hiblea:
tu rostro tiñe con clavel y rosas
    cándido lirio.

Bien cual se mueve nacarada espuma
del manso mar en los cerúleos campos,
así los orbes del nevado seno
    leves agitas.

El Universo cual deidad te adora;
el hombre duro a tu mirar se amansa,
y dicha juzga que sus ansias tiernas
    blanda recibas.

De mil amantes el clamor fogoso,
y los suspiros y gemir doliente,
del viento leve las fugaces alas
    rápidas llevan.

Y de tu frente alrededor volando,
tus dulces gracias y poder publican:
clemencia piden; pero tú el oído
    bárbara niegas.

¿Por qué tu frente la dureza anubla?
¿El sentimiento la beldad afea?
No; vida, gracia y expresión divina
 préstala siempre.

Yo vi también tu seductor semblante,
y apasionado su alabanza dije
en dulces himnos, que rompiendo el aire
 férvidos giran.

Mil y mil veces al tremendo carro
de Amor me ataste, y con fatal perfidia
mil y mil veces derramar me hiciste
 mísero llanto.

Y maldiciendo tu letal hechizo
su amor abjuro delirante y ciego;
mas ¡ay!, en vano, que tu bella imagen
 sígueme siempre.

Si al alto vuelvo la llorosa vista,
en la pureza del etéreo cielo
el bello azul de tus modestos ojos
 lánguido miro.

Si miro acaso en su veloz carrera
el astro bello que la luz produce,
el fuego miro que en tus grandes ojos
 mórbido brilla.

Es de la palma la gallarda copa
imagen viva de tu lindo talle;
y el juramento que el furor dictóme
 fácil abjuro.

Lo abjuro fácil, y en amor ardiendo,
caigo a tus plantas, y perdón te pido,
y a suplicar y dirigirte votos
      tímido vuelvo.

   ¡Ay! de tus ojos el mirar sereno,
y una sonrisa de tu boca pura,
son de mi pecho, que tu amor abrasa,
      único voto.

   ¡Dulce hermosura! mi rogar humilde
oye benigna, y con afable rostro
tantos amores y tan fiel cariño
      págame justa.

(1820)
Ed. 1832

LA INCONSTANCIA

A D. Domingo del Monte

En aqueste pacífico retiro,
lejos del mundo y su tumulto insano,
doliente vaga tu sensible amigo.
Tú sabes mis tormentos, y conoces
a la mujer infiel... ¡Oh! si del alma
su bella imagen alejar pudiese,
¡cuán fuera yo feliz! ¡cómo tranquilo
de amistad en el seno
gozara paz y plácida ventura
de todo mal y pesadumbre ajeno!

¡Amor ciego y falta...! Ahora la tierra
encanta con su fresca lozanía,
por detrás de los montes enriscados
el almo sol en el sereno cielo
de azul, púrpura y oro arrebolado,
se alza con majestad: brilla su frente,
y la montaña, el bosque, el caserío,
relucen a su vez... Salud, ¡oh padre
del ser y del amor y de la vida!
¿Quién al mirar a ti no siente el alma
llena de inspiración?... ¡Salve! ¡Tu carro
lanza veloz por la celeste esfera
y vida, fuerza y juventud lozana
vierta en el mundo tu inmortal carrera!

Vuela, y muestra glorioso al universo
el almo Dios que en tu fulgor velado,
sin principio ni fin... ¿Por qué mi frente
dóblase mustia, y en mi rostro corre
esta lágrima ardiente? ¿Quién ha helado
el entusiasmo espléndido y sublime,
que a gozar y admirar me arrebataba?

¿Qué me importa ¡infeliz! el universo,
si me olvida la infiel? ¡Ay! en la noche
veré la tierra en esplendor bañada,
y al vislumbrar de la fulgente luna,
y no seré feliz: no embebecida
el alma sentiré, cual otro tiempo,
en mil cavilaciones deliciosas
de ventura y amor: hoy afligido
solamente diré: "No mi adorada
en tal contemplación embelesada
a mi dirigirá sus pensamientos".
De aquestas cañas a la blanda sombra
recuerdo triste mi placer pasado,
y me siento morir: lánguidamente
grabo en el tronco de la tersa caña
de Lesbia el nombre, y en delirio insano
gimo, y le cubren mis ardientes besos.
Su mano, ¡ay Dios! la mano que amorosa
mil y mil veces halagó la mía,
hundió el puñal en mi confiado pecho
con torpe engaño y con mudanza impía.

Heme juguete de la suerte fiera,
de una pasión tirana subyugado,
abatido, infeliz, desesperado,
el triste espectro de lo que antes era.
¡Oh pérfida mujer! ¡cómo pagaste
el afecto más fino!

Bajo rostro tan cándido y divino
¿Tan falso corazón pudo velarse?
Tú mi loca pasión, ¡ay! halagabas,
y feliz te dijiste en mis amores.
Aunque el hado tirano
en mi alma tierna y pura
verter quisiese cáliz de amargura,
¿Le debiste ¡infeliz! prestar tu mano?

　Cuando el fatal prestigio con que ahora
la juventud y la beldad te cercan
haya la parca atroz desvanecido,
para salvar tu nombre del olvido
el triste amor de tu infeliz poeta
será el único timbre de tu gloria.
La mitad del laurel que orne mi tumba
entonces obtendrás; y de tus gracias
y de tu ingratitud y mi tormento
prolongará mi canto la memoria.

　¡Hermosura fatal! tú disipaste
la brillante ilusión que me ocultaba
la corrupción universal del mundo,
y la vida y los hombres a mis ojos
presentaste cual son. ¿Dónde volaron
tanto y tanto placer? ¿Cómo pudiste
así olvidarte de tu amor primero?
¡Si así olvidase yo...! Mas ¡ay! el alma
que fina te adoró, falsa, te adora.
No vengativo anhelaré que el cielo
te condene al dolor: sé tan dichosa
cual yo soy infeliz: mas no mi oído
hiera jamás el nombre aborrecido
de mi rival, ni de tu voz el eco
torne a rasgar la ensangrentada herida

de aqueste corazón: no a mirar vuelva
tu celeste ademán, ni aquellos ojos,
ni aquellos labios de letal ponzoña
ciego bebí... ¡Jamás! —Y tú en secreto
un suspiro a lo menos me consagra,
un recuerdo... —¡Ah cruel! no te maldigo,
y mi mayor anhelo
es elevarte con mi canto al cielo,
y un eterno laurel partir contigo.

(Julio 1821)

Ed. 1832

De esta poesía existen tres versiones. La primera apareció "En el Revisor Político y Literario", La Habana, 8 de julio de 1823, con el título "A D. D. D. Desde el campo"; la segunda en la primera edición de sus poesías, donde aclara las iniciales del título, que corresponden a D. Domingo del Monte; la tercera aparece en la edición de Toluca, en la que aparece con el título "La inconstancia". A D. Domingo del Monte.

MISANTROPIA

¡Qué triste noche...! Las lejanas cumbres
acumulan mil nubes pavorosas,
y el lívido relámpago ilumina
su densa confusión. Calma de fuego
me abruma en derredor, y un eco sordo,
siniestro, vaga en el opaco bosque.
Oigo el trueno distante... En un momento,
la horrenda tempestad va a despeñarse:
la presagia la tierra en su tristeza.

Tan fiera confusión en armonía
siento con mi alma desolada... ¿El mundo
padece como yo...?
                    Mujer funesta,
¡ay! me perdiste para siempre... En vano
me esfuerzo a reanimar del alma mía
el marchito vigor: tú el Universo
desfiguraste para mí... Ni echarte
de la memoria lograré. Tu imagen
me persigue, causándome deleite
funesto, amargo, como la sonrisa
que suele estar helada entre los labios
de una belleza pálida en la tumba.

¡Oh hermosas! yo inocentes os adoraba...
¿Quién me venció en amar? Vosotras fuisteis
mi encanto, mi deidad: en vuestros ojos,
en vuestra dulce y celestial sonrisa

duplicaba mi ser; y circundado
por atmósfera ardiente de ventura,
abjuré la razón, quebré insensato
de mi enérgica mente los resortes,
y a sólo amaros consagré mi vida.
¡Qué horrible pago recibí...! ¡Oh hermosas!
Me hicisteis infeliz y ya no os amo...
Ni puedo amar la vida sin vosotras.

Así en horrible confusión perdido
vago insano y furioso... Desecado
siento mi corazón, huyo a los hombres,
y hasta la luz del sol ya me fatiga.
¡Ay! se apagó mi fantasía: vago,
espectro gemidor, junto al sepulcro.
Mas amo a veces mi aflicción; me gozo
en el llanto de fuego que me alivia.
¡Felices ¡ay! los que jamás probaron
el gozo del dolor...!
                    ¿Dó están los tiempos
de mi felicidad, cuando mi mente
de la vasta Creación se apoderaba
con noble ardor? En medio de la noche,
en la gran soledad del Océano,
suspenso entre el abismo y las estrellas,
¡cuán fuertes y profundos pensamientos
mi mente concibió! ¡Cómo reía
el Universo de beldad ornado
ante mis ojos! ¡Cómo de la vida
me sentí en posesión...!
                        Mas hoy... ¡cuitado!
Juzgan turbada mi razón... —¡Oh necios!
¿Del amor os quejáis, y en vuestras frentes
brilla de juventud la fresca rosa
sin marchitarse? Contemplad la mía,

profundamente del dolor hollada,
y aprended a sentir... Mas no me atienden,
y maldiciendo mi semblante adusto,
insocial y selvático me llaman.
Porque no sé para fingir sonrisa
dar a mis labios contorsión violenta
cuando mi alma rebosa en amargura,
imputan a feroz misantropía
mi amor de soledad... ¡Oh! si pudieran
bajo el agreste velo que la cubre
sentir de mi alma la ternura inmensa,
tal vez me amaran... Pero no: tan sólo
injuriosa piedad o vil desprecio
en sus almas de fango excitaría.

Dejadme, pues, que oculte mis dolores
en esta soledad. Arboles bellos,
que al soplo de los vientos tempestuosos
sobre mi frente os agitáis, mañana
vendrá a lucir el sol en vuestras copas
con gloria y majestad; mas a mi alma,
de borrasca furiosa combatida,
no hay un rayo de luz... Entre vosotros
buscaré alguna calma, y de los tristes
invocaré al amigo, al dulce sueño.

(Agosto 1821)
Ed. 1832

Con este mismo título publicó Heredia otra poesía completamente distinta, que aparece en esta obra entre las Poesías Filosóficas e Históricas.

A..., EN EL BAILE

¿Quién hay, mujer divina,
que al mágico poder de tus encantos
pueda ya resistir? El alma mía
se abrasó a tu mirar: entre la pompa
te contemplé del estruendoso baile,
altiva y majestuosa descollando
entre tanta hermosura,
cual palma gallardísima y erguida
de la enlazada selva en la espesura.
De tu rosada boca la sonrisa
más grata es ¡ay¡ que en el ardiente julio
de balsámica brisa el fresco vuelo,
y tus ojos divinos resplandecen
como el astro de Venus en el cielo.

Más ágil y serena,
al compás de la música sonante
partes veloz, y mi agitado pecho
palpita de placer. Cual azucena
que al soplo regalado
del aura matinal mueve su frente
que coronó de perlas el rocío,
así, de gracias y de gloria llena,
giras ufana, y la expresión escuchas
de admiración y amor, y los suspiros
que vagan junto a ti; pues electriza
a todos y enamora
tu beldad, tu abandono, tu sonrisa,
y tu actitud modesta, abrasadora.

¡Ay! todos se conmueven:
sus compañeras tristes, eclipsadas,
se agitan despechadas,
y ni a mirarla pálidas se atreven.
Ellos arden de amor, y ellas de envidia.

¿Y engaños y perfidia
se abrigarán en el nevado seno
que hora palpita blandamente, lleno
de celeste candor...? ¡Afortunado
el mortal a quien ames encendida,
a quien halagues tierna y amorosa
con tu mirar sereno y blanda risa...!

Divina joven, ¿me amarás? ¿quién supo
amar ¡ay! como yo? Tus ojos bellos
afable pon en mí; seré dichoso.
¡En tus labios de rosa el dulce beso
ansioso cogeré; sobre tu seno
reclinaré mi lánguida cabeza,
y expiraré de amor...!
                        ¡Mísero! en vano
hablo de amor, en ilusión perdido.
¡Angel de paz! de ti correspondido
nunca ¡infeliz! seré. Mi hado tirano
a estériles afectos me condena.
¡Ay! el pecho se oprime; consternado
me agito, gimo triste,
y me siento morir... ¡Dios que me miras,
muévate a compasión mi suerte amarga,
y alivia ya la insoportable carga
del corazón ardiente que me diste!

Tú eres más bella que la blanca luna
cuando en noche fogosa del estío,

precedida por brisas y frescura,
en oriente aparece,
y sube al yermo cielo, y silenciosa
en medio de los astros resplandece.

Su indigno compañero
la lleva entre sus brazos insensible,
y yerto, inanimado,
gira en torno de sí los vagos ojos,
y sus gracias no ve...
          —No más profanes.
Insensible mortal, ese tesoro
que no sabes preciar: ¡huye! mis brazos
estrecharán al inflamado seno
ese ángel celestial...! ¡Oh! si pudiera
hacerme amar de ti, como te adoro,
¡cuál fuera yo feliz! ¡Cómo viviera
del mundo en un rincón, desconocido,
contigo, y la virtud...!
              Mas no, infelice:
yo de angustia y dolores la llenara;
y en su inocente pecho derramara
la agitación penosa
que turba y atormenta
mi juventud ardiente y borrascosa.

¡No, mujer adorada!
vive feliz sin mí... Yo generoso
gemiré y callaré: seré dichoso
si eres dichosa tú... Benigno el Cielo,
oiga mis votos férvidos y puros,
y en tu pecho conserve
de inocencia la calma,
la deliciosa paz, la paz del alma,
que severo y terrible me ha negado,

cuando me ha condenado
a gemir, y apurar sin esperanza
un doloroso cáliz de amargura,
y a que nunca me halaguen
sueños de amor y plácida ventura.

(Diciembre 1821)
Ed. 1832

Apareció por primera vez en la edición de Nueva York, 1825. Reproducida con variantes en la de Toluca, 1832.

A MI CABALLO

Amigo de mis horas de tristeza,
ven, alíviame, ven. Por las llanuras
desalado arrebátame, y perdido
en la velocidad de tu carrera,
olvide yo mi desventura fiera.

Huyeron de mi amor las ilusiones
para nunca volver, de paz y dicha,
llevando tras de sí las esperanzas.
Corrióse el velo; desengaño impío
el fin señala del delirio mío.

¡Oh! ¡cuánto me fatigan los recuerdos
del pasado placer! ¡Cuánto es horrible
el desierto de una alma desolada,
sin flores de esperanza ni frescura!
Ya, ¿qué la resta? ¡Tedio y amargura!

Este viento del Sur... ¡ay! me devora.
Si pudiera dormir... En dulce olvido,
en pasajera muerte sepultado,
mi ardor calenturiento se templara,
y mi alma triste su vigor cobrara.

Caballo, ¡fiel amigo! Yo te imploro.
Volemos, ¡ay! Quebrante la fatiga
mi cuerpo débil; y quizá benigno
sobre la árida frente de tu dueño
sus desmayadas alas tienda el sueño.

Débate yo tan dulce refrigerio...
Mas, otra vez avergonzar me hiciste
de mi insana crueldad y mi delirio,
al contemplar mis pies ensangrentados,
y tus ijares ¡ay! despedazados.

Perdona mi furor; el llanto mira
que se agolpa a mis párpados... Amigo,
cuando mis gritos resonar escuches,
no aguerdes, no, la devorante espuela;
la crin sacude, alza la frente, y vuela.

(1821)
Ed. 1832

Esta poesía fue traducida al inglés por James Kennedy, quien la publicó en el folleto "Selections from the poems of Don José María Heredia, with translations into English Verse", La Habana, 1844, y en el libro "Modern poets and poetry of Spain", Londres, 1852.

LA CIFRA

¿Aún guardas, árbol querido,
la cifra ingeniosa y bella
con que adornó mi adorada
tu solitaria corteza?
Bajo tu plácida sombra
me viste evitar con Lesbia
del fiero sol meridiano
el ardor y luz intensa.
Entonces ella sensible
pagaba mi fe sincera,
y en ti enlazó nuestros nombres,
de inmortal cariño en prenda.
¡Su amor pasó, y ellos duran,
cual dura mi amarga pena...!
Deja que borre el cuchillo
memorias ¡ay! tan funestas.
No me hables de amor: no juntes
mi nombre con el de Lesbia,
cuando la pérfida ríe
de sus mentidas promesas,
y de un triste desengaño
al despecho me condena.

(1821)
Ed. 1832

"El Iris", Méjico, 22 abril 1826.

¡AY DE MI!

¡Cuán difícil es al hombre
hallar un objeto amable,
con cuyo amor inefable
pueda llamarse feliz!

Y si este objeto resulta
frívolo, duro, inconstante,
¿qué resta al mísero amante,
sino exclamar ¡ay de mí!

El amor es un desierto
sin límites, abrasado,
en que a muy pocos fue dado
pura delicia sentir.

Pero en sus mismos dolores
guarda mágica ternura,
y hay siempre cierta dulzura
en suspirar ¡ay de mí!

(1821)
Ed. 1832

A LOLA, EN SUS DIAS

Vuelve a mis brazos, deliciosa lira,
en que de la beldad y los amores
el hechizo canté. Sobrado tiempo
de angustias y dolores
el eco flébil fuera
mi quebrantada voz. ¿Cómo pudiera
no calmar mi agonía
este brillante día
que a Lola vio nacer? ¡Cuán deleitosa
despunta en el Oriente la luz pura
del natal de una hermosa!
Naciste, Lola, y Cuba
al contemplar en ti su bello adorno,
aplaudió tu nacer. Tu dulce cuna
meció festivo amor: tu blanda risa
nació bajo su beso: complacido
la recibió, y en inefable encanto
y sin igual dulzura
tus labios inundó: tu lindo talle
de gallarda hermosura
Venus ornó con ceñidor divino,
y tal vez envidiosa contemplaba
tu celestial figura.

    Nace bárbaro caudillo,
    que con frenética guerra
    debe desolar la tierra,
    y gime la humanidad.

Naciste, Lola, y el mundo
celebró tu nacimiento,
y embelesado y contento
adoró Amor tu beldad.

 Feliz aquel a quien afable miras,
que en tu hablar se embebece, y a tu lado
admira con tu talle delicado
la viva luz de tus benignos ojos.
 ¡Venturoso mortal! ¡En cuánta envidia
mi corazón enciendes...! Lola hermosa,
¿quién a tanta beldad, y a tantas gracias
pudiera resistir, ni qué alma fría
con la expresión divina de tus ojos
no se inflama de amor? El alma mía
se abrasó a tu mirar... Eres más bella
que la rosa lozana,
del céfiro mecida
al primer esplendor de la mañana.

   Si en un tiempo más bello y felice
tantas gracias hubiera mirado,
¡Ah! tú fueras objeto adorado
de mi fina y ardiente pasión.
 Mas la torpe doblez, la falsía,
que mi pecho sensible rasgaron,
en su ciego furor me robaron
del placer la dichosa ilusión.

 ¡Angel consolador! tu beldad sola
el bárbaro rigor de mis pesares
a mitigar alcanza
y en tus ojos divinos,
bebo rayos de luz y de esperanza.

¡Conviértelos a mí siempre serenos,
abra tus labios plácida sonrisa,
y embriágame de amor...!
                    Acepta grata
por tu ventura mis ardientes votos.
¡Ah! tú serás feliz: ¿cómo pudiera
sumir el cielo en aflicción y luto
tanta y tanta beldad? Si despiadado
el feroz infortunio te oprimiere.
¡Ay! ¡no lo mire yo! Baje a la tumba
sin mirarte infeliz; o bien reciba
los golpes de la suerte,
y de ellos quedes libre, y generoso
si eres dichosa tú, seré dichoso.

    ¿Me oyes, Lola, placentera,
llena de fuerza y de vida...?
¡Ay! mi juventud florida
el dolor marchita ya.
Cuando la muerte me hiera,
y torne tu día sereno
acuérdate de Fileno,
di su nombre suspirando,
y en torno de ti volando
mi sombra se gozará.

(Marzo 1822)
Ed. 1832

Lola es Dolores Junco y Morejón, linda joven matancera, a quien también llamaba el poeta la "Ninfa del Yumurí", y a la que dedicó varias poesías. Dolores Junco nació en Matanzas en 1803 y murió en 1863 en el ingenio San José, en Sabanilla del Emperador.

EL RUEGO

De mis pesares
duélete hermosa,
y cariñosa
paga mi amor.

Mira cual sufro
por tu hermosura
angustia dura
pena y dolor.

¿Quién ¡ay! resiste
cuando le miras,
y fuego inspiras
al corazón?

Cuando tu seno
blando palpita
¿en quién no excita
plácido ardor?

Secreto afecto
me enardeciera
la vez primera
que yo te vi.

Tu habla divina
sonó en mi oído,
y conmovido
me estremecí.

De amor el fuego
corre en mis venas...
Sí... de mis penas
ten ¡ay! piedad.

Tenla... un afecto
puro, sencillo,
releva el brillo
de la beldad.

(1822)
Ed. 1832

AUSENCIA Y RECUERDOS

¡Qué tristeza profunda, qué vacío
siente mi pecho! En vano
corro la margen del callado río,
que la celeste Lola
al campo se partió. Mi dulce amiga,
¿por qué me dejas? ¡ay! con tu partida,
en triste soledad mi alma perdida
verá reabierta su profunda llaga,
que adormeció la magia de tu acento.
El cielo, a mi penar compadecido,
de mi dolor la fiel consoladora
en ti me deparó: la vez primera
¿te acuerdas, Lola? que los dos vagamos
del Yumurí tranquilo en la ribera,
me sentí renacer; el pecho mío
rasgaban los dolores.
Una beldad amable, amante, amada
con ciego frenesí, puso en olvido
mi lamentable amor. Enfurecido
torvo, insociable, en mi fatal tristeza
aun odiaba el vivir: desfiguróse
a mis lánguidos ojos la Natura;
pero vi tu beldad por mi ventura,
y ya del sol el esplendor sublime
volvióme a parecer grandioso y bello:
volví a admirar de los paternos campos
el risueño verdor. Sí; mis dolores

se disiparon como el humo leve,
de tu sonrisa y tu mirar divino
al inefable encanto.
¡Angel consolador! yo te bendigo
con tierna gratitud: ¡cuán halagüeña
mi afán calmaste! De las ansias mías,
cuando serena y plácida me hablabas,
la agitación amarga serenabas,
y en tu blando mirar me embebecías.

¿Por qué tan bellos días
fenecieron? ¡Ay Dios! ¿Por qué te partes?
Ayer nos vio este río en su ribera
sentados a los dos, embebecidos
en habla dulce, y arrojando conchas
al líquido cristal, mientras la luna
a mi placer purísimo reía,
y con su luz bañaba
tu rostro celestial. Hoy solitario,
melancólico y mustio errar me mira
en el mismo lugar, quizá buscando
con tierna languidez tus breves huellas.
Horas de paz, más bellas
que las cavilaciones de un amante,
¿dónde volasteis? Lola, dulce amiga,
di, ¿por qué me abandonas
y encanta otro lugar tu voz divina?
¿No hay aquí palmas, agua cristalina
y verde sombra y soledad...? Acaso
en vago pensamiento sepultada,
recuerdas ¡ay! a tu sensible amigo.
¡Alma pura y feliz! Jamás olvides
a un mortal desdichado que te adora
y cifra en ti su gloria y su delicia.
Mas el afecto puro

que me hace amarte y hacia ti me lleva,
no es el furioso amor que en otro tiempo
turbó mi pecho; es amistad.
                          Doquiera
me seguirá la seductora imagen
de tu beldad. En la callada luna
contemplaré la angelical modestia
que en tu serena frente resplandece:
veré en el sol tus refulgentes ojos;
en la gallarda palma, la elegancia
de tu talle gentil: veré en la rosa
el purpúreo color y la fragancia
de la boca dulcísima y graciosa
do el beso del amor riendo posa;
así doquiera miraré a mi dueño,
y hasta las ilusiones de mi sueño
halagará su imagen deliciosa.

(Mayo 1822)

Ed. 1832

EL DESAMOR

¿Salud, noche apacible? Astro sereno,
bella luna, ¡salud! Ya con vosotras
mi triste corazón de penas lleno,
viene a buscar la paz. Del sol ardiente
el fuego me devora;
su luz abrasadora
acabará de marchitar mi frente.
Sola tu luz, ¡oh luna! pura y bella
sabe halagar mi corazón llagado,
cual fresca lluvia el ardoroso prado.
Hora serena en la mitad del cielo
ríes a nuestros campos agostados,
bañando su verdura
con plácida frescura.
Calla toda la tierra embebecida
en mirar tu carrera silenciosa;
y sólo se oye la canción melosa
del tierno ruiseñor, o el importuno
grito de la cigarra; entre las flores
el céfiro descansa adormecido;
el pomposo naranjo, en mango erguido,
agrupados allá, mi pecho llenan
con el sublime horror que en torno vaga
de sus copas inmóviles. Unidas
forman entre ellas bóveda sombrosa,
que la tímida luna con sus rayos,
no puede penetrar. Morada fría

de grato horror y oscuridad sombría,
a ti me acojo, y en tu amigo seno,
mi tierno corazón sentiré lleno
de agradable y feliz melancolía.

Calma serenidad, que enseñoreas
al universo, di, ¿por qué en mi pecho
no reinas ¡ay! también? ¿Por qué, agitado,
y en fuego el rostro pálido abrasado,
en tan profunda paz solo suspiro?

Esta llama volcánica y furiosa
que arde en mi corazón, ¡cuál me atormenta
con estéril ardor...! ¿Nunca una hermosa
por fin será su delicioso objeto?
¡Cuán feliz seré entonces! Encendido
la amaré, me amará, y amor y dicha...
¡Engañosa esperanza! Desquerido,
gimo triste, anhelante,
y abrasado en amor, no tengo amante.

¿No la tendré jamás...? ¡Oh, si encontrara
una mujer sensible que me amara
cuanto la amase yo, cómo en sus ojos
y en su blanca sonrisa miraría
mi ventura inmortal! Cuando mi techo
estremeciese la nocturna lluvia
con sus torrentes férvidos, y el rayo
estallara feroz, ¡con qué delirio
yo la estrechara en mi agitado pecho
entre la convulsión de la natura,
y con ella partiera
mi exaltado placer y mi locura!
¡O en la noche serena
los aromas del campo respirando,

en su divino hablar me embebeciera;
en su seno mi frente reclinando,
palpitar dulcemente le sintiera;
y envuelto en languidez abrasadora,
un beso y otro y mil la diera ardiente,
y el agitado seno la estrechara,
mientras la luna en esplendor bañara
con un rayo de luz su tersa frente...!

¡Oh sueño engañador y delicioso!
¿Por qué mi acalorada fantasía
llenas de tu ilusión? La mano impía
de la suerte, cruel negó a mi pecho
la esperanza del bien; sólo amargura
me guarda el mundo ingrato,
y el cáliz del dolor mi labio apura.

(Marzo 1822)
Ed. 1832

EL CONSUELO

¿Cómo, idolatrada mía,
cuando la noche agradable
a tus brazos me conduce,
gimes triste y anhelante?
Están ajadas y mustias
las rosas de tu semblante,
y en desorden tempestuoso
trémulo tu seno late.
En vano con tu sonrisa
pretendes ¡ay! halagarme;
triste y amarga sonrisa,
que no puede fascinarme.
¡Yo estar gozoso y tranquilo,
cuando padece mi amante!
¡Oh! fuera, si lo estuviese
el más vil de los mortales.
No, mujer idolatrada;
conmigo tus penas parte,
y llorarás en mi seno,
y el llanto sabrá aliviarte.
De esta luna silenciosa
a la luz grata y suave,
al susurro de las hojas,
que leve céfiro bate,
de tierna melancolía
siento el corazón llenarse
y oír la voz me parece

de mi malogrado padre.
Ha un año que al frío sepulcro
me llevaban los pesares,
y mi juventud robusta
cual flor sentí marchitarse.
Fatigábame la vida;
y al ver la huesa delante,
quise abreviar mis dolores,
y en ella precipitarme.
¡Ay! si hubiera ejecutado
mis proyectos criminales,
ni gozara de tu vista,
ni de tu amor inefable.
¡Angel de paz! Dios piadoso
te destinó a consolarme...
¿Cómo el hacer mi ventura
a la tuya no es bastante?
Deja, adorada, que el tiempo
la región impenetrable
del porvenir nos descubra,
y no angustiosa te afanes.
¿De la tórtola no escuchas
el arrullo lamentable,
que en noche tan clara y pura
dulce resuena en los aires?
El manda amor: ven, querida,
y entre mis brazos amantes
olvida en tierno delirio
los cuidados y pesares.

(1822)
Ed. 1832

EN MI CUMPLEAÑOS

Gustavi... paululum mellic, et ecce morior.
1. REG. XIV. 43.

Volaron ¡ay! del tiempo arrebatados
ya diecinueve abriles desde el día
que me viera nacer, y en pos volaron
mi niñez, la delicia y el tormento
de un amor infeliz...
     Con mi inocencia
fui venturoso hasta el fatal momento
en que mis labios trémulos probaron
el beso del amor... ¡beso de muerte!
¡Origen de mi mal y llanto eterno!
Mi corazón entonces inflamaron
del amor los furores y delicias,
y el terrible huracán de las pasiones
mudó en infierno mi inocente pecho,
antes morada de la paz y el gozo
aquí empezó la bárbara cadena
de zozobra, inquietudes, amargura,
y dolor inmortal a que la suerte
me ató después con inclemente mano.
Cinco años ha que entre tormentos vivo,
cinco años ha que por doquier la arrastro,
sin que me haya lucido un solo día
de ventura y de paz. Breves instantes
de pérfido placer no han compensado
el tedio y amargura que rebosa

mi triste corazón, a la manera
que la luz pasajera
del relámpago raudo no disipa
el horror de la noche tempestuosa.

El insano dolor nubló mi frente,
do el sereno candor lucir se vía
y a mis amigos plácido reía,
marchitando mi faz, en que inocente
brillaba la expresión que Amor inspira
al rostro juvenil... ¡Cuán venturoso
fui yo entonces ¡oh Dios! Pero la suerte
bárbara me alejó de mi adorada.
¡Despedida fatal! ¡Oh postrer beso!
¡Oh beso del amor! Su faz divina
miré por el dolor desfigurada.
Díjome: ¡adiós!: sus ayes
sonaron por el viento,
y: ¡adiós!, la dije en furibundo acento.

En Anáhuac mi fúnebre destino
guardábame otro golpe más severo.
Mi padre, ¡oh Dios! mi padre, el más virtuoso
de los mortales... ¡Ay! la tumba helada
en su abismo le hundió. ¡Triste recuerdo!
Yo vi su frente pálida, nublada
por la muerte fatal... ¡Oh, cuán furioso
maldije mi existencia,
Y osé acusar de Dios la Providencia!

De mi adorada en los amantes brazos
buscando a mi dolor dulce consuelo,
quise alejarme del funesto cielo
donde perdí a mi padre. Moribundo
del Anáhuac volé por las llanuras,

y el mar atravesé. Tras él pensaba
haber dejado el dardo venenoso
que mi doliente pecho desgarraba;
mas de mi patria saludé las costas,
y su arena pisé, y en aquel punto
le sentí más furioso y ensañado
entre mi corazón. Hallé perfidia,
y maldad y dolor...
                              Desesperado,
de fatal desengaño en los furores,
ansié la muerte, detesté la vida:
¿Qué es ¡ay! la vida sin virtud ni amores?
Solo, insociable, lúgubre y sombrío,
como el pájaro triste de la noche,
por doce lunas el delirio mío
gimiendo fomenté. Dulce esperanza
vislumbróme después: nuevos amores,
nueva inquietud y afán se me siguieron.
Otra hermosura me halagó engañosa,
y otra perfidia vil... ¿Querrá la suerte
que haya de ser mi pecho candoroso
víctima de doblez hasta la muerte?

¡Mísero yo! ¿y he de vivir por siempre
ardiendo en mil deseos insensatos,
o en tedio insoportable sumergido?
Un lustro ha que encendido
busco ventura y paz, y siempre en vano.
Ni en el augusto horror del bosque umbrío
ni entre las fiestas y pomposos bailes
que a loca juventud llenan de gozo,
ni en el silencio de la calma noche,
al esplendor de la callada luna,
ni entre el mugir tremendo y estruendoso
de las ondas del mar hallarlas pude.

En las fértiles vegas de mi patria
ansioso me espacié; salvé el Océano,
trepé los montes que de fuego llenos
brillan de nieve eterna coronados,
sin que sintiese lleno este vacío
dentro del corazón. Amor tan sólo
me lo puede llenar: él solo puede
curar los males que me causa impío.

   Siempre los corazones más ardientes
melancólicos son: en largo ensueño
consigo arrastran el delirio vano
e impotencia cruel de ser dichosos.
El sol terrible de mi ardiente patria
ha derramado en mi alma borrascosa
su fuego abrasador: así me agito
en inquietud amarga y dolorosa.
En vano, ardiendo, con aguda espuela
el generoso volador caballo
por llanuras anchísimas lanzaba,
y su extensión inmensa devoraba,
por librarme de mí: tan sólo al lado
de una mujer amada y que me amase
disfruté alguna paz. —Lola divina,
el celeste candor de tu alma pura
con tu tierna piedad templó mis penas,
me hizo grato el dolor... ¡Ah! vive y goza,
sé de Cuba la gloria y la delicia;
pero a mí, ¿qué me resta, desdichado,
sino sólo morir...?
               Doquier que miro
el fortunado amor de dos amantes,
sus dulces juegos e inocentes risa,
la vista aparto, y en feroz envidia
arde mi corazón. En otro tiempo

anhelaba lograr infatigable
de Minerva la espléndida corona.
Ya no la precio: amor, amor tan sólo
suspiro sin cesar, y congojado
mi corazón se oprime... ¡Cruel estado
de un corazón ardiente sin amores!

¡Ay! ni mi lira fiel, que en otros días
mitigaba el rigor de mis dolores,
me puede consolar. En otro tiempo
yo con ágiles dedos la pulsaba,
y dulzura y placer en mí sentía
y dulzura y placer ella sonaba.
En pesares y tedio sumergido,
hoy la recorro en vano,
y sólo vuelve a mi anhelar insano
"Voz de dolor y canto de gemido".

(31 diciembre 1822)

Ed. 1832

Ed. 1825. "En el día de mi cumpleaños".

LOS RECELOS

Los tibios no temen:
¡infelices ellos...!

MELÉNDEZ [1]

¿Por qué, adorada mía,
mudanza tan cruel? ¿Por qué afanosa
evitas encontrarme, y si te miro,
fijas en tierra lánguidos los ojos,
y triste amarillez nubla tu frente?
¡Ay! ¿dó volaron los felices días
en qué risueña y plácida me vías,
y tus ardientes ojos me buscaban,
y de amor y placer me enajenaban?

¡Cuántas veces en medio de las fiestas,
de una fogosa juventud cercada,
me aseguró de tu cariño tierno
una veloz, simpática mirada!
Mi bien, ¿por qué me ocultas
el dardo emponzoñado que desgarra
tu puro corazón...? Mira que llenas
mi existencia de horror y de amargura:
dime, dime el secreto que derrama
el cáliz del dolor en tu alma pura.
Mas, ¿aún callas? ¡Ingrata! Ya comprendo

---

[1] Juan Meléndez Valdés, poeta español (1754-1817).

la causa de tu afán: ya no me amas,
ya te cansa mi amor... ¡No, no; perdona!
Habla y hazme feliz... ¡Ay! yo te he visto,
la bella frente de dolor nublada,
alzar los ojos implorando al cielo.
Yo recogí las lágrimas que en vano
pretendiste ocultar; tu blanca mano
estreché al corazón lleno de vida
que por tu amor palpita, y azorada
me apartaste de ti con crudo ceño;
volví a coger tu mano apetecida,
sollozando a mi ardor la abandonaste,
y mientras yo ferviente la besaba,
bajo mis labios áridos temblaba.
¿Te fingirás acaso
delito en mi pasión? Hermosa mía,
no temas al amor: un pecho helado
al dulce fuego del sentir cerrado,
rechaza la virtud, a la manera
de la peña que en vano
riega en torrentes la afanosa lluvia,
sin que fecunde su fatal dureza;
y el amor nos impone
por ley universal Naturaleza.

Rosa de nuestros campos, ¡ah! no temas
que yo marchite con aliento impuro
tu virginal frescor. ¡Ah! ¡te idolatro...!
Eres mi encanto, mi deidad, mi todo.
¡Unico amor de mi sencillo pecho!
Yo bajara al sepulcro silencioso
por hacerte feliz... Ven a mis brazos,
y abandónate a mí; ven y no temas:
la enamorada tórtola tan sólo
sabe aqueste lugar, lugar sagrado

ya de hoy más para mí... ¿Su canto escuchas,
que en dulce y melancólica ternura
baña mi corazón...? Déjame, amada,
sobre tu seno descansar... ¡Ay! vuelve...
tu rostro con el mío
une otra vez, y tus divinos labios
impriman a mi frente atormentada
el beso del amor... Idolo mío,
tu beso abrasador me turba el alma:
toca mi corazón, cuál late ansioso
por volar hacia ti... Deja, adorada,
que yo te estreche en mis amantes brazos
sobre este corazón que te idolatra.
¿Le sientes palpitar? ¿Ves cuál se agita
abrasado en tu amor? ¡Pluguiera al Cielo
que a ti estrechado en sempiterno abrazo
pudiese yo expirar...! ¡Gozo inefable!
Aura de fuego y de placer respiro;
confuso me estremezco:
¡ay! mi beso recibe... yo fallezco...
Recibe, amada, mi postrer suspiro.

Ed. 1832

EL CONVITE

Ven a mi ardiente seno,
deliciosa beldad, ven: cariñosa
ciñe tus brazos de mi cuello en torno,
y bésame otra vez... Al contemplarte
huyen mis penas, como niebla fría
del sol... Mírame, hermosa,
y Amor aplauda con festiva risa,
batiendo alegre las divinas palmas,
¡mil veces infeliz el que no sabe
como Fileno[1] amar! Su árido pecho,
cerrado a la alma voz de la Natura,
nunca supo gozar de sus favores;
y muy más infeliz quien no ha gozado
una amante cual tú, cuya ternura
en su pecho abrasado
funde trono inmortal a sus amores.

Tú, adorada, mi llanto enjugaste,
consolando mi grave dolor:
adoré tu beldad, me pagaste,
y bendigo feliz al Amor.

Mas ¡qué! ¿sobre mis hombros te reclinas,
y tu cabello ondoso
cubre mi frente? La nevada mano
dame... ¿La mano mía

---

[1] Nombre poético en la poesía bucólica.

estrechas con la tuya,
y me juras amor, y en él me inflamas
con lánguido mirar...?
　　　　　　　¡Oh dulce amiga!
con fiel cariño conservar juremos
puro, constante amor. Ven, y sellemos
nuestro blando jurar con mil caricias...!

Nunca fui tan feliz; no devorado
me siento del amor ciego, furioso,
en que abrasó mi pecho una perjura,
menos bella que tú, menos amable.
¡Pérfida! ¡me vendió...! ¡Yo que rendido
por siempre la adoré...! Lejos empero
memoria tan fatal... Ven, ¡oh querida!
sienta yo palpitar bajo mi mano
tu corazón, y extático te escuche
suspirar de placer entre mis brazos;
y que al mirarte lánguido, me brindes
a coger en tus labios regalados
el dulce beso en que el amor se goza;
y que al cogerlo, en tus divinos ojos
mi ventura y tu amor escritos mire,
y te bese otra vez, y luego expire.

Ed. 1832

LA RESOLUCION

 ¿Nunca de blanda paz y de consuelo
gozaré algunas horas? ¡Oh terrible
necesidad de amar...! [1]
     Del Océano
las arenosas y desnudas playas
devoradas del sol de mediodía,
son imagen terrible, verdadera
de mi agitado corazón. En vano
a ellas el padre de la luz envía
su ardor vivificante, que orna y viste
de fresca sombra y flores el otero.
Así el amor, del mundo la delicia,
es mi tormento fiero.
¿De qué me sirve amar sin ser amado?

 Angel consolador, a cuyo lado
breves instantes olvidé mis penas,
es fuerza huir de ti: tú misma diste
la causa... Me estremezco... Alma inocente [2],
¡ay! curar anhelabas las heridas

---

[1] Variante:
Cuál atormentas mi espíritu infeliz
        Ed. 1825

[2] Variante:
La causa... Aún me estremezco... ¿No te acuerdas
de la tarde de ayer...? Alma inocente
        Ed. 1825

que yo desgarro con furor demente.
La furia del amor entró en mi seno
y el dulzor amargó de tus palabras,
y el bálsamo feliz tornó veneno.

Me hablabas tierna: con afable rostro
y con trémulo acento
la causa de mi mal saber querías,
y la amargura de las penas mías
templar con tu amistad. ¡Cuánto mi pecho
palpitaba escuchándote...! Perdido,
a feliz ilusión me abandonaba,
y de mi amor el mísero secreto
entre mis labios trémulos erraba.
Alcé al oirte la abatida frente,
y te miré con ojos do brillaba
la más viva pasión... ¿No me entendiste?
¿No eran bastantes ¡ay! a revelarla
mi turbación, de mi marchito rostro
la palidez mortal...? ¡Mujer ingrata,
mi delirio cruel te complacía...!
¡Ay! nunca salga de mi ansioso pecho
la fatal confesión: si no me amas,
moriré de dolor, y si me amases...
¡Amarme tú! Yo tiemblo... Alma divina,
¿tú amar a este infeliz, que sólo puede
ofrecerte su llanto y la tibieza
de un desecado corazón? ¿Tú, bella
más que la luna si en el mar se mira,
unirte a los peligros y pesares
de este triste mortal...? ¡Jamás! —Huyamos
de su presencia, donde no me angustie
su injuriosa piedad...
                    ¡Adiós! Yo quiero
ser inocente, y no perderte... Amiga,

amiga deliciosa, nunca olvides
al mísero Fileno, que a tu dicha
sacrifica su amor: él en silencio
te adorará, gozándose al mirarte
tan feliz como hermosa,
mas nunca ¡oh Dios! te llamará su esposa.

(Agosto 1823)

Ed. 1832

A RITA L...

¡Ay! ¿es verdad? ¿La delicada mano
que al dulce beso del amor convida,
y en sed inflama el anhelante labio,
mis versos escribió; y este consuelo
al insano pesar que me devora
guardaba el justo cielo?
¡Encantadora joven! Más ufano
con favor tan precioso
que con su vil poder el ambicioso,
bendigo tu amistad, y satisfecho
por nada trocaría
mi humilde lira y mi sensible pecho.
Tal vez mientras su mano regalada
mis venturosos versos escribía,
allá en su alma agitada
mi destino infeliz compadecía,
y un suspiro, una lágrima preciosa
a mi me consagró... Dulces delirios
¡ay! no me abandonéis: goce en idea
lo que la dura suerte me ha vedado
conseguir... Sí, gustoso
con la mitad de mi existencia triste
comprara el bello instante
en que expresión divina de ternura
me halagaste en tu cándido semblante.
 ¿Y condenado a perennal tormento
siempre habré de vivir? ¿Nunca mis ojos

en otros ojos hallarán ardiendo
la llama del amor? ¿Hasta la muerte
gemiré de mis bárbaros pesares
y tedio insoportable combatido?
¿No habrá un pecho clemente
que simpatice en su cariño ardiente
con este joven triste y desquerido?
   Papel precioso, entre las prendas mías
ocupa tu lugar: mil y mil veces
mis labios encendidos
sobre ti buscarán la dulce huella
de la mano ligera y delicada
que se dignó escribirte: si la suerte
me oprime despiadada,
tú mi alivio serás: al contemplarte
mil plácidos recuerdos
me llenarán el alma
de celestial consuelo.
Cuando la muerte con funesto vuelo
tienda sus alas en mi triste frente,
recibirás sobre mi yerta boca
mi último beso y mi postrer suspiro.

(Octubre 1823)
Ed. 1832

   En la edición de 1825 apareció con el título de "A una señorita que sacó copia de una de mis poesías para regalármela". La joven que copió los versos fue Rita Lamar.

RENUNCIANDO A LA POESIA

Fue tiempo en que la dulce poesía
el eco de mi voz hermoseaba,
y amor, virtud y libertad cantaba
entre los brazos de la amada mía.

Ella mi canto con placer oía,
caricias y placer me prodigaba,
y al puro beso que mi frente hollaba
muy más fogosa inspiración seguía.

¡Vano recuerdo! En mi destierro triste
me deja Apolo, y de mi mustia frente
su sacro fuego y esplendor retira.

Adiós, ¡oh Musa! que mi gloria fuiste:
adiós, amiga de mi edad ardiente:
el insano dolor quebró mi lira.

(Boston, diciembre 1823)
Ed. 1832

LA LAGRIMA DE PIEDAD

¡Cómo exalta y diviniza
el rostro de la hermosura
la expresión celeste y pura
de la sensibilidad!
¡Cuán extático, mi amiga,
tu semblante contemplaba,
cuando en tus ojos temblaba
la lágrima de piedad!

Grata es la luz apacible
que occidente nos envía
cuando al expirante día
sepulta la eternidad.
Del crepúsculo es la hora
grata al alma pensativa;
pero muy más la cautiva
la lágrima de piedad.

Ved a la virgen amable
cuanto más bella se ostenta
si al pobre anciano alimenta
con modesta caridad.
¡Y lo niega ruborosa!
¿Es un ángel o una bella...?
¡Ved...! en sus ojos centella
la lágrima de piedad.

El delicioso rocío
que vierte nocturno cielo,
llanto es, y al árido suelo
torna frescura y beldad.
   Cuajado sobre las flores,
¡cómo en la luz resplandece!
pero su brillo oscurece
la lágrima de piedad.

   ¡Cuánto es horrible la vida
al que ama desesperado!
¡Cómo del objeto amado
le atormenta la beldad!
   ¡Una lágrima...! Bendigo
todo el rigor de mi suerte...
¿Es el amor quien la vierte,
o es lágrima de piedad?

   ¡Oh mi bien! ¡Ay...! No te ofenda
el escuchar que te adoro:
nos divide, no lo ignoro,
tirana desigualdad.
   Nada exijo... ¿Por ventura
deberás negar impía
a la triste pasión mía
lágrimas ¡ay! de piedad?

Ed. 1832

ATALA

Desde que te miré, joven hermoso,
sentado a par de la luciente hoguera,
por mis venas corrió fuego dichoso,
que no puedo explicar. ¡Quién a tu lado
siempre vivir pudiera,
y consolar tus males,
y tu gozo partir! ¡Fuérame dado
romper osada tu cadena dura,
y en la profundidad de los desiertos
gozar contigo sin igual ventura!
Mas ¡ay! no la gozara, que al mirarte
me siento estremecer: quédanse yertos
mis miembros todos, y azorado late
mi corazón en el ansioso pecho.
¡Cuán extraña es mi suerte!
En tu presencia tiemblo y si te partes
ansío, me agito por volver a verte.
    Al punto que te miro,
    gallardo prisionero
    huir de tu vista quiero,
    y no te puedo huir.
    Con languidez suspiro
    al verte que suspiras,
    y lánguido me miras,
    y pienso yo morir.
Ayer tarde le vi junto a la fuente
a mi lado correr: temblé, y ardiente

estrechando mi mano, así me dijo:
"Desde que te miré la vez primera,
"el sueño huyó de mis ardientes ojos.
"La memoria feliz de tu hermosura
"en mi pecho se iguala
"con la memoria dulce y lisonjera
"de la cabaña en que nací... ¡Oh Atala!
"mal puede responder a tus amores
"un corazón que aguarda los horrores
"del suplicio fatal..."
      ¡Cielos! mi amado
sin mí perecerá... Salvarle es fuerza,
y en su fuga seguirle...
¿Qué han menester los hijos de los bosques
para vivir? En su follaje verde
felice techo nos dará la encina.
Saldrá el brillante sol, y a par sentados
al margen de torrente bullicioso,
veremos con placer su luz divina.
O a la sombra de un álamo frondoso,
los dos triscando en deliciosa fiesta,
miraremos pasar la ardiente siesta,
y él me dirá palabras misteriosas,
y yo responderé con tierno acento:
"¡Oh Chactas! ¡oh mi amor! Tu bello rostro
"es más grato de Atala al blando pecho
"que la sombra del bosque a medio día,
"o los silbidos del furioso viento,
"cuando sacuden la cabaña mía
"en medio de la noche silenciosa."
Así diré: me estrecharán sus brazos,
me llamará su esposa;
y escuchará el desierto mis amores,
y alegres repitiendo el canto mío,

Chactas y Atala volverá la selva,
Chactas y Atala el resonante río.
 ¡Oh placer sin igual...! Pero mi madre.
¡Oh memoria de horror! ¡Funesto lazo!
¡Oh temerario voto detestable!
¡Ay! la sombra implacable
de mi madre infeliz doquier me sigue,
y en pavorosa voz me anuncia muerte.
Yo no la temo, no: venga, termine
el horror de mi suerte.
Evíteme ¡ay! el bárbaro martirio
de adorar a Chactas, y abandonarle.
¡Abandonarle! ¡oh Dios! El blanco lirio
cuando con majestad sobre su tallo
mécele fácil apacible brisa,
no es más gallardo y bello que mi amante.
El olor de la rosa
es menos grato al corazón de Atala
que de su boca el encendido aliento.
 ¿Y le habré de olvidar...? Vuela el colibrí
de un bosque al otro, y su pequeña esposa
parte rauda tras él... ¡Mi suerte impía
volar me niega tras la prenda mía...!

Ed. 1832

A LA ESTRELLA DE VENUS

Estrella de la tarde silenciosa,
luz apacible y pura
de esperanza y amor, salud te digo.
En el mar de Occidente ya reposa
la vasta frente el sol, y tú en la altura
del firmamento solitaria reinas.
Ya la noche sombría
quiere tender su diamantado velo,
y con pálidas tintas baña el suelo
la blanda luz del moribundo día.
¡Hora feliz y plácida cual bella!
tú la presides, vespertina estrella.

Yo te amo, astro de paz. Siempre tu aspecto
en la callada soledad me inspira
de virtud y de amor meditaciones.
¡Qué delicioso afecto
excita en los sensibles corazones
la dulce y melancólica memoria
de su perdido bien y de su gloria!
Tú me la inspiras. ¡Cuántas, cuántas horas
viste brillar serenas
sobre mi faz en Cuba...! Al asomarse
tu disco puro y tímido en el cielo,
a mi tierno delirio daba rienda
en el centro del bosque embalsamado,
y por tu tibio resplandor guiado
buscaba en él mi solitaria senda.

Bajo la copa de la palma amiga,
trémula, bella en su temor, velada
con el mágico manto del misterio,
de mi alma la señora me aguardaba.
En sus ojos afables me reían
ingenuidad y amor; yo la estrechaba
a mi pecho encendido,
y mi rostro feliz al suyo unido,
su balsámico aliento respiraba.
¡Oh goces fugitivos
de placer inefable! ¡Quién pudiera
del tiempo detener la rueda fiera
sobre tales instantes...!
Yo la admiraba extático; a mi oído
muy más dulce que música sonaba,
el eco de su voz, y su sonrisa
para mi alma era luz. ¡Horas serenas
cuya memoria cara
a mitigar bastara
de una existencia de dolor las penas!
¡Estrella de la tarde! ¡Cuántas veces
junto a mi dulce amiga me mirabas
saludar tu venida, contemplarte,
y recibir en tu amorosa lumbre
paz y serenidad...!
               Ahora me miras
amar también, y amar desesperado.
Huir me ves al objeto desdichado
de una estéril pasión, que es mi tormento
con su belleza misma;
y al renunciar su amor, mi alma se abisma
en el solo y eterno pensamiento,

de amarla, y de llorar la suerte impía
que por siempre separa
su alma del alma mía.

(1826)
Ed. 1832

Traducida al inglés por Gertrudis F. de Vingut, apareció en "Selections from the best Spanish poets", Nueva York, 1856.

A LA SEÑORA MARIA PAUTRET

Hija de la beldad, ninfa divina,
¿cuál es el alma helada
que al girar de tu planta delicada
no se embriaga en placer? La orquesta suena,
y al compás de sus ecos presurosos,
de florida beldad y gracias llena
te lanzas tú veloz... ¡Oh! ¿quién podría
tu elegancia, viveza inimitable
y tu hechizo pintar? La lira mía
no expresa el vivo ardor que mi alma siente;
la arrojo despechado...
El pecho que palpita contrastado
es en su agitación más elocuente.

¡Ninfa del Betis claro! Si en los días
de la Grecia feliz brillado hubieras
más espléndido triunfo consiguieras.
El pueblo enajenado,
al verte de ese cuerpo regalado
en el baile ostentar las formas bellas,
que llamas ¡ay! los besos y caricias,
la Musa de la danza te juzgara,
y su incienso quemara
en tus altares de oro. Sus delicias
fueras y su deidad.
               Cuando serena,
vuelas girando, como el aura leve,

¡cuál me arrebatas...! Trémulo, suspenso,
me embriaga la sonrisa
de tu rosada boca,
que al dulce beso del amor provoca;
y estático, embebido,
cuando tiendes los brazos delicados,
mostrando los tesoros de tu seno,
mis infortunios, mi penar, olvido,
y en el soberbio techo estremecido
de aplauso universal retumba el trueno.

Oyelo, goza, y en tu gloria pura
el galardón de tu talento hermoso,
grata recibe. Méjico te aclama
hermana de Tersícore sublime,
y su delicia y su deidad te llama.
De la danza fugaz reina y señora,
el himno escucha que mi voz te canta:
vuela, Ninfa gentil, vuela y encanta
al pueblo que te aplaude y que te adora.

(1826)
Ed. 1832

María Pautret era una bailarina que actuaba con gran éxito en Méjico.

ADIOS

Belleza de dolor, en quien pensaba
fijar mi corazón, y hallar ventura,
adiós te digo, ¡adiós! —Cuando miraba
respirar en tu frente calma y pura
el ingenuo candor, y en tu sonrisa
y en tus ojos afables
brillar la inteligencia y la ternura,
necio me aluciné. Mi fantasía
a la imagen de amor siempre inflamable,
en tu bello semblante me ofrecía
facciones que idolatro; y embebido
en esperanza dulce y engañosa,
pensaba en ti cobrar mi bien perdido.

Mas ¡ay! veloz desapareció cual niebla
mi halagüeña ilusión. En vano ansiaba
en tu pecho encontrar la fuente pura
del delicado amor, del sentimiento.
Tan sólo caprichosa en él domina
triste frivolidad, que me arrastrara
de tormento en tormento,
a un abismo de mal, llanto y ruina.
¡Qué suplicio mayor que amar de veras,
y mirar profanado, envilecido,
el objeto que se ama, y que pudiera
ser amor de la tierra, si estuviera
de pudor y modestia revestido!

¡Pérfida semejanza...! Si tu pecho,
como tu faz imita la que adoro,
de prendas y virtud igual tesoro
en su seno guardara,
¡cuál fuera yo feliz! ¡Cómo te amara
con efusión inmensa de ternura,
y a labrar tu ventura
mi juventud ardiente consagrara...!

Caminas presurosa
por la senda funesta del capricho
a irreparable mal y a abismo fiero
de ignominia y dolor... ¡Mísero! en vano
en mi piedad ansiosa
he querido tenderte amiga mano.
La esquivaste orgullosa... ¡Adiós! yo espero
que al fin vendrás a conocer con llanto
si era fino mi afecto, si fue pura
y noble mi piedad. —Ya te desamo,
que es imposible amar a quien no estima,
y sólo en compasión por ti me inflamo.

¡No te maldigo, no! ¡Pueda lucirte
sereno el porvenir, y de mi labio
el vaticinio fúnebre desmienta!
A mi pecho agitado
será continuo torcedor la vista
de tu infausta beldad, y desolado
tu suerte lloraré. Si acaso un día
sufres del infortunio los rigores,
y a conocerme aprendes, en mi pecho
encontrarás no amor, pero indulgencia,
y el afecto piadoso de un amigo.
¡Belleza de dolor! Adiós, te digo.

(1826)
Ed. 1832

EN LA REPRESENTACION DE "OSCAR"

De un amor delincuente devorado
el infeliz Oscar se agita y gime.
¡Ay! sus combates y dolor sublime
¿quién podrá contemplar con pecho helado?
Vedle temblar y reprimirse al lado
de Malvina, y volar a los desiertos
a ocultar su vergüenza y sus furores.
Le es insufrible de Morven la estancia,
do ve a Malvina y dobla su tormento:
"¿A qué apurar con importuno acento
su ya débil y lánguida constancia?"
¡Oh! dejadle morir: ¡la tumba sola
puede apagar la inextinguible hoguera
de tan funesto amor...! Ya no resiste,
y enfurecido y ciego
su espantosa pasión revela el triste.

Y Dermidio, su amigo... ¡su asesino!
lleva a sus labios áridos la copa
de pérfido placer; mas al instante
se la arrebata... Su alma delirante
por el mortal veneno
de amor celoso gime contrastada:
Provoca, lidia, y la fatal espada
del amigo infeliz clava en el seno.

Víctima infausta del feroz delirio
vagar le miro luego

por la fúnebre selva. Todo calla:
Le cercan los sepulcros silenciosos:
"¡Salvadme!" grita, "y oponed piadosos
entre el crimen y Oscar una muralla..."
¡Vano anhelar...! Las manos homicidas
tiene empapadas del amigo en sangre,
y le sigue doquier su sombra yerta:
Para colmo de horror cobra el sentido;
ve su crimen atroz, y confundido
se hunde en la tumba que le aguarda abierta.

¡Oscar! ¡Mísero Oscar! ¡Ah! yo no ignoro
lo que es una pasión desesperada,
y en torno miro de la frente amada
los tristes rayos del poder y el oro.
¡Oh! ¡cuánto es duro en la abrasada frente
fingir serenidad, ahogar el llanto,
y en lucha eterna y en dolor eterno
agitarse y gemir...! ¡Ay! fatigada
advierto mi razón, y bien conozco
que turbándose va. —Mísero Taso,
¡seré tal vez tu igual en desventura,
pero en gloria jamás...! ¡Ay! mi locura
me arrastra... ¿Do fue Oscar...?
                    Garay, mi amigo,
sublime actor, Melpómene severa
te presta su puñal: con mano fiera
víbralo tú, y en poderoso encanto
al pueblo estremecido que te admira
con tu talento irresistible inspira
terror profundo, compasión y llanto.

(1826)
Ed. 1832

A MI AMANTE

Es media noche: vaporosa calma
y silencio profundo
el sueño vierte al fatigado mundo,
y yo velo por ti, mi dulce amante.
¡En qué delicia el alma
enajena tu plácida memoria!
Unico bien y gloria
del corazón más fino y más constante,
¡cuál te idolatro! De mi ansioso pecho
la agitación lanzaste y el martirio,
y en mi tierno delirio
lleno de ti contemplo el Universo.
Con tu amor inefable se embellece
de la vida el desierto,
que desolado y yerto
a mi tímida vista parecía,
y cubierto de espinas y dolores.
Ante mis pasos, adorada mía,
riégalo tú con inocentes flores.
¡Y tú me amas! ¡Oh Dios! ¡Cuánta dulzura
siento al pensarlo! De esperanza lleno,
miro lucir el sol puro y sereno,
y se anega mi ser en su ventura.
Con orgullo y placer alzo la frente
antes nublada y triste, donde ahora
serenidad respira y alegría.
Adorada señora

de mi destino y de la vida mía,
cuando yo tu hermosura
en un silencio religioso admiro,
el aire que tú alientas y respiro
es delicia y ventura.
  Si pueden envidiar los inmortales
de los hombres la suerte,
me envidiarán al verte
fijar en mí tus ojos celestiales
animados de amor, y con los míos
confundir su ternura.
O al escuchar cuando tu boca pura
y tímida confiesa
el inocente amor que yo te inspiro:
Por mí exhalaste tu primer suspiro,
y a mí me diste tu primer promesa.
¡Oh! ¡luzca el bello día
que de mi amor corone la esperanza,
y ponga el colmo a la ventura mía!
¡Cómo de gozo lleno,
inseparable gozaré tu lado,
respiraré tu aliento regalado
y posaré mi faz sobre tu seno!
Ahora duermes tal vez, y el sueño agita
sus tibias alas en tu calma frente,
mientras que blandamente
sólo por mí tu corazón palpita.
Duerme, objeto divino
del afecto más fino,
del amor más constante;
descansa, dulce dueño,
y entre las ilusiones de tu sueño
levántese la imagen de tu amante.

(Abril 1827)
Ed. 1832

LA AUSENCIA

Cuando angustiado gimo
en esta ausencia impía,
escucha, amada mía,
la voz de mi dolor.
 Y cuando aquestos versos
repitas con ternura,
júrame en tu alma pura
fino y eterno amor.
 ¿Quién me quitó tu vista?
¿Quién ¡ay! tu dulce lado?
Objeto idolatrado,
 ¿quién me te arrebató?
 Mientras otros prodigan
en vicios su riqueza,
la bárbara pobreza
de ti me separó.
 De ella con mis afanes
alcanzaré victoria,
y entre placer y gloria
a ti me reuniré.
 Te estrecharé a mi seno,
te llamaré mi esposa,
y en unión deliciosa
contigo viviré.
 Si no muda mi suerte,
si aun me persigue el hado,
nunca, dueño adorado,

mis votos burlarán.
Pues pobre te haré mía,
y de ventura lleno
te acostaré en mi seno,
te haré comer mi pan.
Mas no; dulce esperanza
me halaga en lo futuro,
y de tu amor seguro
pongo mi vida en ti.
Cuando suspiro triste,
sé que en aquel instante,
tu corazón amante
palpita fiel por mí.
Sufre, cual yo, y espera,
objeto a quien adoro,
mi gloria, mi tesoro,
divinidad mortal.
Piensa en mi amor constante;
y la esperanza amiga
alivie la fatiga
de ausencia tan fatal.

(Julio 1827)
Ed. 1832

LA MAÑANA

Ya se va de los astros apagando
el trémulo esplendor. Feliz aurora
en las aves despierta voz canora
y en oriente sereno va rayando.

Con purpúreos colores anunciando
al ya próximo sol, las nubes dora,
que en rocío disueltas, van ahora
las yerbas y las flores argentando.

Ven, mañana gentil, la sombra fría
disipa en tus albores, y de Elpino
el triste pecho colma de alegría.

Pues a pesar de bárbaro destino
más bello sol daréle aqueste día
de dos ojuelos el fulgor divino.

Se ignora si esta poesía es original de Heredia o imitación o traducción. Este soneto se conserva en un cuaderno manuscrito de poesías de Heredia, que perteneció al archivo de José Augusto Escoto.

VOTO DE AMOR

Ven, suspirada noche, y dirigiendo
tu denegrido carro por la esfera,
a la ciudad, el monte y la pradera
ve con rápidas sombras envolviendo.

Ven, y sopor balsámico vertiendo,
tus pasos tenebrosos aligera,
pues anhelante Flérida me espera,
a mi pasión mil glorias prometiendo.

Si a mi súplica das fácil oído,
y misteriosa velas con tu manto
los goces y delirios de amor ciego,

inmolarte prometo agradecido
un gallo rojo y negro, cuyo canto
importuno perturba tu sosiego.

No se ha podido comprobar si este soneto es original o traducción. Cuaderno manuscrito de poesías de Heredia, que perteneció al archivo de José Augusto Escoto.

POESIAS DESCRIPTIVAS

EN UNA TEMPESTAD

Huracán, huracán, venir te siento,
y en tu soplo abrasado
del señor de los aires el aliento.

En las alas del viento suspendido
vedle rodar por el espacio inmenso,
silencioso, tremendo, irresistible
en su curso veloz. La tierra en calma
siniestra, misteriosa,
contempla con pavor su faz terrible.
¿Al toro no miráis? El suelo escarban,
de insoportable ardor sus pies heridos:
la frente poderosa levantando,
y en la hinchada nariz fuego aspirando,
llama la tempestad con sus bramidos.

¡Qué nubes! ¡Qué furor! El sol temblando
vela en triste vapor su faz gloriosa,
y su disco nublado sólo vierte
luz fúnebre y sombría,
que no es noche ni día...
¡Pavoroso color, velo de muerte!
Los pajarillos tiemblan y se esconden
al acercarse el huracán bramando,
y en los lejanos montes retumbando
le oyen los bosques, y a su voz responden.

Llega ya... ¿No le veis? ¡Cuál desenvuelve
su manto aterrador y majestuoso...!
¡Gigante de los aires, te saludo...!
En fiera confusión el viento agita
las orlas de su parda vestidura...
¡Ved...! ¡En el horizonte
los brazos rapidísimos enarca,
y con ellos abarca
cuanto alcanzo a mirar de monte a monte!

¡Oscuridad universal...! ¡Su soplo
levanta en torbellinos
el polvo de los campos agitado...!
En las nubes retumba despeñado
el carro del Señor, y de sus ruedas
brota el rayo veloz, se precipita,
hiere y aterra al suelo,
y su lívida luz inunda el cielo.

¿Qué rumor? ¿Es la lluvia...? Desatada
cae a torrentes, oscurece el mundo,
y todo es confusión, horror profundo,
cielos, nubes, colinas, caro bosque,
¿dó estáis...? Os busco en vano
desaparecisteis... La tormenta umbría
en los aires revuelve un océano
que todo lo sepulta...
Al fin, mundo fatal, nos separamos;
el huracán y yo solos estamos.

¡Sublime tempestad! ¡Cómo en tu seno,
de tu solemne inspiración henchido,
al mundo vil y miserable olvido,
y alzo la frente, de delicia lleno!
¿Dó está el alma cobarde

que teme tu rugir...? Yo en ti me elevo
al trono del Señor; oigo en las nubes
el eco de su voz; siento a la tierra
escucharle y temblar. Ferviente lloro
desciende por mis pálidas mejillas,
y su alta majestad trémulo adoro.

(Septiembre 1822)

Ed. 1832

De esta composición existe una versión al inglés que hizo el poeta norteamericano William Cullen Bryant con el título de "The Hurricane". "The Hurricane" fue publicado la primera vez como poesía original, en "The Talisman", en 1828, en las páginas 114 y 115, con el subtítulo siguiente: "Escrito en las Indias Occidentales". Sin embargo, en la primera edición de los "Poemas" de Bryant, editados por Washington Irving, en Londres, 1832, en las notas que aparecen al final del libro, en la página 234, se explica con claridad que no se trata de una composición original: "Este poema es casi una traducción de uno de José María Heredia, un nativo de la isla de Cuba, quien publicó en Nueva York, hace seis o siete años, un volumen de poemas en lengua española".

LA ESTACION DE LOS NORTES

Témplase ya del fatigoso estío
el fuego abrasador: del yerto polo
del setentrión los vientos sacudidos,
envueltos corren entre niebla oscura,
y a Cuba libran de la fiebre impura.

Ruge profundo el mar, hinchado el seno,
y en golpe azotador hiere las playas:
sus alas baña céfiro en frescura,
y vaporoso transparente velo
envuelve al sol y rutilante cielo.

¡Salud, felices días! A la muerte
la ara sangrienta derribáis que mayo
entre flores alzó: la acompañaba
con amarilla faz la fiebre impía,
y con triste fulgor resplandecía.

Ambas veían con adusta frente
de las templadas zonas a los hijos
bajo este cielo ardiente y abrasado:
con sus pálidos cetros los tocaban,
y a la huesa fatal los despeñaban.

Mas su imperio finó: del norte el viento
purificando el aire emponzoñado,
tiende sus alas húmedas y frías,

por nuestros campos resonando vuela,
y del rigor de agosto los consuela.

Hoy en los climas de la triste Europa
del aquilón el soplo enfurecido
su vida y su verdor quita a los campos,
cubre de nieve la desnuda tierra,
y al hombre yerto en su mansión encierra.

Todo es muerte y dolor: en Cuba empero
todo es vida y placer: Febo sonríe
más templado entre nubes transparentes,
da nuevo lustre al bosque y la pradera,
y los anima en doble primavera.

¡Patria dichosa! ¡tú, favorecida
con el mirar más grato y la sonrisa
de la divinidad! No de tus campos
me arrebate otra vez el hado fiero.
Lúzcame ¡ay! en tu cielo el sol postrero.

¡Oh! ¡con cuánto placer, amada mía,
sobre el modesto techo que nos cubre
caer oímos la tranquila lluvia,
y escuchamos del viento los silbidos,
y del distante Océano los bramidos!

Llena mi copa con dorado vino,
que los cuidados y el dolor ahuyenta:
él, adorada, a mi sedienta boca
muy más grato será de ti probado,
y a tus labios dulcísimos tocado.

Junto a ti reclinado en muelle asiento,
en tus rodillas pulsaré mi lira,

y cantaré feliz mi amor, mi patria,
de tu rostro y de tu alma la hermosura,
y tu amor inefable y mi ventura.

(Octubre 1822)

En la obra de James Kennedy, "Selections from the poems of Don José María Heredia, with translations into english verse", publicada en La Habana, 1844, aparece una versión inglesa de esta composición, que el mismo Kennedy reprodujo en su obra "Modern poets and poetry of Spain", Londres, 1852, y que aparece en "Poesías de Heredia traducidas a otros idiomas", de González del Valle.

W. H. Hurlbut, literato norteamericano, en un artículo titulado "The poetry of Spanish America", publicado en "North American Review", Boston, enero-abril, 1849, págs. 140 a 142, hace una traducción al inglés de esta composición.

AL SOL

Yo te amo, Sol: tú sabes cuán gozoso,
cuando en las puertas del oriente asomas,
siempre te saludé. Cuando tus rayos
nos arrojas fogoso
desde tu trono en el desierto cielo,
del bosque hojoso entre la sombra grata,
me deleito al bañarme en la frescura
que los céfiros vierten en su vuelo;
y me abandono a mil cavilaciones
de inefable dulzura
cuando reclinas la radiosa frente
en las trémulas nubes de occidente.

Empero el opulento en su delirio
sólo de vicios y maldad ansioso,
rara vez alza a ti su faz ingrata.
Tras el festín nocturno crapuloso
tu luz sus ojos lánguidos maltrata,
y tu fuego le ofende,
tu fuego puro, que en tu amor me enciende.
¡Oh! si el oro fatal cierra las almas
a admirar y gozar, yo lo desprecio;
disfruten otros su letal riqueza,
y yo contigo mi feliz pobreza.

¡Oh! ¡cuánto en el Anáhuac
por tu ardor suspiré! Mi cuerpo helado
mirábase encorvado

hacia la tumba oscura.
En el invierno rígido, inclemente,
me viste, al contemplar tu tibio rayo,
triste acordarme del fulgor de mayo,
y alzar a ti la moribunda frente.
"¡Dadme", clamaba, "dadme un sol de fuego,
"y bajo el agua, sombras y verdura,
"y me veréis feliz...! Tú, Sol, tú solo
mi vida conservaste: mis dolores
cual humo al aquilón desparecieron,
cuando en Cuba tus rayos bienhechores
en mi pálida faz resplandecieron.

¡Mi patria...! ¡Oh Sol! Mi suspirada Cuba
¿a quién debe su gloria,
a quién su eterna virginal belleza?
Sólo a tu amor. Del capricornio al cáncer
en giro eterno recorriendo el centro,
jamás de ella te apartas, y a tus ojos
de cocoteros cúbrese y de palmas,
y naranjos preciosos, cuya pompa
nunca destroza el inclemente hielo.
Tus rayos en sus vegas
desenvuelven los lirios y las rosas,
maduran la más dulce de las plantas,
y del café las sales deliciosas.
Cuando en tu ardor vivífico la viertes
larga fuente de vida y de ventura,
¿no te gozas ¡oh Sol! en su hermosura?

Mas a veces también por nuestras cumbres
truena la tempestad. Entristecido
velas tu pura faz, mientras las nubes
sus negras olas por el aire ardiente
revuelven con furor, y comprimido

ruge el rayo impaciente,
estalla, luce, hiere y un diluvio
de viento, agua y fuego se desata
sobre la tierra trémula, y el caos
amenaza tornar... Mas no, que lanzas
¡oh Sol! tu dardo irresistible, y rompe
la confusión de nubes y a la tierra
llega a dar esperanza. Ella con ansia
le recibe, sonríe, y rebramando
huye ante ti la tempestad. Más puro
centella tu ancho disco en occidente.
Respira el mundo paz: bosque y pradera
se ornan de nuevas galas,
mientras al cielo con la tierra uniendo
el iris tiende sus brillantes alas.

¡Alma de la creación! Cuando el Eterno
del primitivo caos
con imperiosa voz sacó la tierra,
¿qué fue sin tu presencia? Yermo triste
do inmóviles reinaban
frialdad, silencio, oscuridad... Empero
la voz omnipotente
Dijo: *¡Enciéndase el Sol!* y te encendiste,
y brotaste la luz, que en raudo vuelo
pobló los campos del desierto cielo.

¡Oh! ¡cuán ardiente, al recibir la vida,
al curso eterno te lanzaste luego!
¡Cómo al sentir tu delicioso fuego,
se animó la creación estremecida!
La sombra de los bosques,
el cristal de las aguas,
las brisas y las flores,
y el rutilante cielo y sus colores

a una mirada tuya parecieron,
y el placer y la vida
su germen inmortal desenvolvieron.

Y esos planetas, tu feliz corona,
te obedecen también: raudos giraban
sin órbita ni centro
del éter en las vastas soledades.
El Creador soberano sugetólos
a tu poder, y les pusiste rienda,
a tu fuerte atracción los enlazaste,
y en derredor de ti los obligaste
a que siguiesen inerrable senda.

Y tú sigues la tuya, que eres sólo
criatura como yo, y estrella débil,
(como las que arden por la noche umbría
en el cielo sin nubes), en presencia
de tu Hacedor y mi Hacedor, que eterno,
omniscio, omnipotente, dirigiendo
con designios profundos
tantos millones férvidos de mundos,
reina en el corazón del universo.

Espejo ardiente en que el Señor se mira,
ya nos dé vida en tu fulgor sereno,
ya con el rayo y espantoso trueno
al mundo lance su terrible ira;
gloria del universo,
del empíreo señor, padre del día,
¡Sol! oye: si mi mente
alta revelación no iluminara,
en mi entusiasmo ardiente
a ti, rey de los astros, adorara.

Así en los campos de la antigua Persia
resplandeció tu altar; así en el Cuzco
los Incas y su pueblo te acataban.
¡Los Incas! ¿Quién, al pronunciar su nombre,
si no nació perverso,
podrá el llanto frenar...? Sencillo y puro,
de sus criaturas en la más sublime
adorando al autor del universo
aquel pueblo de hermanos,
alzaba a ti sus inocentes manos.

¡Oh dulcísimo error! ¡Oh Sol! Tú viste
a tu pueblo inocente
bajo el hierro inclemente
como pálida mies gemir segado.
Vanamente sus ojos moribundos
por venganza o favor a ti se alzaban:
tú los desatendías,
y tu carrera eterna proseguías,
y sangrientos y yertos expiraban.

(Créese de 1821 a 1823)
Ed. 1832

Alice Stone Blackwell tradujo al inglés y en prosa esta composición, que apareció con el título "To the Sun" en el libro "Some Spanish-American Poets", con introducción y notas de Isaac Goldlerg, University of Pensylvania Press, Philadelphia, 1937.

NIAGARA

Templad mi lira, dádmela, que siento
en mi alma estremecida, y agitada
arder la inspiración. ¡Oh! ¡cuánto tiempo
en tinieblas pasó, sin que mi frente
brillase con su luz...! Niágara undoso,
tu sublime terror sólo podría
tornarme el don divino, que ensañada
me robó del dolor la mano impía.

Torrente prodigioso, calma, calla
tu trueno aterrador: disipa un tanto
las tinieblas que en torno te circundan;
déjame contemplar tu faz serena,
y de entusiasmo ardiente mi alma llena.
Yo digno soy de contemplarte: siempre
lo común y mezquino desdeñando,
ansié por lo terrífico y sublime.
Al despeñarse el huracán furioso,
al retumbar sobre mi frente el rayo,
palpitando gocé: vi al Océano,
azotado por austro proceloso,
combatir mi bajel, y ante mis plantas
vórtice hirviente abrir, y amé el peligro.
Mas del mar la fiereza
en mi alma no produjo
la profunda impresión que tu grandeza.

Sereno corres, majestuoso; y luego
en ásperos peñascos quebrantado,
te abalanzas violento, arrebatado,
como el destino irresistible y ciego
¿qué voz humana describir podría
de la sirte rugiente
la aterradora faz? El alma mía
en vago pensamiento se confunde
al mirar esa férvida corriente,
que en vano quiere la turbada vista
en su vuelo seguir al borde oscuro
del precipicio altísimo: mil olas,
cual pensamiento rápidas pasando
chocan, y se enfurecen,
y otras mil y otras mil ya las alcanzan,
y entre espuma y fragor desaparecen.

¡Ved! ¡llegan, saltan! El abismo horrendo
devora los torrentes despeñados:
crúzanse en él mil iris, y asordados
vuelven los bosques el fragor tremendo.
En las rígidas peñas
rómpese el agua: vaporosa nube
con elástica fuerza
llena el abismo en torbellino, sube,
gira en torno, y al éter
luminosa pirámide levanta,
y por sobre los montes que le cercan
al solitario cazador espanta.

Mas ¿qué en ti busca mi anhelante vista
con inútil afán? ¿Por qué no miro
alrededor de tu caverna inmensa
las palmas ¡ay! las palmas deliciosas,
que en las llanuras de mi ardiente patria

nacen del sol a la sonrisa, y crecen,
y al soplo de las brisas del Océano,
bajo un cielo purísimo se mecen?

   Este recuerdo a mi pesar me viene...
nada ¡oh Niágara! falta a tu destino,
ni otra corona que el agreste pino
a tu terrible majestad conviene.
La palma, y mirto, y delicada rosa,
muelle placer inspiren y ocio blando
en frívolo jardín: a ti la suerte
guardó más digno objeto, más sublime.
El alma libre, generosa, fuerte,
viene, te ve, se asombra,
el mezquino deleite menosprecia
y aun se siente elevar cuando te nombra.

   ¡Omnipotente Dios! En otros climas
vi monstruos execrables,
blasfemando tu nombre sacrosanto,
sembrar error y fanatismo impío,
los campos inundar en sangre y llanto,
de hermanos atizar la infanda guerra,
y desolar frenéticos la tierra,
vilos, y el pecho se inflamó a su vista
en grave indignación. Por otra parte
vi mentidos filósofos, que osaban
escrutar tus misterios, ultrajarte,
y de impiedad al lamentable abismo
a los míseros hombres arrastraban.
Por eso te buscó mi débil mente
en la sublime soledad: ahora
entera se abre a ti; tu mano siente
en esta inmensidad que me circunda,
y tu profunda voz hiere mi seno
de este raudal en el eterno trueno.

¡Asombroso torrente!
¡Cómo tu vista el ánimo enajena,
y de terror y admiración me llena!
¿Do tu origen está? ¿Quién fertiliza
por tantos siglos tu inexhausta fuente?
¿Qué poderosa mano
hace que al recibirte
no rebose en la tierra el Océano?

Abrió el Señor su mano omnipotente;
cubrió tu faz de nubes agitadas,
dio su voz a tus aguas despeñadas,
y ornó con su arco tu terrible frente.
¡Ciego, profundo, infatigable corres,
como el torrente oscuro de los siglos
en insondable eternidad...! ¡Al hombre
huyen así las ilusiones gratas,
los florecientes días,
y despierta al dolor...! ¡Ay! agostada
yace mi juventud; mi faz, marchita;
y la profunda pena que me agita
ruga mi frente, de dolor nublada.

Nunca tanto sentí como este día
mi soledad y mísero abandono
y lamentable desamor... ¿Podría
en edad borrascosa
sin amor ser feliz? ¡Oh! ¡si una hermosa
mi cariño fijase,
y de este abismo al borde turbulento
mi vago pensamiento
y ardiente admiración acompañase!
¡Cómo gozara, viéndola cubrirse
de leve palidez, y ser más bella
en su dulce terror, y sonreirse

al sostenerla mis amantes brazos...!
¡Delirios de virtud...! ¡Ay! ¡Desterrado,
sin patria, sin amores,
sólo miro ante mí llanto y dolores!

¡Niágara poderoso!
¡Adiós! ¡Adiós! Dentro de pocos años
ya devorado habrá la tumba fría
a tu débil cantor. ¡Duren mis versos
cual tu gloria inmortal! ¡Pueda piadoso
viéndote algún viajero,
dar un suspiro a la memoria mía!
Y al abismarse Febo en occidente,
feliz yo vuele do el Señor me llama,
y al escuchar los ecos de mi fama,
alce en las nubes la radiosa frente.

Ed. 1832

"Niágara" ha sido traducida al francés por F. E. Johanet, con motivo del centenario del nacimiento de Heredia, celebrado en 31 de diciembre de 1903, traducción que se publicó en "Cuba y América", La Habana, 17 abril 1904; y por Alex de Grandel, "Revue de l'Amérique Latine", París, agosto 1929; al italiano, por E. Teza, en folleto publicado en Padua en 1895, y al japonés por Ryoji Ymamura, en "Antología Hispanoamericana", Tokyo, 1903. Todas estas traducciones aparecen en "Poesías de Heredia traducidas a otros idiomas", por F. González del Valle. Villemain, en su "Essai sur le génie de Pindare et sur la poésie lyrique", París, 1859, pág. 581, tradujo en prosa francesa algunos trozos de esta poesía, y también lo hizo Boris de Tannenberg, según cita de González del Valle, en "La poésie castillane contemporaine" (Espagne et Amérique), París, 1889. (Cita de Emilio Roig de Leuchsenring).

De la versión de junio de 1824 existe una traducción al inglés que se le ha venido atribuyendo sin justificación al poeta norteamericano William Cullen Bryant. La traducción al inglés apareció en "The United States Review and Literary Gazette",

Boston, enero 1827, págs. 283-286. Los editores de la revista cuando se publicó la traducción inglesa del "Niágara" eran Charles Folsom y Bryant. Esta composición fue reproducida en una antología preparada por H. W. Longfellow, "The poets and poetry of Europe", Filadelfia, 1845; de ella se han publicado unos fragmentos en "The National Reader", libro de lectura para las escuelas, que se editó en Boston por P. John Pierpont, apareciendo en la edición de 1831, y en otras posteriores una nota que dice: "From de United States Review and Literary Gazette", translated from the Spanish of José María Heredia, by T. T. Payne". Héctor H. Orjuela afirma que la traducción fue hecha por un desconocido literato norteamericano Thatcher Taylor Payne, y revisada y corregida por William Cullen Bryant.

HIMNO AL SOL

Escrito en el Océano

En los yermos del mar, donde habitas,
alza ¡oh Musa! tu voz elocuente:
lo infinito circunda tu frente,
lo infinito sostiene tus pies.
  Ven: al bronco rugir de las ondas
une acento tan fiero y sublime,
que mi pecho entibiado reanime,
y mi frente ilumine otra vez.

Las estrellas en torno se apagan,
se colora de rosa el oriente,
y la sombra se acoge a occidente
y a las nubes lejanas del sur:
  Y del este en el vago horizonte,
que confuso mostrábase y denso,
se alza pórtico espléndido, inmenso,
de oro, púrpura, fuego y azul.

  ¡Vedle ya...! Cual gigante imperioso
alza el Sol su cabeza encendida...
¡Salve, padre de luz y de vida,
centro eterno de fuerza y calor!
  ¡Cómo lucen las olas serenas
de tu ardiente fulgor inundadas!
¡Cuál sonriendo las velas doradas
tu venida saludan, oh Sol!

De la vida eres padre; tu fuego
poderoso renueva este mundo;
aun del mar el abismo profundo
mueve, agita, serena tu ardor.

Al brillar la feliz primavera,
dulce vida recobran los pechos,
y en dichosa ternura deshechos
reconocen la magia de Amor.

Tuyas son las llanuras: tu fuego
de verdura las viste y de flores,
y sus brisas y blandos olores
feudo son a tu noble poder.

Aun el mar te obedece: sus campos
abandona huracán inclemente,
cuando en ellos reluce tu frente,
y la calma se mira volver.

Tuyas son las montañas altivas,
que saludan tu brillo primero,
y en la tarde tu rayo postrero
las corona de bello fulgor.

Tuyas son las cavernas profundas,
de la tierra insondable tesoro,
y en su seno el diamante y el oro
reconcentran tu plácido ardor.

Aun la mente obedece tu imperio,
y al poeta tus rayos animan;
su entusiasmo celeste subliman,
y le ciñen eterno laurel.

Cuando el éter dominas, y al mundo
con calor vivificas intenso,
que a mi seno desciendes yo pienso,
y alto numen despiertas en él.

¡Sol! Mis votos humildes y puros
de tu luz en las alas envía
al Autor de tu vida y la mía,
al Señor de los cielos y el mar.

Alma eterna, doquiera respira,
y velado en tu fuego le adoro:
si yo mismo ¡mezquino! me ignoro,
¿cómo puedo su esencia explicar?

A su inmensa grandeza me humillo:
sé que vive, que reina y me ama,
y su aliento divino me inflama
de justicia y virtud en amor.

¡Ah! si acaso pudiera un día
vacilar de mi fe los cimientos,
fue al mirar sus altares sangrientos
circundados por crimen y error.

(1825)
Ed. 1832

"Miscelánea", segunda época, Toluca, t. II, núm. 6, junio 1832, pág. 187.

CALMA EN EL MAR

El cielo está puro,
la noche tranquila,
y plácida reina
la calma en el mar.
En su campo inmenso
el aire dormido
la flámula inmóvil
no puede agitar.

Ninguna brisa
lleva las velas,
ni alza las ondas
viento vivaz.
En el oriente
débil meteoro
brilla y disípase
leve, fugaz.

Su ebúrneo semblante
nos muestra la luna
y en torno la ciñe
corona de luz.
El brillo sereno
argenta las nubes,
quitando a la noche
su pardo capuz.

Y las estrellas,
cual puntos de oro,
en todo el cielo
vense brillar.
   Como un reflejo
terso, bruñido,
las luces trémulas
refleja el mar.

   La calma profunda
de aire, mar y cielo,
al ánimo inspira
dulce meditar.
   Angustias y afanes
de la triste vida,
mi llagado pecho
quiere descansar.

   Astros eternos,
lámparas dignas,
que ornáis el templo
del Hacedor;
   Sedme la imagen
de su grandeza,
que lleve al ánima
santo pavor.

   ¡Oh piloto! la nave prepara,
a seguir tu derrota disponte,
que en el puro lejano horizonte
se levanta la brisa del sur:

Y la zona que oscura lo ciñe,
cual la luz presurosa se tiende,
y del mar, cuyo espejo se hiende
muy más bello parece el azul.

(1830)
Ed. 1832

"Miscelánea", primera época, Toluca, t. II, núm. 6, febrero 1830, págs. 56-57.

AL OCEANO

¡Qué! ¡De las ondas el hervor insano
mece por fin mi pecho estremecido!
¡Otra vez en el mar...! Dulce a mi oído.
Es tu solemne música, Océano.
¡Oh! ¡Cuántas veces en ardientes sueños
gozoso contemplaba
tu ondulación, y de tu fresca brisa
el aliento salubre respiraba!
Elemento vital de mi existencia,
de la vasta creación mística parte,
¡Salve! Felice torno a saludarte
tras once años de ausencia.

¡Salve otra vez! A tus volubles ondas
del triste pecho mío
todo el anhelo y esperanza fío.
A las orillas de mi fértil patria
tú me conducirás donde me esperan,
del campo entre la paz y las delicias,
fraternales caricias,
y de una madre el suspirado seno.

Me oyes, ¡benigno mar! De fuerza lleno
en el triste horizonte nebuloso,
tiende sus alas Aquilón fogoso,
y las bate: la vela estremecida
cede al impulso de su voz sonora,

y cual flecha del arco despedida,
corta las aguas la inflexible prora.
Salta la nave como débil pluma,
ante el fiero Aquilón que la arrebata,
y en torno, cual rugiente catarata
hierven montes de espuma.

¡Espectáculo espléndido, sublime
de rumor, de frescura y movimiento;
mi desmayado acento
tu misteriosa inspiración reanime!
Ya cual mágica luz brillar la siento;
y la olvidada lira
nuevos tonos armónicos suspira.
Pues me torna benéfico tu encanto
el don divino que el mortal adora,
tuyas, glorioso mar, serán ahora
estas primicias de mi nuevo canto.

¡Augusto primogénito del Caos!
Al brillar ante Dios la luz primera,
en su cristal sereno
la reflejaba tu cerúleo seno:
y al empezar el mundo su carrera,
fue su primer vagido,
de tus hirvientes olas agitadas
el solemne rugido.

Cuando el fin de los tiempos se aproxime,
y al orbe desolado
consuma la vejez, tú, mar sagrado,
conservarás tu juventud sublime.
Fuertes cual hoy, sonoras y brillantes,
llenas de vida férvidas tus ondas,
abrazarán las playas resonantes,

ya sordas a tu voz: tu brisa pura
gemirá triste sobre el mundo muerto,
y entonarás en lúgubre concierto
el himno funeral de la natura.

¡Divino esposo de la madre tierra!
Con tu abrazo fecundo,
los ricos dones desplegó que encierra
en su seno profundo.
Sin tu sacro tesoro, inagotable,
de humedad, y de vida,
¿qué fuera? —Yermo estéril, pavoroso,
de muerte y aridez sólo habitado.
Suben ligeros de tu seno undoso
los vapores que en nubes condensados,
y por el viento alígero llevados,
bañan la tierra en lluvias deliciosas,
que al moribundo rostro de natura
tornando la frescura,
ciñen su frente de verdor y rosas.

¡Espejo ardiente del sublime cielo!
en ti la luna su fulgor de plata
y la noche magnífica retrata
el esplendor glorioso de su velo.
Por ti, férvido mar, los habitantes
de Venus, Marte o Júpiter, admiran
coronado con luces más brillantes
nuestro planeta que tus brazos ciñen;
cuando en tu vasto y refulgente espejo
mira el sol de su hoguera inextinguible
el áureo, puro, vívido reflejo.

¿Quién es, sagrado mar, quién es el hombre
a cuyo pecho estúpido y mezquino

tu majestuosa inmensidad no asombre?
Amarte y admirar fue mi destino
desde la edad primera:
de juventud apasionada y fiera
en el ardor inquieto,
casi fuiste a mi culto noble objeto;
hoy a tu grata vista, el mal tirano
que me abrumaba, en dichoso olvido
me deja respirar. Dulce a mi oído
es tu solemne música, Océano.

(Noviembre 1836)

"Aguinaldo Habanero", La Habana, 1837, págs. 85-89.

POESIAS FILOSOFICAS E HISTORICAS

SONETO

Si la pálida muerte aplacara
con que yo mis riquezas le ofreciera,
si el oro y plata para sí quisiera,
y a mí la dulce vida me dejara;

¡con cuánto ardor entonces me afanara
por adquirir el oro, y si viniera
a terminar mis días la parca fiera,
cuán ufano mi vida rescatara!

Pero ¡ah! no se liberta de su saña
el sabio, el poderoso ni el valiente:
en todos ejercita su guadaña.

Quien se afana en ser rico no es prudente,
¿si en que debe morir nadie se engaña,
para qué trabajar inútilmente?

Obras Poéticas, 1820.
"Noticioso General", Méjico, 29 octubre 1819.

AL POPOCATEPETL

Tú que de nieves eternas coronado
alzas sobre Anáhuac la enorme frente:
tú de la indiana gente
temido en otro tiempo y venerado,
gran Popocatépetl, oye benigno
el saludo humildoso
que trémulo mi labio dirige.
Escucha al joven, que de verte ansioso
y de admirar tu gloria, abandonara
el seno de Managua delicioso.

Te miro en fin: tus faldas azuladas
contrastan con la nieve de tu cima;
cual descuellas encima
de las cándidas nubes apiñadas
están en torno de tu firme asiento.
En vano el recio viento
apartarlas intenta de tu lado.
Cual de terror me llena
el boquerón horrendo, do inflamado
tu pavoroso cóncavo respira!
Por donde ardiendo en ira
mil torrentes de fuego vomitabas,
y el fiero Tlaxcalteca
el ímpetu temiendo de tus lavas,
ante tu faz postrado
imploraba glorioso tu clemencia.

Cuán trémulo el cuitado
quedábase al mirar tu seno ardiente
centellas vomitar, que entre su gente
firmísimos creían
ser almas de tiranos
que a la tierra infeliz de ti venían.

Y llegará tal vez el triste día
en que del Etna imites los furores,
y con fuertes hervores
consigas derretir tu nieve fría,
que en torrentes bajando
el ancho valle inunde,
y destrucción por él vaya sembrando.
O bien la enorme espalda sacudiendo
muestras tu horrible seno cuasi roto,
y en fuerte terremoto
vayas el Anáhuac estremecido.
Y las grandes ciudades
de tu funesta cólera al amago,
con miserable estrago
se igualen a la tierra en su ruina,
y por colmo de horrores
den inmenso sepulcro
a sus anonadados moradores.
¡Ah!, ¡nunca, nunca sea!
¡Nunca, oh sacro volcán tanto te irrites!
lejos de mí tan espantosa idea.

A tu vista mi ardiente fantasía
por edades y tiempos va volando,
y se acerca temblando
a aquel funesto y pavoroso día
en que Jehová con mano omnipotente
la ruina de la tierra decretara.

El Aquilón soberbio
bramando con furor amontonara
inmensidad de nubes tempestuosas,
que con su multitud y su espesura
la brillantez del sol oscurecieran.
Cuando sus senos húmedos abrieran
el espumoso mar se vio aumentado,
y entrando por la tierra presuroso
imaginó gozoso
a su imperio por siempre sujetarla.
Los horribles aterrados
a los enhiestos árboles subían,
mas allí no perdían
su pánico terror; pues el océano
que fiero se estremece
temiendo que la tierra se le huye,
a todos los destruye
en el asilo mismo que eligieron.
Acaso dos monarcas enemigos
que en pos corriendo de funesta gloria,
sobrados materiales a la historia
en bárbaros combates preparaban,
al ver entonces el terrible aspecto
de la celeste cólera temblaron.
En un sagrado templo guarecidos
de palidez cubiertos se abrazaron,
y al punto sofocaron
sus horrendos rencores en el pecho.
Pero en el templo mismo
los furores del mar les alcanzaban,
que con ellos y su odio sepultaban
su reconciliación y su memoria.

Revueltos entre sí los elementos,
su terrible desorden anunciaba,

que el airado Creador sobre la tierra
el peso de su cólera lanzaba.

Tú entonces del volcán genio invisible
el ruido de las olas escuchaste,
y al punto demostraste
tu sorpresa y tu cólera terrible.
Cual sacude el anciano venerable
su luenga barba y cabellera cana,
tal tu con furia insana
la nieve sacudiste que te adorna,
y humo y llamas ardientes vomitando
airado alzaste la soberbia frente,
y tembló fuertemente
la tierra, aunque cubierta de los mares.
Entonces dirigiste
a las ondas la voz y así dijiste:
"¿Quién ha podido daros
suficiente osadía,
para que a vista mía
mi imperio profanéis de aqueste modo?
Volved atrás la temeraria planta,
y no intentéis osados
penetrar mis mansiones, visitadas
sólo del aire vigoroso y puro".
Así dijiste, y de su seno oscuro
con horrible murmurio respondieron
las ondas a tu voz y acobardadas
al llegar a tus nieves eternales
con respetuoso horror se detuvieron.
De espuma y de cadáveres hinchadas,
mil horribles despojos arrastrando
hasta tu pie venían
y humildes le besaban
y allí la furia horrenda contenían,

Jehová entonces su mano levantando,
dio así nuevos esfuerzos a las ondas,
que súbito se hincharon,
y a pesar de tu rabia y tus bramidos
a tus senos ardientes se lanzaron.
Mas aún allí tu cólera temían,
pues de tu ardiente cráter arrojadas,
y en vapor transformadas
vencer tu resistencia no podían.
Pero Jehová contuvo tus furores,
y sobre tu cabeza
con inmortal divina fortaleza
aglomeró las ondas espumosas.
Viéndote ya vencido
por el mar protegido de los cielos
en tu seno más hondo y escondido
los fuegos inextintos ocultaste,
con que tu claro imperio recobraste
pasados los furores del diluvio.
En tanto de tus senos anegados
un negro vapor sube,
que alzando al éter columnosa nube,
al universo anuncia
los estragos del húmedo elemento,
de Jehová la venganza y la alta gloria,
su tan fácil victoria,
y tu debilidad y abatimiento.

   Después de la catástrofe horrorosa
luengos siglos pasaste sosegado,
temido y venerado
de la insigne Tlaxcala belicosa.
Jamás humana planta
las nieves de tu cima profanara
¿Mas qué no pudo hacer entre los hombres

la ansia fatal de eternizar sus nombres?
Miró tu faz el español osado,
y temerario intenta
penetrar tus misterios escondidos.
El intrépido Ordaz se te presenta,
y a tu nevada cúspide se arroja.
En vano con bramidos
le quisiste arredrar; entonces airado
ostentas tu poder. Con mano fuerte
procura de tu espalda sacudirle,
y haciéndole temer próxima muerte,
por los aires despides
mil y mil trozos de tu duro hielo,
y amenazas con llamas abrasarle,
y te encumbres el cielo
y la lejana tierra
con pómez y volcánica ceniza,
que a fuer de lluvia bajo sí le entierra.
Mas él siempre animoso
ve tu furor con ánimo sereno:
holla tu nieve, y desde tu ancha boca
mira con ansia tu horroroso seno.

Mil victorias y mil do quier lograba
el español ejército valiente,
pero ya finalmente
la pólvora fulmínea les faltaba.
Y su impávido jefe fabricarla
con el azufre de tu seno quiere.
Hablará así a sus huestes el grande
"Eterno loor a aquel que se atreviere
a acometer empresa de tal nombre".
Así dice, y Montaño valeroso
la voz de honor oyendo que le anima,
baja a tu ardiente sima,
y tus frutos te arranca victorioso.

Con fuerza te extremeces? Ah! yo creo
que a cólera mi labio te provoca.
De tu anchurosa boca
humo y sulfúrea llama salir veo.
¿Qué? ¿me quieres decir fiero y airado
que sólo he murmurado
los terribles ultrajes que has sufrido?
Basta, basta, o volcán; ya temeroso
el torpe labio sello.
Pero escucha mis súplicas piadoso.
No quieras despiadado
ser más temido siempre que admirado.
Jamás enorme piedra
de tus senos lanzada
llene de espanto al labrador vecino;
jamás lleve tu lava su camino
a su fértil hacienda,
no derribes su rústica vivienda
con tus fuertes y horribles convulsiones:
que el inextinto fuego
que en tu seno se guarda
para siempre jamás quede en sosiego.

"Noticioso General", Méjico, 17 enero 1820.

EN EL TEOCALLI DE CHOLULA [1]

¡Cuánto es bella la tierra que habitaban
los aztecas valientes! En su seno
en una estrecha zona concentrados,
con asombro se ven todos los climas
que hay desde el Polo al Ecuador. Sus llanos
cubren a par de las doradas mieses
las cañas deliciosas. El naranjo
y la piña y el plátano sonante,
hijos del suelo equinoccial, se mezclan
a la frondosa vid, al pino agreste,
y de Minerva el árbol majestuoso.
Nieve eternal corona las cabezas
de Iztaccihual purísimo, Orizaba
y Popocatepetl, sin que el invierno,
toque jamás con destructora mano
los campos fertilísimos, do ledo
los mira el indio en púrpura ligera
y oro teñirse, reflejando el brillo
del sol en occidente, que sereno

---

[1] Teocalis son los templos de los antiguos aztecas. El famoso de Cholula, en el Estado de Puebla, es una pirámide de 427 m. de base por 55 de ancho.

[2] Ixtacihual ("mujer blanca"), de 5.286 m., el Orizaba, de 5.625 m., y el Popocatepel ("monte humeante"), de 5.453 m., son enormes volcanes perennemente nevados, que se levantan en la meseta central de Méjico, o Anáhuac, la altiplanicie más elevada de la tierra.

en yelo eterno y perennal verdura
a torrentes vertió su luz dorada,
y vio a Naturaleza conmovida
con su dulce calor hervir en vida.

Era la tarde; su ligera brisa
las alas en silencio ya plegaba
y entre la hierba y árboles dormía
mientras el ancho sol su disco hundía
detrás de Iztaccihual. La nieve eterna,
cual disuelta en mar de oro, semejaba
temblar en torno de él; un arco inmenso
que del empíreo en el cenit finaba,
como espléndido pórtico del cielo,
de luz vestido y centellante gloria,
de sus últimos rayos recibía
los colores riquísimos. Su brillo
desfalleciendo fue; la blanca luna
y de Venus la estrella solitaria
en el cielo desierto se veían.
¡Crepúsculo feliz! Hora más bella
que la alma noche o el brillante día,
¡cuánto es dulce tu paz al alma mía!

Hallábame sentado en la famosa
Cholulteca pirámide. Tendido
el llano inmenso que ante mí yacía,
los ojos a espaciarse convidaba.
¡Qué silencio! ¡Qué paz! ¡Oh! ¿Quién diría
que en estos bellos campos reina alzada
la bárbara opresión, y que esta tierra
brota mieses tan ricas, abonada
con sangre de hombres, en que fue inundada
por la superstición y por la guerra...?

Bajó la noche en tanto. De la esfera
el leve azul, oscuro y más oscuro
se fue tornando; la movible sombra
de las nubes serenas, que volaban
por el espacio en alas de la brisa,
era visible en el tendido llano.
Iztaccihual purísimo volvía
del argentado rayo de la luna
el plácido fulgor, y en el oriente,
bien como puntos de oro centelleaban
mil estrellas y mil... ¡Oh! ¡Yo os saludo,
fuentes de luz, que de la noche umbría
ilumináis el velo
y sois del firmamento poesía!

Al paso que la luna declinaba,
y al ocaso fulgente descendía,
con lentitud la sombra se extendía
del Popocatepetl, y semejaba
fantasma colosal. El arco oscuro
a mí llegó, cubrióme, y su grandeza
fue mayor y mayor, hasta que al cabo
en sombra universal veló la tierra.

Volví los ojos al volcán sublime,
que velado en vapores transparentes,
sus inmensos contornos dibujaba
de occidente en el cielo.
¡Gigante del Anáhuac! ¿Cómo el vuelo
de las edades rápidas no imprime
alguna huella en tu nevada frente?
Corre el tiempo veloz, arrebatando
años y siglos, como el norte fiero
precipita ante sí la muchedumbre
de las olas del Mar. Pueblos y reyes

viste hervir a tus pies, que combatían
cual ora combatimos, y llamaban
eternas sus ciudades, y creían
fatigar a la tierra con su gloria.
Fueron: de ellos no resta ni memoria.
¡Y tú eterno serás? Tal vez un día
de tus profundas bases desquiciado
caerás; abrumará tu gran ruina
al yermo Anáhuac; alzaránse en ella
nuevas generaciones, y orgullosas,
que fuiste negarán...

               Todo perece
por ley universal. Aun este mundo
tan bello y tan brillante que habitamos,
es el cadáver pálido y deforme
de otro mundo que fue...
En tal contemplación embebecido
sorprendióme el sopor. Un largo sueño
de glorias engolfadas y perdidas
en la profunda noche de los tiempos,
descendió sobre mí. La agreste pompa
de los reyes aztecas desplegóse
a mis ojos atónitos. Veía
entre la muchedumbre silenciosa
de emplumados caudillos levantarse
el déspota salvaje en rico trono,
de oro, perlas y plumas recamado;
y al son de caracoles belicosos
ir lentamente caminando al templo
la vasta procesión, do la aguardaban
sacerdotes horribles, salpicados
con sangre humana rostros y vestidos [1].

---

[1] Como se sabe, los aztecas hacían en sus altares sacrificios sangrientos a los dioses, arrancándoles el corazón a las víctimas.

Con profundo estupor el pueblo esclavo
las bajas frentes en el polvo hundía,
y ni mirar a su señor osaba,
de cuyos ojos férvidos brotaba
la saña del poder.

     Tales ya fueron
tus monarcas, Anáhuac, y su orgullo,
su vil superstición y tiranía
en el abismo del no ser se hundieron.
Sí, que la muerte, universal señora,
hiriendo a par al déspota y esclavo,
escribe la igualdad sobre la tumba.
Con su manto benéfico el olvido
tu insensatez oculta y tus furores
a la raza presente y la futura.
Esta inmensa estructura
vio a la superstición más inhumana.
En ella entronizarse. Oyó los gritos
de agonizantes víctimas, en tanto
que el sacerdote, sin piedad ni espanto,
les arrancaba el corazón sangriento;
miró el vapor espeso de la sangre
subir caliente al ofendido cielo,
y tender en el sol fúnebre velo,
y escuchó los horrendos alaridos
con que los sacerdotes sofocaban
el grito de dolor.

     Muda y desierta
ahora te ves, pirámide. ¡Más vale
que semanas de siglos yazcas yerma,
y la superstición a quien serviste
en el abismo del infierno duerma!
A nuestros nietos últimos, empero,
sé lección saludable; y hoy al hombre

que ciego en su saber fútil y vano
al cielo, cual Titán, truena orgulloso,
sé ejemplo ignominioso
de la demencia y del furor humano.

Ed. 1832

(Diciembre 1820)

Ed. 1825 "Fragmentos descriptivos de un poema mejicano".
  F. González del Valle en su folleto "Poesías de Herediaa traducidas a otros idiomas", La Habana, 1940, dice que han sido traducidas al francés y al italiano, en prosa o en verso, fragmentos de esta composición, y publica uno que apareció en la "Nuova Rassegna di Letterature Moderne", Florencia, año VI, núm. 7-8, 1908. Según nota del archivo de D. Figarola-Caneda, J. J. Ampére, en el cap. XXIV, t. II de su "Promenade en Amerique", París, 1867,tradujo en prosa francesa unos fragmentos de esta poesía, acompañándolos de unos párrafos sobre la vida y obra de Heredia. (Nota a las "Poesías" de José María Heredia dirigida por E. R. de Leuchsenring). Ver Boy G. Carter, "Traducciones francesas de José María Heredia, en La Revue des Deux Mondes". En Revista Iberoamericana, vol. 17, núm. 34, agosto 1951 - enero 1952.

INMORTALIDAD

Cuando en el éter fúlgido y sereno
arden los astros por la noche umbría,
el pecho de feliz melancolía
y confuso pavor siéntese lleno.

¡Ay! ¡así girarán cuando en el seno
duerma yo inmóvil de la tumba fría!...
entre el orgullo y la flaqueza mía
con ansia inútil suspirando peno.

Pero ¿qué digo? —Irrevocable suerte
también los astos a morir destina,
y verán por la edad su luz nublada.

Mas superior al tiempo y a la muerte
mi alma, verá del mundo la ruina,
a la futura eternidad ligada.

Ed. 1832

"El Mensajero Semanal", Nueva York, vol. I, núm. 51, 8 de agosto 1829, pág. 379, en el trabajo de José Antonio Saco en defensa de Heredia.

Una traducción al inglés de este soneto, por Gertrudis F. de Vingut, se publicó en "Selections from the best Spanish poets", Nueva York, 1856, y aparece reproducida en "Poesías de Heredia traducidas a otros idiomas", por F. González del Valle, La Habana, 1940.

POESIA[1]

¡Alma del Universo, Poesía!
Tu aliento vivifica, y semejante
al soplo abrasador de los desiertos,
en su curso veloz todo lo inflama.
¡Feliz aquel que la celeste llama
siente en su corazón! Ella le eleva
al bien, a la virtud: ella a su vista
hace que rían las confusas formas
del gozo por venir: contra el torrente
del infortunio bárbaro le escuda,
haciéndole habitar entre los seres
de su creación: con alas encendidas
osada le arma, y vuela
al invisible mundo,
y los misterios de su horror profundo
a los hombres atónitos revela.

¡Sublime inspiración! ¡Oh! ¡Cuántas horas
de inefable deleite
concediste benigna al pecho mío!
en las brillantes noches del estío
grato es romper con la sonante prora,
largo rastro de luz tras sí dejando,
del mar las ondas férvidas y oscuras:

---

[1] ¿Se tendrá por extravagancia esta tentativa para expresar el espíritu poético? (Nota del autor, Edic. 1825).

grato es trepar los montes elevados,
o a caballo volar por las llanuras.
Pero a mi alma fogosa es muy más grato
dejarme arrebatar por tu torrente,
y ornada en rayos la soberbia frente,
escuchar tus oráculos divinos,
y repetirlos; como en otro tiempo
de Apolo a la feliz sacerdotisa
Grecia muda escuchaba,
y ella de sacro horror se estremecía,
y el fatídico acento repetía
del Dios abrasador que la agitaba.

Hay un genio, un espíritu de vida
que llena el universo; él es quien vierte
en las bellas escenas de natura
su gloria y majestad: él quien envuelve
con su radioso manto a la hermosura
y da a sus ojos elocuente idioma,
y música a su voz: el quien la presta
el hechizo funesto, irresistible,
que embriaga y enloquece a los mortales
en su sonrisa y su mirar: él sopla
del mármol yerto las dormidas formas,
y las anima, si el cincel las hiere.
En el "Fedra", en "Tancredo" y en "Zoraida"
nos despedaza el corazón: o blando
con Anacreón y Tíbulo y Meléndez
del deleite amoroso nos inspira
la languidez dulcísima: o tronando
nos arrebata en Píndaro y Herrera
y el ilustre Quintana, a las alturas
de la virtud sublime y de la gloria.
Por él Homero al furibundo Aquiles
hace admirar, Torcuato a su Clorinda,

y Milton, más que todos elevado,
a su ángel fiero, de diamante armado.

   Por do quiera este espíritu reside,
mas invisible. Del etéreo cielo
baja, y se manifiesta a los mortales
en la nocturna lluvia y en el trueno.
Allí le he visto yo: tal vez sereno
vaga en la luz del sol, cuando éste inunda
al cielo, tierra y mar en olas de oro;
de la música tiembla en el acento:
ama la soledad: escucha atento
de las aguas con furia despeñadas
el tremendo fragor. Por el desierto
los vagabundos árabes conduce,
soplando entre sus pechos agitados
un sentimiento grande, indefinido,
de agreste libertad. En las montañas
se sienta con placer, o de su cumbre
baja, y se mira del Océano inmóvil
en el hondo cristal, o con sus gritos
anima las borrascas. Si la noche
tiende su puro y centellante velo,
en la alta popa reclinado inspira
al que estático mira
abajo el mar, sobre su frente el cielo.

   Es el ansia de gloria noble y bella:
yo de su lauro en el amor palpito,
y quisiera en el mundo que hoy habito
de mi paso dejar profunda huella.
De tu favor, espíritu divino,
puedo esperarlo, que tu aliento ardiente
vive eterno, y da vida; los mortales
a quienes genio dispensó el destino

ansiosos corren a la sacra fuente
que tu fogosa inspiración recibe.
El mundo a sus afanes apercibe
indigno galardón. Cuando los cubre
vestidura mortal, vagan oscuros
entre indigencia y menosprecio: acaso
de sacrílega mofa son objeto:
al cabo mueren y sus almas tornan
a la fuente de luz de que salieron,
y entonces a despecho de la envidia,
un estéril laurel brota en sus tumbas.
Brota, crece, y ampara las cenizas
con su sombra inmortal: pero no enseña
a los hombres justicia, y cada siglo
ve repetir el drama lamentable,
sin piedad ni rubor. ¡Divino Homero,
Milton sublime, Taso desdichado,
vosotros lo diréis!

                Empero el genio
al infortunio arrostra: sus oídos
halagan los aplausos que su canto
recibirá feliz en las regiones
del porvenir. Su gloria, su desgracia
excitarán la dulce simpatía
en la posteridad de los crueles
que a miseria y dolor le condenaron.
Desde la tumba reinará: las bellas
con respeto y ternura suspirando,
pronunciarán su nombre: ya centella
a sus ojos la lágrima preciosa
que arrancarán sus páginas ardientes
a la sensible hermosa.
La ve, palpita, se enternece, y fuerte
de la cruel injusticia se consuela,

y esperando su triunfo de la muerte,
al seno del Criador gozoso vuela.

¡Dulcísima ilusión! ¿Quién ha podido
defenderse de ti, si no ha nacido
yerto como los mármoles y bronces?
¡Oh! ¡yo te abrazo con ardor! ¡Lo espero...!
Algunas efusiones de mi Musa
me sobrevivirán, y mi sepulcro
no ha de guardarme entero.
Tal vez mi nombre, que el rencor proscribe,
resonará de Cuba por los campos
de la fama veloz en la trompeta.

Al ver como su lienzo se animaba,
el Correggio exclamaba:
¡Yo también soy pintor! —¡Yo soy poeta!

Ed. 1832

James Kennedy, literato inglés, Juez del Tribunal Mixto en La Habana para la represión del tráfico de esclavos africanos, hizo una versión inglesa de esta composición, que apareció en el libro "Selections from the best Spanish poets", Nueva York, 1856.

NAPOLEON

Sin rey ni leyes, Francia desolada
de anárquico furor cayó en la hoguera;
salvóla Bonaparte: lisonjera
la gloria en cetro convirtió su espada [1].

Tembló a su voz Europa consternada;
reyes la dispensó con faz severa;
en Moscú, en Madrid, su águila fiera
en Roma y Viena y en Berlín vio alzada.

¿Cómo cayó...? Vencido, abandonado [2],
en un peñasco silencioso expira
dando ejemplo a los déspotas terrible.

Al contemplar su fin desventurado,
clama la historia, que su genio admira:
"¡no hay opresión por fuerte irresistible!"
(1823)
Ed. 1832

"El Revisor Político y Literario", La Habana, núm. 27, 2 de
mayor de 1823, pág. 8. "Napoleón Bonaparte". Reproducida en
el "Indicador Federal", Méjico, 2 abril 1825.
[1] Variante:
Sin más recurso que su ardiente espada
de Carlomagno el trono reerigiera,
y en él sentóse y en su lecho viera
a la hija de los Césares amada.
                                Ed. 1825.
[2] Variante:
¿Cómo cayó?... Vendido, abandonado.
                                Ed. 1825.

SOCRATES

¡No, jueces, condenéis con ciega ira
de la augusta verdad al sabio amante...!
¡Cielo...! el vil Melito ya triunfante
la venganza logró porque suspira.

Sócrates firme con piedad le mira,
él se demuda, y con igual semblante
apurando el veneno devorante,
en brazos de Platón el sabio expira.

Presto remordimientos dolorosos
Atenas siente, y su crueldad gimiendo
maldice, y sus fanáticos furores.

Tened, mortales, oprimir furiosos
a la virtud sagrada, persiguiendo
al que osa combatir vuestros errores.

Ed. 1832

CATÓN

De Roma esclava defensor augusto,
de Utica en la ribera miserable
opónese Catón inexorable
a César vencedor y Jove injusto.

Ajeno de furor, libre de susto,
contempla su destino inevitable:
de la tierra el señor bríndale afable
su favor y amistad; mas él, adusto,

"Desprecio", clama, "tu piedad. Mi vida
al hado vil justificar pudiera
que tu ambición y crímenes corona".

Dice, rasga su pecho: por la herida
indignada se lanza el alma fiera,
y el cadáver a César abandona.

Ed. 1832

"El Mensajero Semanal", Nueva York, vol. I, núm. 51, 8 agosto 1829, pág. 379.

ROMA

Envuelta en sangre y pavoroso estrago
combate Roma con feroz anhelo;
llena el mundo su nombre, sube al cielo,
y las naciones tiemblan a su amago.

Su águila fiera por el aire vago
hiende las nubes con ardiente vuelo,
y apenas mide en el distante suelo
las ruinas de Corinto y de Cartago.

¿Qué la valió? Carbón, Mario implacable
y Sila vengador y César fuerte,
huellan de lorbe a la infeliz señora.

Y otros... ¡Oh Roma grande y miserable
que ansiando lauros y poder de muerte,
no supo ser de sí reguladora!

(1825)

PLACERES DE LA MELANCOLIA

Yo lloraré, pero amaré mi llanto.
Y amaré mi dolor.
                                QUINTANA

FRAGMENTOS

I

No es dado al hombre de su débil frente
las penas alejar y los dolores,
ni por campos de mirtos y de flores
dirigir el torrente de la vida.
De las pasiones el aliento ardiente
la enajena tal vez, y breves horas,
en ilusiones férvidas perdido,
osa creerse feliz. ¿Quién no ha sufrido
la fiebre del amor, ni qué alma helada
no probó la dulzura emponzoñada
que en el beso fatal vierte Cupido?
Yo adoré la beldad: cual sol de vida
lució a mis ojos, y bebía encendido
el cáliz del amor hasta las heces,
mi alma fogosa, turbulenta y fiera,
en todos sus placeres y deseos
al extremo voló; tibias pasiones
nunca en ella cupieron... Mas ¡ay! pronto
siguió a los goces y delirio mío
la saciedad, el tedio devorante,

como sigue de otoño al sol brillante
el del invierno pálido y sombrío.

　　Tal es la suerte del mortal cuitado:
agitarse y sufrir, después que siente
el rigor de su pecho quebrantado
por su excesivo ardor, que al fin agota
del sentimiento la preciosa fuente.
¿Qué hará el triste? Las flores de la vida
al soplo abrasador de las pasiones
marchitas sentirá. Doquier que mire
será el mundo a sus ojos un desierto,
y el misterioso abismo de la tumba
será de su esperanza único puerto.
Así el piloto en tempestuosa noche
sólo distingue entre su denso velo
el mar furioso y el turbado cielo.

　　Entonces tú, gentil Melancolía,
serás bálsamo dulce que suavice
su árido corazón y le consuele
más que el plácido llanto de la noche
a la agotada flor. Yo tus placeres
voy a cantar, y tu favor imploro.
Ven: tonos blandos a mi voz inspira;
enciéndala tu aliento, y de mi lira
templa con languidez las cuerdas de oro.

　　¿Quién, en adversa o próspera fortuna,
no se abandona al vago pensamiento,
cuando suspira de la tierra el viento
y de Cuba en el mar duerme la luna?
¿Quién no ha sentido entonces dilatarse
su corazón, y con placer llevarse
a mil cavilaciones deliciosas

de ventura y amor? ¡Con qué deleite
en los campos bañados por la luna
siguen nuestras miradas pensativas
la sombra de las nubes fugitivas
en océano de luz puro y sereno!
¿Qué encanto hay en la calma de la noche,
del hondo mar en la distante furia,
que halaga el corazón? Melancolía,
tú respiras allí: tu faz amable,
velada entre vapores transparentes,
sonríe con ternura al que en tu seno
busca la paz, y al que de penas lleno
se acoge a ti, con mano compasiva
del rostro enjugas el sudor y llanto;
mas la disipación furiosa, en tanto,
en sus bailes y juegos y festines
hacer beber de tedio triste copa,
a los que por su halago seducidos
buscan entre sus pérfidas caricias
gozo y felicidad. Mustios, rendidos,
maldecirán al sol, y a su sueño ansioso
la frente atormentada reclinando,
la suerte trocarán del bello día.
¡Ansia falaz, funesta, cómo impía
me desecaste el corazón! ¡Oh tiempo
de ceguedad y de furor...! Insano,
de tormento sin fin buscaba dicha,
en su eterna turbación... Empero
a mis ojos el sol brilla más puro
desde que ya, más cuerdo, no alimento
de mi sangre el ardor calenturiento
soñando gozos y placer futuro,
de la grata ilusión perdí el encanto,
pero hallé de la paz el bien seguro.

II

Dulce es la soledad, en que su trono
asienta la feliz Melancolía.
Desde la infancia venturosa mía
era mi amor. Aislado, pensativo,
gustábame vagar en la ribera
del ancho mar. Si los airados vientos
su seno hinchaban en tormenta fiera,
mil pensamientos vagos, tumultuosos
me agitaban también; pero tenía
deleite inexplicable, indefinido
aquella confusión. Cuando la calma
reinaba en torno, y el espejo inmenso
del sol en occidente reflejaba
la noble imagen en columna de oro,
yo en éxtasis feliz la contemplaba,
y eran mis escondidos pensamientos
dulces, como el silencio de los campos
de la luna en la luz. Y los pedantes,
azotes de la infancia, que querían
subyugar mi razón a sus delirios,
fieros amenazándome decían:
"Este niño holgazán y vagabundo
siempre necio ha de ser". Y yo temblaba,
mas no los maldecía,
sino de ellos huía,
y en mi apacible soledad lloraba.

III

¡Oh! ¡si Dios, de mis males apiadado,
las alas de un espíritu me diera!

¡Cuál por los campos del espacio huyera
de este mundo tan bello y desdichado!
¡Oh! ¡si en él a lo menos me ofreciera
una mujer sensible, que pudiera
fijar mi corazón con sentimientos
menos vivos tal vez, menos violentos
que los que enciende Amor, pero más dulces
y duraderos! En su ingenua frente
el candor y la paz me sonreirían:
de este exceso de vida que me agobia
me aliviara su amor. Su voz piadosa,
de aqueste pecho en la profunda herida
bálsamo de consuelo derramara,
y su trémulo acento disipara
las tinieblas de mi alma entristecida.

Encarnación de mi ideal esposa,
¡cómo te adoraré...! No por más tiempo
me hagas ansiarte y suspirar en vano;
mira que vuela mi verdor lozano
¡ay! ¡ven, y escucha mi rogar piadosa...!

IV

¿Quién placer melancólico no goza
al ver al tiempo con alada planta
los días, los años y los siglos graves
precipitar en el abismo oscuro
de lo que fue? Las épocas brillantes
recorro de la historia... ¡Qué furores!
¡Cuadro fatal de crímenes y errores!
Doquier en sangre tíñense las manos:
los hombres fascinados o furiosos

ya son juguetes viles de facciosos,
ya siervos miserables de tiranos.
Pueblos a pueblos el dominio ceden;
y del orbe sangriento, desolado,
desaparecen, como en mar airado
las olas a las olas se suceden.

De Babilonia, Menfis y Palmira [1]
entre los mudos restos, el viajero
se horroriza de ver su estrago fiero,
y con profunda lástima suspira.
¡Campos americanos! en vosotros
lágrimas verterá. ¿Qué pueblo ignora
vuestro nombre y desdicha? Circundado
por tenebrosa nube un hemisferio,
ocultábase al otro; mas osado
forzó Colón el borrascoso imperio
del Océano feroz. La frágil nave
por los yermos de un mar desconocido
en silencio volaba; la vil chusma,
pálida, yerta, con terror profundo,
a la patria querida
tornaba ya la resonante prora,
cuando a sus ojos refulgente aurora
las playas reveló del Nuevo Mundo.

¡Hombres feroces! la severa historia
en páginas sangrientas eterniza
de sus atrocidades la memoria.
Al esfuerzo terrible de su espada
cayó el templo del Sol, y el trono altivo

---

[1] Ciudades famosas de Caldea, Egipto y Turquía, respectivamente.

de Acamapich [1]... Las infelices sombras
de los reyes aztecas olvidados
a evocar me atreví sobre sus tumbas,
y del polvo a mi voz se levantaron
y su inmenso dolor me revelaron.
¿Dó fue la raza candorosa y pura
que las Antillas habitó?... La hiere
del vencedor el hierro furibundo:
tiembla, gime, perece,
y, como niebla al sol, desaparece.

Sediento de saber infatible [2],
del Tíber, del Jordán y del Eurotas [3]
las aguas beberé, y en sus orillas,
asentado en escombros solitarios
de quebrantadas míseras naciones,
me daré a meditar: altas lecciones,
altos ejemplos sacará mi mente
de su desolación: ¡cuánto es sublime
la voz de los sepulcros y ruinas!
Allí tu inspiración pura y solemne,
¡oh Musa del saber! mi voz anime.
Y tú también, genial Melancolía,
me seguirás doquiera suspirando,
o en mi lecho tu frente reclinando
harás a mi descanso compañía.

V

¡Cuánto es plácida y tierna la memoria
de los que amamos, cuando ya la muerte

---
[1] Primer rey de los aztecas, murió en 1420.
[2] Esto se escribía a principios de 1825, hallándose el autor próximo a emprender un viaje largo por algunos países de Europa y Asia. (N. del A.).
[3] Ríos de Italia, Palestina y Grecia (Esparta), respectivamente.

a nuestro amor los arrancó! La tumba
encierra las inmóviles cenizas;
los ligeros espíritus pasean
en el aire sereno de la noche
en torno de los que aman, y responden
a sus dulces recuerdos y suspiros,
en misteriosa comunión. Creedme;
no lo dudéis: por esto son tan dulces
las solitarias lágrimas vertidas
en la tumba del padre, del esposo
o del amante, y el herido pecho
ama su llanto y su dolor piadoso.

¡Oh tú, que para mí fuiste en la tierra
de Dios augusta imagen! ¡Cuántas horas,
desde el momento que cerró tu vida,
por mí pasaron, llenas de amargura
y de intenso dolor! Sombra querida
del mejor de los padres, en el cielo
recibe de mi pecho lastimado
la eterna gratitud. Mi dócil mente
con atención profunda recogía,
de tu boca elocuente en las palabras,
el saber, la verdad: aun de tu frente
en la serena majestad leía
altas lecciones de virtud. Tus pasos,
tus miradas, tu voz, tus pensamientos
eran paz y virtud. ¡Con qué dulzura
de mi pecho impaciente reprimías
el ardimiento, la fiereza...! El cielo
contra el ciego furor de los malvados
sirviéndote de asilo, me dejara
entre borrascas mil... ¡Ay! a lo menos
iré a morir en tu sepulcro, y junto
a tu polvo sagrado

reclinaré mi polvo atormentado,
que al eco de tres sílabas funestas
aun allí temblará. Mas tu memoria
será, mientras respire, mi consuelo,
y grato y dulce el solitario llanto
que la consagre, más que gozo alguno
del miserable suelo:
¡No me abandones, padre, desde el cielo!

VI

¡Patria...! ¡Nombre cual triste deliciosos
al peregrino mísero, que vaga
lejos del suelo que nacer le viera!
¡Ay! ¿Nunca de sus árboles la sombra
refrescará su dolorida frente?
¿Cuándo en la noche el músico ruido
de las palmas y plátanos sonantes
vendrá feliz a regalar mi oído?
¡Cuántas dulzuras ¡ay! se desconocen
hasta perderse! No: nunca los campos
de Cuba parecieron a mis ojos
de más beldad y gentileza ornados,
que hoy a mi congojada fantasía.
¡Recuerdo triste de maldad y llanto!
Cuando esperaba paz el alma mía,
redobló la Fortuna sus rigores,
y de persecución y de furores
pasó tronando el borrascoso día.
Desde entonces mis ojos anhelantes
miran a Cuba, y a su nombro solo
de lágrimas se arrasan. Por la noche,
entre el bronco rugir del viento airado,
suena el himno infeliz del desterrado

o si el Océano inmóvil se adormece
de junio y julio en las ardientes calmas,
ansioso busco en la distante brisa
la voz de sus arroyos y sus palmas.

¡Oh! no me condenéis a que aquí gima,
como en huerta de escarchas abrasada
se marchita entre vidrios encerrada
la planta estéril de distinto clima.
Mi entusiasmo feliz yace apagado:
en mis manos ¡oh lira! te rompiste,
¿cuándo sopla del norte el viento triste,
puede algún corazón no estar helado??
¿Dó están las brisas de la fresca noche,
de la mágica luna inspiradora
el tibio resplandor, y del naranjo
y del mango suavísimo el aroma?
¿Dónde las nubecillas, que flotando
en el azul sereno de la esfera,
islas de paz y gloria semejaban?
Tiene la noche aquí su oscuro velo:
el mundo se adormece inmóvil, mudo,
y el aire punza, y bajo el filo agudo
del velo afinador centella el cielo.
Brillante está a los ojos, pero frío,
frío como la muerte. Yo lo admiro,
mas no lo puedo amar, porque me mata,
y por el sol del trópico suspiro.
Vuela, viento del norte, y a los campos
de mi patria querida
lleva mi llanto, y a mi madre tierna,
murmura mi dolor...

VII

A ti me acojo, fiel Melancolía.
Alivia mi penar; a ti consagro
el resto de mi vida miserable.
Siempre eres bella, interesante, amable;
ya nos renueves los pasados días,
ya tristemente plácida sonrías
en la pálida frente de una hermosa,
cuando la enfermedad feroz anuble
su edad primaveral. Benigna diosa,
tu bálsamo de paz y de consuelo
vierte a mi alma abatida,
hasta que vaya a descansar al cielo
de este delirio que se llama vida.

(1825)
Ed. 1832

En la edición de 1825 aparece con esta nota del autor:
"Publico estos fragmentos, porque el poema ya no ha de acabarse. Otros cuidados que deben ocuparme exclusivamente, no me dejan el ocio de espíritu que exigen las Musas. Por eso imprimo mis versos tales como están. Salgan, pues, y tengan su día de vida, ya que no deben esperar de mí ni revisión ni aumento".
"Sólo deseo que este cuaderno excite emulación saludable en nuestra juventud. ¿Por qué no tiene Cuba grandes poetas cuando sus hijos están dotados de órganos perfectos, de imaginación viva, cubiertos por el cielo más puro y cercados de la naturaleza más bella?"
(Nota del Autor. Ed. de Nueva Yor, 1825).
(1825)

AL COMETA DE 1825

    Planeta de terror, monstruo del cielo,
errante masa de perennes llamas,
que iluminas e inflamas
los desiertos del éter en tu vuelo;
¿qué universo lejano
al sistema solar hora te envía?
¿Te lanza del Señor la airada mano
a que destruyas en tu curso insano
del mundo la armonía?

    ¿Cuál es tu origen, astro pavoroso?
el sabio laborioso
para seguirte se fatiga en vano,
y más allá del invisible Urano
ve abismarse tu carro misterioso.
¿El influjo del Sol allá te alcanza,
o una funesta rebelión te lanza
a ilimitada y férvida carrera?
Bandido inaquietable de la esfera,
¿ningún sistema habitas
y tan cerca del sol te precipitas
para insultar su majestad severa?

    Huye su luz, y teme que indignado
a su vasta atracción ceder te ordene
y entre Jove y Saturno te encadene.
De tu brillante ropa despojado.

Mas si tu curso con furor completas,
y le hiere tu disco de diamante,
arrojarás triunfante
al sistema solar nuevos planetas.

Astro de luz, yo te amo. Cuando mira
tu faz el vulgo con asombro y miedo,
yo al contemplarte ledo,
elévome al Creador; mi mente admira
su alta grandeza, y tímida le adora.
Y no tan sólo ahora
en mi alma dejas impresión profunda.
Ya de la noche en el brillante velo,
de mi niñez en los ardientes días,
a mi agitada mente parecías
un volcán en el cielo [1].

El ángel silencioso
que hora inocente dirección te inspira
se armará del Señor con la palabra,
cuando en el libro del destino se abra
una sangrienta página de ira.
Entonces furibundo
chocarás con los astros, que lanzados
volarán de sus órbitas, hundidos
en el éter profundo;
y escombros abrasados
de mundos destruidos,
llevarán el terror a otro sistema...
Tente, Musa, respeta el velo oscuro
con que de Dios la majestad suprema

---

[1] Aquí se supone que el cometa de 1825 es el mismo que con tanto brillo apareció en el año de 1811.

envuelve la región de lo futuro.
Tú, Cometa fugaz, ardiente vuela,
y a millones de mundos ignorados
el Hacedor magnífico revela.

Ed. 1832

"Miscelánea", primera época, Tlalpam, t. I, núm. 1, septiembre 1829.

A DON DIEGO MARIA GARAY

en el papel de Junio Bruto

Cónsul, libertador, padre de Roma,
¿por qué nubla el dolor tu adusta frente,
y, en vano reprimido, llanto ardiente
a tus cargados párpados asoma?

Lanza discordia su funesta poma,
y ansían tus hijos con furor demente
que Tarquino feroz rija insolente
al pueblo rey, que a los tiranos doma.

Dictas fallo de muerte: el pueblo gime
entre piedad y horror... Con faz umbría
el alma cubres de tormento llena...

—Tal respiraba en ti, Garay sublime,
Bruto, y fiero, terrible, parecía
el Dios que airado en el Olimpo truena.

Ed. 1832

A SILA

Triunfante Sila, cuyo carro fiero
en las ruedas giró de la fortuna,
la antigua libertad desde tu cuna
fue tu divinidad, tu amor primero.
Pero la Roma vil en que viviste
no era ya la de Curcio y Cincinato
y Fabricio y Scipión: su pueblo ingrato
demandaba opresión y se la diste.
De su antigua virtud sin el tesoro
el senado magnífico de reyes
que al orbe sometido impuso leyes,
prostituyó el poder, vendióse al oro.
Roma, víctima inmensa de facciones,
capaz de esclavitud, no de obediencia,
enmudeció temblando en tu presencia
a fuerza de furor y proscripciones.
No fuiste vil por opresor: en vano
quisiera libertad: sólo veías
el saber que a la Europa envanece
y esas artes de frívolo adorno
se ahogarán en el polvo, que en torno
van tus férvidos pies a elevar.
Usos, leyes, y templos y cultos
aniquila en tu anhelo impetuoso.
Fiel caballo, relincha orgulloso,
que vas pueblos y reyes a hollar.

Ed. 1832

"El Amigo del Pueblo", Méjico, t. I, núm. 13, 24 octubre 1827, pág. 27.

A LA RELIGION

Sobrado tiempo con dorada lira
canté de juventud las ilusiones,
y en ligeras y fútiles canciones
los afectos vertí que amor inspira.
Hoy, santa Religión, quiero cantarte
y con piadoso anhelo
mostrar tu gloria refulgente al suelo.

Musa de la verdad que en ígneo trono
con tu solemne inspiración solías
animar el acento de Isaías,
o del profeta rey el noble tono,
oye mi voz humilde que te implora;
mi tibio pecho inspira,
y haz fulminar las cuerdas de mi lira.

Cuando con tanta estrella desparcida
brilla sin nubes el nocturno cielo,
quisiera suspirando alzar el vuelo,
y a su perenne luz juntar mi vida;
este secreto instinto me revela
en soledad y calma
que no es la tierra el centro de mi alma.
Entre nube de luz serena y pura
vela el Criador su ceño majestuoso
y circundan su trono misterioso
la eternidad pasada y la futura.

Compadece del hombre la miseria,
y su acento profundo
por la revelación instruye al mundo.

¡Augusta Religión! de luz cercada
bajas al mundo, que el error oprime;
mostrando el cielo en ademán sublime,
y con la santa cruz tu diestra armada;
cubre tus ojos venda misteriosa,
y majestuosamente
brilla la eternidad sobre tu frente.

Tu trono es el empíreo. De su altura
tú nos anuncias el primer pecado,
al hombre por su mal degenerado,
y la inefable redención futura:
viene al mundo Jesús, de los humanos
(¡venturoso destino!)
reparador y redentor divino.

Su pura, simple y celestial doctrina
la feroz impiedad tachar no puede;
la voz de los profetas le precede,
y el universo atónito se inclina,
enfrénase a su voz el mar airado,
y a su mandato fuerte
su presa con pavor suelta la muerte.

Del justo Dios para templar la ira,
y de su inmenso amor víctima santa,
entre tormentos, cuyo horror espanta,
pálido el Hombre-Dios gime y expira.
Núblase el sol, y yerta se estremece
la tierra oscurecida,
en sus eternos ejes conmovida.

Por su propia virtud resucitado
triunfa Jesús, y con glorioso vuelo
sube después al esplendente cielo,
vencedor de la muerte y del pecado.
¡Milagros inefables! Confundido
¡oh Cristo! yo te adoro,
te confieso mi Dios, gimo y te imploro.

Mas la persecución fiera fulmina
del infierno frenético lanzada,
y con su pura sangre derramada
sellan mártires mil su fe divina.
Triunfas ¡oh Religión! y al vasto mundo
sojuzgas con presteza,
nacida en la ignorancia y la pobreza.

El mísero mortal entre dolores
al borde tiembla del sepulcro helado
que a la luz de tu antorcha contemplado
la mitad perderá de sus horrores.
Ya la escena del mundo ve cerrada
por la muerte severa,
y tenebrosa eternidad espera.

Tu influjo bienhechor allí le alcanza
al terminar su vida borrascosa,
enciendes en la tumba misteriosa
luz de inmortalidad y de esperanza;
y su afligido corazón llenando
de inefable consuelo,
te haces entrar por el sepulcro al cielo.

Yo vi mil veces al tirano impío,
de hierro asolador el brazo armado,
teñirlo en sangre, y de terror cercado

en crímenes fundar su poderío;
y despreciando audaz a tierra y cielo
con sonrisa ominosa,
vile insultar la humanidad llorosa.

   Hollando altivo a la virtud, gobierna
la tierra alguna vez el crimen fiero;
mas es breve su imperio y pasajero;
la justicia de Dios vigila eterna;
de la virtud y la maldad existe
un inmortal testigo:
hay otra vida y Dios, premio y castigo.

   ¡Dogma sublime! ¡Celestial consuelo
que al hombre justo en el dolor sustenta!
al sucumbir a la opresión sangrienta
eterno galardón busca en el cielo.
Fija la vista en él, y abroquelado
con Dios y su conciencia,
opone al crimen firme resistencia.

   Triunfas ¡oh Religión! de tu victoria
irritados los genios infernales
preparan las serpientes y puñales
para manchar tu refulgente gloria.
Núblase el aire ya, retiembla el suelo,
y del Orco agitado
lánzase al mundo el fanatismo armado.

   Cubre su horror con tu brillante velo;
brama, blande el puñal con faz umbría,
y el humo negro de la hoguera impía
la pura luz oscureció del cielo.
Víctima suya el hombre te maldice,
y con grito blasfemo
feroz insulta al Hacedor Supremo.

¡Bárbara Inquisición! Cueva de horrores,
descubre al universo tus arcanos
y de tus sacerdotes inhumanos
los crímenes revela y los furores.
¡Cuántas víctimas ¡ay! atormentadas
en tu infernal abismo
apelaban a Dios del fanatismo!

¡Divina Religión! Tú que veías
al insolente monstruo dominando,
y en tu nombre la tierra devorando,
en el seno de Dios tierna gemías,
El te escuchó. Retumbará la esfera
con su decreto eterno,
y el fanatismo volverá al infierno.

Cobrarás la pureza de tu cuna,
como después del huracán violento
en el atormentado firmamento
con más cándida faz brilla la luna;
y el mundo te verá desengañado
dictar con dulce tono
leyes de paz y amor desde tu trono.

Y libre al fin del duro cautiverio
del odio y la fanática venganza,
se abrirá el corazón a la esperanza,
y adorará tu celestial imperio,
que ha de sobrevivir cuando se aduerma
el tiempo fatigado
en escombros del mundo aniquilado.

(1828)
Ed. 1832

"El Amigo del Pueblo", Méjico, t. III, núm. 7, 27 febrero 1828, pág. 283.

LOS COMPAÑEROS DE COLON

En los climas brillantes dó natura
más pródiga derrama sus tesoros
habitaban los indios ignorados,
y eternamente en derredor ceñido
del Océano profundo
ocultábase un mundo al otro mundo.

Por un genio profético inspirado
le buscaba Colón. Embebecido
meditaba en su gloria venidera,
mientras del Este rápido impelida,
de destinos preñada,
iba cortando el mar su breve armada.

Pero de sus cobardes compañeros
va creciendo el pavor. Un mar furioso,
navegando jamás, de mil terrores
llena su atormentada fantasía.
Uno, el más atrevido,
les habla así con tono dolorido.

"¡Compañeros de afán! Cuarenta veces
hizo su giro el sol, sin que veamos
las costas de la tierra codiciada
que nos anuncia el infeliz piloto
a quien ciegos creímos
cuando anhelantes por el mar partimos.

"En vez de las riquezas y la gloria
con que nos halagó su falsa lengua,
vemos muerte doquier. ¡Míseros! nunca
gozaréis las caricias filiales,
ni en languidez dichosa
el dulce beso de la casta esposa.

"Do quiera vuelvo en derredor los ojos
el horizonte vago recorriendo,
sólo se ofrece a mi turbada vista
de tempestades hórridas cargado
un cielo triste y denso,
y en este inmenso mar sepulcro inmenso.

"Nunca, nunca a la altura en que temblamos
llegó ningún mortal. Ved cuál se turba
ya trémulo el imán, y vacilando
a tanta inmensidad, nos abandona
bajo este ardiente cielo
a errar sin esperanza ni consuelo.

"Y al cabo a perecer. La hambre rabiosa
sobre nosotros lanzaráse presto
a acabar en tormentos nuestra vida,
si antes no hallamos muerte menos dura
entre escollos clavados,
o del fuego celeste devorados.

 Y ¿os obstináis en ceguedad funesta
sordos ¡ay! a la voz del desengaño?
¡Vil seductor! ¿A su codicia insana
nos hemos de inmolar? —No: alzad, amigos,
y la muerte evitemos,
y a la patria dulcísima tornemos".

Dice, y aplauden, y sonado el eco
revuelve por el aire y el Océano
el estraño clamor, mientra en la popa,
el cobarde murmurio despreciando
de la turba impaciente,
alza Colón la imperturbable frente!

Ed. 1832

"El Aamigo del Pueblo", Méjico, t. IV, núm. 6, 7 mayo 1828, pg. 188. La reprodujo "El Sol", Méjico, núm. 1803, año V, 22 mayo 1828, pág. 7.

CONTEMPLACION

¡Cuán inmenso te tiendes y brillante,
firmamento sin límites! Do quiera
en el puro horizonte iluminado
por la argentada lumbre de la luna,
te asientas en el mar. Las mansas olas
del viento de la tierra al blando soplo
levemente agitadas, en mil formas
vuelven la luz serena que despide
la bóveda esplendente, y el silencio
y la quietud que reina en el profundo,
llevan el alma a meditar.

                    ¡Oh cielo!
¡Fuente de luz, eternidad y gloria!
¡Cuántas altas verdades he aprendido
al fulgor de tus lámparas eternas!
De mi niñez en los ardientes días
mi padre venerable me contaba
que Dios, presente por do quier, miraba
del hombre las acciones, y en la noche
el cielo de los trópicos brillante
contemplando con éxtasis, creía
que tantas y tan fúlgidas estrellas
eran los ojos vivos, inmortales
de la Divinidad.

       Cuando la vista
a la región etérea levantamos,
atónitos en ella contemplamos
del Hacedor sublime la grandeza.
En el fondo del alma pensativa
se abre un abismo indefinible: el pecho
con suspirar involuntario invoca
una felicidad desconocida,
un objeto lejano y misterioso,
que del mundo visible en los confines
no sabe designar. La fantasía
al recorrer la multitud brillante
de soles y sistemas enclavados
en su gloriosa eternidad, se humilla
ante el Creador, y tímida le adora.

   Las leyes inmortales que encadenan
esta celeste fábrica, y los astros
en elíptico giro precipitan,
no desdeñan del hombre la miseria,
y con profundo universal acento
le dictan su deber. En todo clima,
del polo al ecuador, su voz augusta
beneficencia y paz impone al hombre,
que de pasiones fieras agitado
turba con su furor el triste globo,
y a error, venganza y ambición erige
sangrientos y sacrílegos altares.

   Alma sublime, universal, del mundo,
que en los humanos pechos colocaste
la semilla del bien, la mente mía
de la santa virtud por el sendero
dígnate dirigir: abre mi oído
al grito del dolor; haz que mi seno

de la tierna piedad guarde la fuente,
y a la opresión, al crimen insolente,
pueda arrostrar con ánimo sereno.

(1831)
Ed. 1832

"Miscelánea", segunda época, Toluca, t. I, núm. 4, septiembre 1831.

PROGRESO DE LAS CIENCIAS
FRAGMENTO

La Física incansable, indagadora,
analiza la gran naturaleza.
Elevándose al éter Galileo
entre persecuciones y peligros,
de inquisidor fanático a despecho
consagrados errores disipando,
su libertad revindicó a la mente.
Armó de nuevos ojos al humano,
la noble frente a Júpiter sublime
coronó de satélites, y a Febo
sentó en inmóvil refulgente trono.

El volador cometa vagabundo
de siglo en siglo iluminaba el cielo
con siniestro fulgor, vaticinando
fúnebre porvenir. La ciencia osada
midió por fin su elíptico sendero,
anunció su venida, despojóle
de usurpado terror, y el astro humilde
obedeció del sabio los decretos.

Torricelli, Pascal, su peso miden
a la impalpable atmósfera: encerrado
en férreo tubo el aire se desata,
y feroz ante sí lanza la muerte.
Hijo del sol el septiforme rayo
por cristalino prisma dividido,

entre la oscuridad que le circunda,
hace brillar del iris los colores.
En el convexo lente deja dócil
su fulgente corona, y concentrado
se arma feroz de innumerables puntas,
y a los metales y al diamante muerde.

En primorosa imitación la esfera
rueda en sus ejes, dividiendo el año,
hace girar en su órbita la tierra,
y de ella en pos a la inconstante luna.
A la vista Saturno aproximado
revuelve sus anillos misteriosos,
que oculta o muestra: Júpiter eclipsa
sus brillantes satélites, y el sabio
nota el momento, y las distancias mide.

El imanado acero en equilibrio
busca del Norte la querida estrella,
y en el inmenso mar, en negra noche,
fija su rumbo al navegante incierto.
El agua del calor atormentada,
o al choque de la eléctrica centella
en diferentes gases convertida,
a la llama voraz pábulo presta.

Con inocente estrépito a los ojos
estalla y luce simulado rayo,
que enseñó la atracción del verdadero,
y pudo el hombre desarmar las nubes.
Del Galvanismo al poderoso impulso
tiembla y se agita el pálido cadáver
con misteriosa convulsión, y casi
duda su triunfo atónita la muerte.

Fiero coloso el arador se torna
del microscopio mágico en el seno,
y en sus miembros y espalda cristalina
centenares de músculos se cruzan.
En un grano de polvo imperceptible
hierven insectos mil, y nuevos mundos
a la asombrada vista se presentan.

Entre los senos de la tierra ocultos
la Química sorprende a los metales,
y su corriente sólida persigue.
La acción devoradora de la llama
hace brotar de calcinadas piedras
el líquido mercurio, y resplandece
entre la arena vil pálido el oro.

De blanda seda refulgente globo
hinche ligero gas: en él suspenso
deja la tierra el físico atrevido,
con rápido volar hiende las nubes,
muy más allá de su región oscura
bebe del sol purísimo la lumbre,
y sobre un horizonte ilimitado
los desiertos del éter señorea.

Ed. 1832

"Miscelánea", segunda época, Toluca, t. II, núm. 5, mayo 1832, pág. 154.

ATENAS Y PALMIRA

Al contemplar las áticas llanuras
en la serena cumbre del Himeto,
espectáculo espléndido se goza.
Vense grupos de palmas, que otro tiempo
oyeron de Platón[1] la voz divina,
y entre masas brillantes de verdura
alza el olivo su apacible frente,
cubre la viña el ondulante suelo
de esmeraldas y púrpura, y los valles
en diluvio de luz el sol inunda.
Entre tantas bellezas majestosa
con marmóreo esplendor domina Atenas.
En sus dóricos templos y columnas
juega la luz rosada,
y con mágica tinta
el contorno fugaz colora y pinta.
¡Cuadro admirable y delicioso! Empero
goza placer más puro y más sublime
el solitario y pensador viajero
que a la luz del crepúsculo sombrío,
entre un océano de caliente arena,
contempla el esqueleto de Palmira,
de alto silencio y soledad cercado.
¡Desolación inmensa! El obelisco,

---

[1] Filósofo griego, discípulo de Sócrates y maestro de Aristóteles. (429-347 a. N. E.).

cual noble anciano, se levanta al cielo
con triste majestad, y el cardo infausto,
brotando en grietas de marmóreo techo,
al viento sirio silba. En los salones
do la elegancia y el poder moraron,
hoy la culebra solitaria gira.
En el suelo de templos quebrantados
crecen los pinos, y en las anchas calles,
que antes hirvieron en rumor y vida,
se mira ondear la hierba silenciosa.
Doquier yacen columnas derribadas
unas sobre otras, y en la gran llanura
incontables parecen los despojos
de la grandeza y del poder pasado.
Arcos, palacios, templos y obeliscos
forman un laberinto pavoroso
en que inmóvil se asienta
el silencioso genio de las ruinas,
y altas verdades, máximas divinas
de su frente el dolor al sabio cuenta.

Ed. 1832

"Miscelánea", segunda época, Toluca, t. II, núm. 5, mayo 1832, pág. 159.

MISANTROPIA

Yo vi del polvo levantarse audaces
a dominar y perecer, tiranos:
atropellarse efímeras las leyes,
y llamarse virtudes los delitos.

MORATÍN

Entre deseos férvidos y penas
y tedio y duda fúnebre vagamos:
"Tan sólo sé que todo lo ignoramos",
dijo el mayor filósofo de Atenas.
Y dijo bien: el hombre miserable
nace para sufrir, y desmentida
queda la vana charla de los sabios
por el grito doliente que sus labios
lanzan en los umbrales de la vida.
Desde la cuna hasta el sepulcro yerto
por siempre lucha con dolor y crimen,
y está por mil deseos abrasado,
o bien suspira, por el tedio helado.
Ni el sangriento laurel de la victoria,
ni el engañoso brillo de la gloria
endulzan ¡ay! su lamentable suerte.
¡Hijo infeliz de incertidumbre y muerte!

Si finalmente deja fatigado
la triste decepción de los placeres,
y en la razón estéril apoyado
con vanas discusiones

establecer intenta sus deberes,
halla sólo do quier contradicciones,
y decidir no puede con certeza
do acaba la virtud y el vicio empieza.
La misma inspiración modificada
es crimen o virtud, noble o perversa.
Así la llama del valor divina
que un semidiós eleva en Decio fuerte,
respira sangre, asolación y muerte
en el abominable Catilina.

   Yo vi al pueblo furioso
de pérfido tirano
frenético besar la cruenta mano,
y bendecir su yugo pavoroso.
¡Ay! de sus defensores al suplicio
vile aplaudir con vértigo funesto,
apellidar flaqueza la templanza,
y sublime virtud y santo celo
por el honor del cielo
el odio vil y bárbara venganza.

   Por estúpidos brazos manejadas
vi ¡oh baldón! a las armas vencedoras,
de independencia ya conquistadoras,
en discordia civil ensangrentadas.
Justicia, humanidad, atropelladas
vi de la patria en el sagrado nombre:
como tigres o furias irritadas,
do quier vi al hombre perseguir al hombre.
Do quier la demagogia sanguinosa,
cual hidra ponzoñosa,
la multitud escuálida subleva,
a desgarrar el seno de la patria
con furibunda ceguedad la lleva;

y maldiciendo el yugo de los reyes,
cubre de fango, lágrimas y sangre
la libertad y las holladas leyes.
De Californias al opuesto polo
pululan ¡ay! los crímenes insanos:
¡Veo cien mil demagogos, mil tiranos,
y ni un patriota solo!...

¡Oh Civilización! ven asentada
en el carro del tiempo silencioso,
y reanime tu soplo delicioso
del mundo yerto la beldad ajada.
De opresores plebeyos y reales
caiga la destructora tiranía,
y al trono fiero y libertad impía
no cerquen bayonetas y puñales.
Cuarenta siglos de furor y males
instruyan ¡ay! al hombre.
La santa religión su voz anime,
y fulminando el iracundo Marte,
despliegue triunfadora el estandarte
de tolerancia y de moral sublime;
y en sus ejes eternos afirmado
con reposo profundo,
goce justicia y paz el justo mundo.

Ed. 1832

"Miscelánea", segunda época, Toluca, t. II, núm. 6, junio 1832, pág. 189.

MEDITACION MATUTINA

Pasé la noche tranquila
en el sueño sepultado,
y por la luz despertado,
saludo al sereno albor.
Como si naciese ahora
siento y gozo la existencia:
mi alma cobra su potencia,
y a ti se eleva, ¡Señor!

Tu mano sabia me guíe
por el arduo laberinto
en cuyo triste recinto
vagará mi incierto pie.
Y protéjame tu escudo
del crimen y sus furores,
de los peligros y errores
que débil arrostraré.

Presto cerrará mis ojos
otro sueño más profundo;
noche más larga, del mundo
el cuadro me velará.
Pero siempre mi flaqueza
sostendrá tu mano fuerte,
y aun más allá de la muerte
piadosa me salvará.

Ese sueño misterioso
debe terminar un día,
y esa tiniebla sombría
disipará tu esplendor.
Me inundará luz eterna,
rasgado el fúnebre velo,
y las delicias del cielo
me dará tu inmenso amor.

Ed. 1832

A LA GRAN PIRAMIDE DE EGIPTO

¡Escollo vencedor del tiempo cano,
isla en el mar oscuro del olvido,
misterio entre misterios distinguido,
de un inmenso arenal gran meridiano!

¡Montaña artificial, resto tremendo,
estructura sublime y ponderosa,
del desierto atalaya misteriosa,
de la desolación trono estupendo!

¡En tu cumbre inmortal se dan la mano
la eternidad que fue con la futura:
la voz de lo pasado en ti murmura,
de una tierra ya muda, escombro vano!

¡Qué triunfos! ¡qué desastres! ¡qué mudanzas,
has presenciado! ¡cuánta muchedumbre
siglo tras siglo contempló tu cumbre...!
¿Qué se hicieron sus penas y esperanzas?

Cien imperios espléndidos, que fueron
nuevos en tu vejez, se han abismado:
reyes, sabios, guerreros han pasado,
y en el abismo mísero se hundieron.

De tus autores pereció la historia.
Tal vez su polvo, que arrebata el viento,
empaña el exterior del monumento
en que pensaban perpetuar su gloria.

Ancha en tu base, a un punto reducida
do te acercas al cielo —¿no figuras
el orgulloso error de las criaturas,
y su esperanza en polvo convertida?...

Cuando tu incierto origen indagamos,
escribe en ti, cual en funérea losa,
el irónico tiempo —"Obra gloriosa
de monarca potente— que ignoramos."

(1 noviembre 1836)

"Aguinaldo Habanero", La Habana, 1837, pág. 85.

ULTIMOS VERSOS

¡Oh Dios infinito! ¡oh verbo increado
por quien se crearon la tierra y el cielo
y que hoy entre sombras de místico velo
estás impasible, mudo en el altar!
Yo te adoro: en vano quieren sublevarse
mi razón endeble y cuatro sentidos,
de Dios el acento suena en mis oídos
y Dios a los hombres no puede engañar.
Mi fe te contempla, como si te viese
cuando por la tierra benéfico andabas
curando mil males, y al hombre anunciabas
el reino celeste, la vida sin fin;
o en aquel momento que arrancó a la tumba
al huérfano joven tu palabra fuerte,
cuando abrió sus garras la atónita muerte
y gimió de gozo la viuda de Naim.
¡Redentor divino! Mi alma te confiesa
en el sacramento que nos has dejado,
de pan bajo formas oculto, velado,
víctima perenne de inefable amor.
Cual si te mirase sangriento, desnudo,
herido, pendiente de clavos atroces
morir entre angustias e insultos feroces
entre convulsiones de horrendo dolor.
¡Señor de los cielos! como te ofreciste
a tan duras penas y bárbaros tratos
por tantos inicuos, por tantos ingratos,

que aún hoy te blasfeman; ¡oh dulce Jesús!
Yo si bien cargado con culpas enormes,
mi Dios te confieso, mi señor te llamo,
y humilde gimiendo mi parte reclamo
de la pura sangre que mana tu cruz.
¡Extiende benigno tu misericordia,
(La misma, Dios bueno, que usaste conmigo)
a tanto infelice que hoy es tu enemigo
y alumbra sus almas triunfante la fe!
Ojalá pudiera mi pecho afectuoso
por todos servirte, por todos amarte,
de tantas ofensas fiel desagraviarte...
¿Mas cómo lograrlo, ¡mísero! podré?
Permite a lo menos que mi labio impuro
una su voz débil a los sacros cantos
con que te celebran ángeles y santos,
y ellos, Dios piadoso, te alaben por mí.
Mis súplicas oye: aumenta en mi pecho
tu amor, Jesús mío, la fe, la esperanza,
para que en la eterna bienaventuranza,
te adore sin velo, y goce de ti.

(Mayo 1839)

Esta última composición poética de Heredia, escrita en la ciudad de Méjico días antes de su muerte, fue publicada en el "Noticioso y Lucero" de La Habana, 25 octubre 1839, con el siguiente título: "Ultimos versos; que compuso el Lcd. don José María Heredia, como sus actos de fe, esperanza y caridad, poco antes de fallecer en 7 de mayo de 1839, a la edad de 35 años". Poco antes había aparecido en "La Aurora", Matanzas, 19 de septiembre del mismo año, con el título de "La oración del poeta moribundo"; y posteriormente se ha publicado también con los títulos "A Dios" y "Al Santísimo Sacramento". De ello puede deducirse casi seguramente que Heredia no les dio título.

POESIAS PATRIOTICAS
Y REVOLUCIONARIAS

A DON JOSE TOMAS BOVES[1]

Hipócrita, perjuro, despiadado,
sin ninguna virtud que amar le hiciera,
bañóse en sangre y con delicia viera
la muerte y el terror siempre a su lado.

A Venezuela mísera ensañado
en un yermo de horror tornado hubiera,
si de Urica en los campos no cayera
de vengadora lanza traspasado.

Ríe en su tumba humanidad gozosa
y en su velo la frente arrebozando,
"¡horror! exclama, al pronunciar su nombre.
"Horror, ¡oh monstruo! a tu memoria odiosa,
"que al vencedor la gloria coronando,
"jamás al tigre premia sino al hombre."

---

[1] No se diga que turbo sus cenizas. Los héroes y los monstruos pertenecen a la historia para ejemplo y horror del género humano. (Nota de Heredia. Edición de Nueva York de 1825).
José Tomás Boves, guerrillero español que combatió con crueldad a los libertadores venezolanos, murió en 1814.

A LA PAZ

Paz, adorable Paz, hija del cielo,
madre de la ventura,
de la tranquilidad y los amores;
 ¿por qué del triste suelo
henchido de amargura
desatiendes esquiva los clamores?
Oyelos, Paz divina,
y a calmar nuestras penas te encaminas.

 Al mísero Anáhuac cubierto tiene
de sangre, horror y luto
de Marte[1] asolador la cruda mano,
tras él sañuda viene
la miseria... cruel fruto
que deja la Discordia al hombre insano?
Ven, Paz, a consolarnos,
y de su horrendo yugo a libertarnos.

 Marte, deidad cruel, yo te abomino,
nuestro dolor y penas
tu más grato placer por siempre hicieron.
 ¿Por qué rompió el destino
las pesadas cadenas
con que de Alous los hijos te oprimieron?
Si cautivo duraras
no al orbe en tu furor atormentaras.

---

[1] Dios romano de la guerra.

Bramas airado, y fiero se adelanta
venganza meditando
el insaciable y bárbaro guerrero.
A do sella la planta
va el luto derramando,
y al fúnebre lucir del crudo acero
las vírgenes hermosas
a sus madres se abrazan temerosas.
A nuestra dicha tu furor persigue;
haces reinar el miedo...
No reina só la Paz el triste duelo;
la abundancia la sigue;
muéstrase el hombre ledo...
¡Ven, o divina Paz! ¿Será que el cielo
su venganza previene,
y allá en lo alto Empiro te detiene?
Oye mis votos pues... Mas, ¡oh ventura!
el terror disipóse
que cual nube fatal nos envolvía;
cubierta de ventura
la tierra está; siguióse
a una noche de horror un bello día;
enjúganse los llantos,
y resuenan do quier festivos cantos.
Viene la Paz del cielo descendiendo
en carro luminoso;
con aire noble de ella a par sentado,
los caballos siguiendo,
un héroe generoso
la trae el Anáhuac desventurado.
Apodaca es su nombre:
¡cuántos, himnos sin fin a tan grande hombre!
(1820)

"Obras Poéticas", 1820.
"Noticioso General", 23 de febrero de 1820.

1 8 2 0

¡Viva el estado militar de España,
viva el Código ya restablecido,
viva la Libertad, que heroica hazaña
en láminas eternas ha esculpido!

¡Guiral, Quiroga, que la atroz cizaña
con la espada y razón habéis vencido,
la duración corone vuestra gloria,
digna por cierto de inmortal memoria!

"Diario Constitucional del Gobierno de La Habana", 25 abril 1820, pág. 3. Firmada con las iniciales J. M. H.

ESPAÑA LIBRE [1]

ODA

¡Antes la muerte
que consentir jamás ningún tirano!

QUINTANA

A DON EMILIO RODRÍGUEZ

Querido amigo: la bella oda de usted a la "Libertad española" me animó a componer ésta, en que me he permitido algunas imitaciones de la suya. Recíbala usted como una prueba de la amistad que le profesa Heredia y de su exaltado amor a la libertad. *¡Podamos un día ofrecer a la patria servicios reales en lugar de empalagosos y estériles himnos!*

J. M. HEREDIA

¿Y en vano fuera la constancia heroica
con que el pueblo español rompió valiente
el yugo atroz del pérfido tirano
que dominara la francesa gente?
Inútil fue; que su nefanda mano
extendiendo doquier el despotismo
cargóla odioso yugo,

---

[1] Esta poesía se publicó en el "Indicador Constitucional", diario de La Habana de 16 de agosto de 1820, con este mote: *Malo periculosam libertatem quam quictum servitium.*

más horrendo y pesado que aquel mismo
que tantos sacrificios la costaron.
¿Por qué de Iberia el galo fue lanzado?
¿A dó está, pues, el fruto
de tanta ibera sangre derramada,
de tan hondo dolor, de tanto luto?
Tras la lucha gloriosa y dilatada
que al francés humilló y admiró al mundo,
tan sólo esclavitud, sólo cadena,
desaliento no más, miseria fiera,
terror, espanto, inconsolable pena,
por su inmenso dominio Iberia viera.

¡Ignominia fatal! ya conmovido
arde mi corazón en viva saña.
¿Quién el bárbaro fue, mísera España,
que a extremo tan fatal te ha reducido?
¿Fue de la Libia despiadada fiera
la que así destrozó tu seno hermoso,
la que ajó tu beldad de esa manera?
No, que tus hijos fueron
los que anhelando por mandarte esclava
la cadena execranda te pusieron,
el yugo ignominioso te cargaron.
Ellos, ellos sacrílegos osaron
la faz velar al cándido monarca,
y persuadirle impíos
a desechar el libro sacrosanto
de la alma libertad, y a sumergirte
en cruda esclavitud, en hondo llanto.

¡Oh vergüenza! ¡Oh dolor! ¡oh patria mía!
¿Eres la misma acaso que algún día
tu nombre excelso en alas de tu gloria
de polo a polo resonar hiciste?

¿La que tras sí arrastrara la victoria?
¿La que a tus leyes fuertes sometiste
al árabe feroz, al italiano,
de Lusitania a los valientes hijos,
al bátavo, al francés, al otomano,
de la Europa terror, al orbe asombro?
¿La que juzgando del orbe conocido
estrecho campo a tan excelsa gloria,
lanzaste audaz al piélago profundo
a tus hijos heroicos y con ellos
buscaste a tus victorias nuevo mundo?
¿Eres la misma? ¡Oh Dios! ¿pues cómo ahora
sufres callada la fatal cadena
que aja tu gloria, que tu honor desdora?
¿Pues cómo sufres que tus nobles hijos
que de un divino fuego arrebatados
romper quisieron tu ominoso yugo
se miren al suplicio condenados?

Sombras de Lacy y de Porlier augustas,
yo os saludo humildoso. Héroes sublimes,
víctimas generosas
de la patria en las aras inmoladas,
negra y eterna mancha a nuestro siglo
vuestra muerte imprimió. Yo os vi indignado
al cadalso subir que entonces diera
a España oprobio y a vosotros gloria.
¡Cuánta es digna de envidia vuestra suerte!
El morir por la patria es bella muerte,
muerte que eterna hará vuestra memoria.
Vertiendo aún llanto la afligida Iberia
por sus hijos que nobles sucumbieron
del galo atroz a la fatal cuchilla
por libertarla de un tirano odioso,
os tuve que llorar. Ambos quisisteis

heroicos libertarla
de un yugo más atroz, más ominoso.
¡Oh! sí el cielo me diera
trocar por vuestra muerte mi existencia
al seno de la tumba descendiera
lleno de honor: entonces
mi inútil vida por vosotros dando,
a la adorada patria serviría
conforme a mi anhelar y mi deseo.
¿Qué puedo yo servirla, débil joven?
contrario el alto cielo al ansia mía
las fuerzas me negó. Nunca mi brazo
su gloria sostendrá, nunca mi mente
podrá con el consejo dirigirla,
cual vosotros lo hicierais noblemente.

¿Y eterna habrá de ser la vil cadena?
¿Y ya por siempre gemirá la patria
de angustia y llanto y de terrores llena?
No, que el grande Quiroga valeroso
de entre la humillación la frente alzando,
dijera: —"Nunca sea
"que eternamente sollozar se vea
"la madre patria con vileza tanta:
"cobre su libertad por mano mía
"o muera yo en sus aras inmolado."
Dijo, y lanzando firme y denodado
el grito que a los déspotas espanta,
clamara *¡Libertad!* Nombre divino
siempre seguido de ventura y gloria,
vencedor de la suerte y del destino,
seguro precursor de la victoria.
Loor eterno a los héroes generosos,
que las frentes al cielo
con gloria inmensa y con placer alzaron,

y despreciando nobles
del despotismo atroz la negra saña,
el grito heroico con valor lanzaron,
el grito heroico: *¡Libertad a España!*

¡Libertad! ¡libertad! Eco grandioso,
¿con qué torno a escucharte? ¿Con qué en vano
ahogarte quiso el fanatismo odioso,
quiso callarte el despotismo insano?
¡Libertad! ¡Libertad! himnos sonoros
a los héroes que firmes nos la dieron:
himnos, cantos sin fin: su noble frente
ciña lauro inmortal de excelsa gloria,
y a par de tan inmenso beneficio
viva eterna en los siglos su memoria.

Al sagrado clamor el león de España,
el letargo dejando en que yacía
sañudo se alza a vindicar su afrenta.
Al contemplar su vengadora saña
se estremeció la infanda tiranía;
a la voz de Quiroga y de sus fuertes
se agitan orgullosos los iberos,
y claman *¡Libertad!* Aquesos gritos
que la soberbia gálica humillaron,
llenarán de terror a los perversos
que a la infelice patria encadenaron.
Nada, nada temáis, guerreros libres:
huirán cobardes al aspecto vuestro,
que nunca fue valiente el vil esclavo.
¿Cuándo fue dado a la raposa infame
del león grandioso sostener la vista?
Corred, héroes, volad: a vuestro impulso
los tiranos perezcan... Mas ¿qué miro??
¿qué iris de paz hermosa

torna en un punto a la agitada Iberia
el contento y la calma! El es; el mismo [1]
que a la patria librara con su esfuerzo
de verse sometida al galo horrible,
el que hora la arranca
a otro yugo cruel, más insufrible.
El es quien ha rasgado
con mano heroica la execrable venda
que los ojos cubría
al monarca inocente, que asombrado,
de su anterior conducta arrepentido,
exclama *¡Libertad!* entusiasmado.
Le bendicen, Fernando repitiendo,
y con cien bocas la volante fama
la inmensa trompa con furor hinchando
¡libertad! ¡libertad! girando clama.

Y aquesta aclamación noble y sagrada
derramando do quier contento y vida,
de la fama en las alas conducida
suena en Asia y América preciada,
y do quier que se adora el nombre ibero:
La Habana fue quien la aclamó primero.
¡Gloria eterna a mi patria! ¡Honor al suelo
que me viera nacer! Honor a Ponce,
a Miralla, Valdés, Madrid y Tanco,
que sus glorias alzando al alto cielo
de O-Dail, Quiroga y de Giral y Riego [2]
las ínclitas hazañas celebraron,

---

[1] El Exmo. señor don Francisco Ballesteros.
[2] Rafael de Riego, general español (1784-1823). Caudillo del alzamiento liberal de Cabezas de San Juan (1820), intentó hacer frente a las tropas de la Santa Alianza; fue preso y ahorcado por Fernando VII.

y arrebatados de divino fuego
con entusiasmo *¡Libertad!* clamaron.
¿Dónde el terror est!? ¿Dó la cadena?
¿Dó los tiranos?... Vedlos asombrados,
sumidos en despecho y cruda pena
su castigo temblar. ¡Oh! sosegaos;
la libertad pretende
haceros conocer en este día
que si sabe vencer, perdonar sabe:
confúndaos solamente a la vergüenza
si en almas viles la vergüenza cabe.
Sí, que cobró su libertad Iberia
sin llanto ni desgracias. Salve, ¡oh pueblo!
digno mil veces de gozarte libre.
Tu magnanimidad admire el Orbe;
y nuestra libertad y nuestra gloria,
no con sangre ni llanto lastimero,
con letras de oro pintará la historia.
Sombras de Lacy y de Porlier augustas,
alzad de gloria y de placer cubiertas,
dejad el fondo de las tumbas yertas;
libre la patria está... Vedlos alzarse
y el perdón demandar de sus verdugos.
"Tendedles, dicen, amigable mano,
"y reconozcan la distancia inmensa
"que hay entre el hombre libre y el tirano."
Sí, engañados hermanos; ved la patria
que os llama así, llegad, es madre tierna,
y así perdona los errores vuestros:
llegad, que sólo anhela
unirnos estrechados a su seno,
para vosotros de clemencia heroica,
para nosotros de ternura lleno.
En ademán afable y majestuoso
os ofrece los brazos desarmados,

porque sobre nosotros ya hermanados
tienda la libertad su cetro hermoso.

   Gloria, *Fernando,* a vos, que generoso
los consejos infames desechasteis,
y el libro santo con placer jurasteis
do nuestra dicha y libertad se encierra.
Gloria, gloria a vosotros,
honor eterno de la hispana tierra,
cuya cadena odiosa
vuestro valor rompiera.
¡Gloria eterna a vosotros! ¿Quién me diera
del cantor de Guzmán y de Padilla [1],
el acento inmortal? ¡Oh! cómo entonces
resonando en el cielo la voz mía,
los altos hechos, las hazañas vuestras
de un polo al otro polo extendería.
¡Gloria a O-Dail, a Giral, al fuerte Riego
y a Quiroga inmortal! ¡Héroe grandioso,
honor eterno a ti! Gozoso escucha
por toda Iberia bendecir tu nombre:
Gózate en su placer ¡oh! qué ventura
poder decir con generoso orgullo:
"Si libre es ya la patria,
"si la patria es feliz, a mí lo debe."
Mira a la historia con su recta mano
mostrar el cuadro de los grandes hombres,
y al mismo tiempo señalar gozosa
el nombre de Quiroga entre sus nombres.
A vosotros honor, hijos de Marte,
que vindicasteis nobles el decoro
de la infelice patria encadenada,

---

[1] Quintana.

y en cuyos brazos fuertes apoyada
alzó la libertad su trono de oro.

¡Momento celestial! Ya al sol radiante
puedo alzar sin rubor la noble frente.
¡Cuál se agita mi pecho en este instante!
Ya libre soy, ya libre soy, y vuelvo,
y una vez y otra, y mil *soy libre* clamo
sin cansarme jamás, y mientras tanto
corre por mis mejillas encendidas
de ternura y de gozo dulce llanto;
y un placer... un placer... No, no es posible
el explicarlo... no, básteme sólo
gozar callando ¡oh Dios! ¡Eterna sea
tanta felicidad... Nobles guerreros,
no permitáis jamás que esta ventura
a vosotros debida
perdamos otra vez... Antes la muerte,
antes la expatriación, que la cruel suerte
de que a nosotros tornen de amargura,
de esclavitud y horror las negras horas.
Vigilantes vivid, y al solo amago
de cadena fatal, de tiranía,
moved sañudos los invictos brazos:
alzad, y con estrago
corra la sangre del mortal infame
que osó mostrarnos vergonzosos lazos.
Y con ella regado
afirme sus raíces
de la alma libertad el árbol bello:
y al ver vuestro valor, vuestra energía
desesperada al tenebroso averno,
rugiendo torne la discordia impía.

¡Oh ventura! ¡oh placer! *España libre*
suena do quier contento derramendo
¡Viva la libertad! claman do quiera,
¡Viva con ella el inmortal Fernando!
Se oye el grito feliz de *España libre*
del Océano en los yermos azulados,
antes tan solamente consagrados
a ruido fiero o a silencio mudo
España libre con clamor divino
del africano al simple filipino
se escucha resonar. *España libre*
del aire vago los espacios llena,
y del ártico polo al otro polo,
y en cuanto alumbra el rutilante Apolo
España libre con placer resuena.

No la incluyó Heredia en ninguna de las ediciones que hizo de sus versos. En Méjico fue impresa más de una vez desde 1820.

HIMNO PATRIOTICO

AL ESTABLECIMIENTO DE LA CONSTITUCION

CORO

Gloria eterna a los héroes que oyeron
de la Patria doliente la voz,
y acallando su triste gemido
la arrancaron de esclava al horror
la cadena, el dolor y amargura.

Ciudadanos, en tanta ventura
hienda raudo el espacio del viento
el sublime y magnánimo acento
Libertad! Libertad! Libertad!
La cadena, el dolor y amargura
huyan lejos de Iberia dichosa,
huyan lejos de América hermosa
viendo inútil su rabia fatal.

Gloria eterna, etc.

Sí, que Iberia doliente clamara
y Quiroga el heroico guerrero
de la Patria el gemir lastimero
animoso pretende acallar.

¡Y a su ejército noble inflamara
que de esclavo el horror detestando,
agitóse valiente, clamando
Libertad! Libertad! Libertad!

Gloria eterna, etc.

Y escuchóle asombrada la Iberia
y el Monarca hasta entonces engañado
de los libres el Libro sagrado
con placer y entusiasmo juró.
Y el terror y la odiosa miseria
nos dejaron al ver su energía.
Y la horrenda, la atroz tiranía
al Averno rugiendo.

Gloria eterna, etc.

Y pues ya venturosos nos vemos,
y ya libres de dura cadena,
en contento se trueque la pena,
y el tormento se trueque en placer.
Y a la par, ciudadanos clamemos,
viva, viva FERNANDO glorioso,
a quien plugo en ardor generoso
de la Patria los grillos romper.

Gloria eterna, etc.

Viva el Rey que a la Iberia ha tornado
su primero esplendor y su gloria;
sus pinceles prepare la historia
de Fernando adorable en loor.
Hombres libres, con tono elevado
vuestro Padre querido aclamadle,

y la frente afectuosos ornadle
con laureles de gloria y amor.

Gloria eterna, etc.

Y digamos con grito ardoroso,
gloria eterna al ejército fuerte
que clamó: Libertad, o la muerte:
Viva, viva Quiroga inmortal!
Y guirnaldas de lauro glorioso
a su frente feliz preparemos,
y con noble entusiasmo clamemos:
Vivan Riego, Arco-Agüero y Agar.

Gloria eterna, etc.

Héroes nobles, Europa asombrada
que a la Iberia felice ya mira
con ardiente entusiasmo os admira
honra dando a la Iberia nación.
Por vosotros la Patria librada
del dolor que sintiera profundo,
es asombro y espanto del mundo,
de quien fuera la risa y baldón.

Gloria eterna, etc.

Héroes bravos, si un fiero tirano
mostrar osa cadenas y lazos,
sacudid los magnánimos brazos,
y a la lucha fogosos, volad.
La venganza levante su mano,
y su sangre en arroyos vertida,
dé alimento, y aumentos y vida
al bello árbol de la Libertad.

Gloria eterna a los héroes que oyeron
de la Patria doliente la voz,
y acallando su triste gemido
la arrancaron de esclava al horror.

Añado estas inscripciones que hice para servir de explicación a ciertas alegorías dispuestas por un patriota amigo mío:

El yugo sacudiendo el noble Ibero
demandó Libertad con firme tono:
FERNANDO oyóle, y su nefando trono
vio desplomarse el fanatismo fiero.

Quiroga ilustre de la Patria amada
osó romper el yugo ignominioso,
y merced a su esfuerzo generoso
respira Iberia de esplendor cercada.

Gloria al Monarca que el heroico brío
de sus fuertes vasallos premió tierno,
habló FERNANDO y al oscuro Averno
precipitóse el despotismo impío.

No está en las ediciones de 1825 y 1832.
El "Himno patriótico al restablecimiento de la Constitución" fue publicado en la imprenta de J. B. Arizpe, Méjico, 1820. En octavo, 6 págs. Se halla en el "British Museum".

EN LA MUERTE
DEL SEÑOR D. ALEJANDRO RAMIREZ

Esa urna de dolor donde sentada
la adorable virtud gime florosa,
es de un sabio infeliz: su vida hermosa
eterna debió ser, no así abreviada.

Cuba doliente, en lágrimas bañada,
contempla el sitio do Alejandro posa:
y alzando ardiente la pesada losa
con llanto riega su ceniza helada.

"Monstruo fatal que la discordia inspira,
tú que perturbas la quietud del suelo.
¿Y vives ¡ay! cuando Alejandro expira?"

Dije... a mis ojos descorrióse un velo...
Llama Dios a Alejandro, y él lo mira,
y alza los ojos, y se eleva al cielo.

"El Amigo del Pueblo", La Habana, t. I, mayo 27, 1821, pág. 63.

EL DOS DE MAYO [1]

INTRODUCCION

¿No escucháis, ciudadanos, por doquiera
cual resuenan los cánticos sagrados,
de las campanas el plañir doliente,
y del cañón el hórrido tronido?
Todo recuerda el expirar glorioso
de Velarde y Daoíz [2], y otros mil héroes
de la patria en las aras inmolados.
Que alzó el tirano la feroz cuchilla.
Gritando fiero: "¡Esclavitud o muerte!",
y alzado con valor el noble ibero:
"¡Antes que esclavitud, muerte suframos!",
clamara sin temor, y del tirano
hundió en el polvo la soberbia fiera.
Imitad, españoles, tal ejemplo;
por siempre libertad: jamás al yugo
doblar sumisos el alzado cuello.
Si osa insultar un bárbaro tirano
a nuestra libertad en negro día,
clamad: "Daoíz y Velarde", y sus hazañas
puedan serviros de dichosa guía,
y en derredor retumbe el eco fuerte:
"¡A España gloria, a los tiranos muerte!"

---

[1] Este poema canta a la sublevación del pueblo madrileño contra el dominio francés, ocurrida el 2 de mayo de 1808.
[2] **Pedro Velarde** (1779-1808) y **Luis Daoíz** (1767-1808), muertos heroicamente en los sucesos del 2 de mayo.

CANCION FUNEBRE

Manes sacros, alzad de las tumbas
y atended a mi fúnebre canto.
Atendedle, y al férvido llanto
en que el rostro me siento inundar;
y con faz menos triste y severa
recibid mi cantar doloroso,
recibid el ardor generoso
en que el pecho me siento inflamar.

¡Cuán soberbio el adusto tirano
la cadena execranda os mostrara!
¡Cuán terrible la espada brillara,
y el puñal del audaz opresor!
Y ¡Cuán nobles alzarais la frente!
¡Cuán medroso temblara el tirano!
¡Cuál heridos por pérfida mano
expirarais con gloria y honor!

¡Cuál corrió vuestra sangre vertida!
¡Cuál Iberia se alzara furiosa,
y a la muerte, a la liza gloriosa
a sus hijos hiciera correr!
"Libertad", vuelve el eco en Pirene;
"Libertad", el Océano retumba,
y se sume en la cóncava tumba
la falange opresora cruel.

Y el tirano bramando se parte,
y ya libre la Iberia se mira,
y aura grata entre gloria respira,
cuando torna a cadena fatal.
Mas Quiroga se alzara valiente,
y a la par el impávido Riego,
que inflamado en patriótico fuego
restauró la feliz libertad.

Y Velarde y Daoíz en el cielo
al mirarlos se gozan dichosos,
y con ojos de gloria radiosos
nos inflaman en cívico ardor.
Ved cuál baten las manos sangrientas,
ved cuál muestran las palamas de gloria,
y celebran la hermosa victoria
que el patriota feliz consiguió.

Ved que os muestran con mano serena
de la gloria el espléndido templo:
imitad generosos su ejemplo,
imitad su firmeza y valor.
Libertad, noble amor a la patria,
odio eterno a la audaz tiranía,
os inspire por siempre este día
que a la Iberia cubriera de honor.

(1821)

Opúsculo "El Dos de Mayo", por don José María Heredia. Imprenta Fraternal de los Díaz de Castro, 1821. Medio pliego en 4.º (Cita Bachiller).
La "Revista de Cuba", la reprodujo en el t. VI, núm. 6, diciembre 1879, págs. 592-594.

A LOS GRIEGOS EN 1821

Jamás puede un tirano
la cadena cargar al pueblo fuerte
que enfurecido se alza, lidia, triunfa,
o sufre noble muerte.
¡Pueblos famosos de la antigua Grecia,
vosotros lo decís! En el orgullo
de su inmenso poder jura Darío [1]
a torpe servidumbre someterlos,
o a la desolación: estremecida
yace la tierra, y en silencio yerto
aguarda el yugo en estupor hundida.

Mas alza Atenas la sublime frente,
e impávida resiste
al furibundo asolador torrente,
que en su valor el ímpetu quebranta.
¡Campo inmortal de Maratón! [2] Tú viste
de Milcíades [3] magnánimo la gloria;

---

[1] Darío I (521-485 a. C.) conquistó una parte de Grecia en la primera guerra Médica.
[2] Aldea griega en la costa E. del Atica; victoria de Milcíades sobre los persas (490 a. C.). Dícese que Diomedonte corrió con la noticia a Atenas, y murió de fatiga luego de darla. De ahí la "Carrera M." de 42,2 km. que se practica en los juegos olímpicos.
[3] General ateniense, vencedor de los persas en Maratón (490 a. C.).

y luego en Salamina⁴ y en Platea
Temístocles⁵, Arístides, Pausanias⁶,
triunfan, y en Grecia truena
de libertad el grito y de victoria.

¡Tierra de semidioses! ¿Cómo pudo
cargarte el musulmán la vil cadena,
que cuatro siglos mísera sufriste?
raza degenerada,
¿no el nombre de Leónidas⁷ oíste?
¿o el despotismo audaz ha devorado
las páginas de luz en que la historia
consagra los recuerdos
de tu antigua virtud y de tu gloria?

Mirad como se acerca enfurecido
el segundo Mahomet, y precedido
marcha de sangre y devorante fuego:
en vez de apercibirse a los combates,
¡ved cuán pálido tiembla el débil griego!
¡Ignominia! ¡Baldón! Su negro manto
por Grecia desolada
tiende la esclavitud, y el templo santo
profana el musulmán con sus furores.
Europa consternada se estremece
cuando la media luna destructora
a Bizancio domina, y vencedora
cual fúnebre cometa resplandece.

---

⁴ Isla griega en el golfo de Egina. Victoria de la flota griega, mandada por Temístocles, sobre los persas (480 a. C.).

⁵ General y político ateniense. Derrotó a los persas en la decisiva batalla naval de Salamina, que dio la hegemonía a Atenas (480 a. C.). Fue desterrado por los partidarios de Esparta.

⁶ General espartano del siglo V antes de C.

⁷ Rey de Esparta, sucumbió en 480 a. C. defendiendo el paso de las Termópilas contra los persas.

¿Dónde la Grecia fue? ¿Dónde se ocultan
de la brillante Atenas
y de la fiera Esparta y de Corinto
el pasado esplendor? Miseria, sangre,
y muda esclavitud presenta sólo
por cuatro siglos la moderna Grecia.
Sus vírgenes adornan el serrallo
de vil bajá: la hierba solitaria
crece en el Partenón abandonado.
El viajero, en escombros reclinado,
en vano busca suspirando ahora
la patria de las ciencias y las artes,
de Roma y de la tierra la instructora.
¡Ay! todo pereció: su triste anhelo
halla tan sólo de la Grecia antigua
el aire puro y refulgente cielo.

Pero amanece del destino el día,
y Grecia es libre ya. Se alzan sus hijos
que ha poco la olvidaban,
o en languidez imbécil suspiraban
por el socorro infiel del extranjero.
Su genio majestoso,
el de Aristogiton y Harmodio fiero,
deja la tumba, su radiosa frente
en el cabo de Ténaro levanta
exclama *¡Libertad!* ardiendo en ira,
esperanza y ardor al griego inspira,
y al feroz musulmán hiela y espanta.
Los númenes antiguos
se agitan bajo el mármol mutilado,
que murmura confuso *¡Guerra! ¡Guerra!*
cual se oye por los senos de la tierra
vagar trueno profundo y dilatado.

Ya vuelan por la Grecia estremecida
de ¡Libertad! y ¡Gloria! y de ¡Venganza
furibundos clamores:
levántanse oprimidos y opresores,
y ruge la matanza.
¡Nobles griegos, valor! ¡Que vuestros hijos
hereden libertad! Con fuerte mano
la barbarie frenad de ese vil pueblo,
crudo enemigo del linaje humano.
No invoquéis a los príncipes de Europa:
de su ambición en el furor celoso
los esfuerzos de un pueblo generoso
con ceño miran y rencor insano.
En un déspota o rey ven un hermano,
y es déspota el Sultán... Pero vosotros
armados de valor y alta constancia
sin ellos triunfaréis. Cuando los padres,
al morir en el campo de batalla,
a sus hijos encargan
sangrienta herencia de venganza y gloria,
aunque la lucha prolongarse puede,
segura es la victoria.

Mas ¿qué vago rumor hiere mi oído,
cual sordo trueno en nube tempestuosa
por los valles dilata su bramido?
¡Ved las sombras augustas de los héroes
abandonar las tumbas do gemían
su abandono fatal! Arma sus frentes
profunda indignación: brillan sus ojos,
bien como rayo entre tormenta umbría,
y en sus diestras armadas
resplandecen vibrando las espadas.

"¡Imitadnos", prorrumpen, o "atrevidos
"nuestra gloria eclipsad! La liza abierta,

"os llama a combatir. La tiranía
"por vuestros campos con aliento impuro
"de fuego y sangre verterá un torrente;
"mas no olvidéis que secará la fuente
"a un diluvio de lágrimas futuro.
"¿Cederéis? ¡No! ¡Jamás! Ventura, gloria
"y libertad os guarda la victoria;
"y la derrota, esclavitud o muerte.
"En vuestros jefes nuestro aliento fuerte
"invisibles pondremos,
"y a sus pasos do quier presidiremos."

Y os inspiran, caudillos vengadores,
que al griego conducís a los combates
de ardor sublime y esperanza lleno.
¡Magnánimo Ipsilanti!
¡Noble Cantacuzeno!
Haced la independencia de la Grecia,
y haced su libertad. La Grecia libre
supo arrostrar de Jerjes y Darío
el inmenso poder: la Grecia esclava
al musulmán cedió... ¡Lección terrible,
que aprovechar debéis! Europa entera
y de la noble América los hijos
guirnaldas tejen de laurel y rosas
que os adornen las frentes y generosas.
Vuestro puro patriótico ardimiento
a nuestros nietos contará la historia,
y en el augusto templo de la Gloria
de Wáshington a par tendréis asiento.

¡Oh! ¿No lo veis? De Grecia las montañas
fuego desolador va recorriendo,
y el Eurotas sonante y el Pamiso
escuchan retumbar en sus orillas

de áspera lid el tormentoso estruendo.
El grito *¡Libertad!* los aires llena,
y el Bósforo agitado
hasta Bizancio *¡Libertad!* resuena.

Del Sultán al mortífero decreto
se lanzan los genízaros... Miradlos
del griego vengador bajo la espada
desparecer, como al furor del fuego
la hierba de los campos desecada.
Salamina repítese y Platea.
Mas ¿qué valen? ¡Oh Dios! ¿Nunca se agota
el torrente de bárbaros...? ¡Oh! vedlo
cual se renueva sin cesar y corre
como el flujo feroz del Océano.
Violento, asolador, irresistible...
¡Oh ceguedad funesta, incomprensible,
de matar y morir por un tirano!

¿Cuánta sangre y furor? Reyes de Europa
¿Cómo en vuestros oídos
no suenan los tremendos alaridos
con que asordado el Bósforo retumba?
¡Oh! ¿Ser podéis friamente espectadores
de la lucha de Grecia y sus horrores?
¿Esperáis de ese pueblo generoso
el exterminio...? Refrenad la furia
del musulmán fanático, y lanzadlo,
a los desiertos de Asia, donde viva
sin matar ni oprimir. Aquesta guerra
útil, noble, sagrada,
aceptarán con gozo las naciones;
del mundo excitaréis las bendiciones,
y el culto de la Grecia libertada.

¡Ay! mis ojos ¡oh Grecia vengadora!
Tu gloria no verán. La muerte fiera
de mi edad en la dulce primavera,
cual flor por el arado atropellada,
va a despeñarme en la región sombría
del sepulcro fatal. ¡Oh lira mía!
Estos serán los últimos acentos
que haga salir de ti mi débil mano.
Mas el hado no heló mi fantasía,
y en sus alas fogosas conducido
vivo en el porvenir. Como un espectro
del sepulcro en el borde suspendido,
dirijo al cielo mi postrero voto
porque triunfes ¡oh Grecia! Ya te miro
lanzar a los tiranos indignada,
y a la alma Libertad servir de templo
y al mundo escucho que feliz aplaude
victoria tal y tan glorioso ejemplo.

(1821)
Ed. 1832

Esta es la versión definitiva de la oda publicada por Heredia en "El Revisor Político y Literario", el 6 de agosto de 1823, con el título de "Oda a la insurrección de la Grecia en 1820", y en la edición de 1825, con el de "Al alzamiento de los griegos contra los turcos en 1821".

ODA

A LOS HABITANTES DE ANÁHUAC [1]

¿Y siempre los destinos de la tierra
dictará el Dios del mal? ¿Y los humanos
siempre serán juguetes de facciosos,
o siervos miserables de tiranos?
¡Oh Méjico infeliz! ¡patria gloriosa
del grande Guatemuz! ¿Dó se ocultaron
tu gloria y tu poder? ¿Por qué abatida
la cara majestosa
gimes entre dolor y entre cadenas?
¿Cuál fue la causa de tan graves penas?
¿Quién ajó así tu majestad grandiosa?
¿Quién rasgó la diadema que en tu frente
puso la libertad...? "Joven, detente,
"no hieras más mi oído lastimado
"de libertad con el hermoso acento.

---

[1] "Anáhuac, o Atl Náhuac —rodeado de agua, cerca del agua—, fue el nombre que se había aplicado a dos regiones: el Anáhuac Ayotla, o sea, la Costa de las tortugas, en el mar del Sur, y el Anáhuac Xicalano, o Costa de las jícaras, en el golfo de Méjico.

Dióse también el nombre de Anáhuac al hermoso valle de Méjico en atención a sus lagos. Y este nombre se fue extendiendo con las conquistas de los aztecas, hasta designar con él, según el abate Clavijero, casi todo lo que en un principio se llamó Nueva España". CARLOS PEREYRA: *Breve historia de América*, Editorial Zig-Zag, Santiago de Chile, 1946, pág. 80.

"Finó del Anáhuac desventurado
"la esperanza feliz, la dicha y gloria.
"Envuelta un día en plácido contento,
"me juzgaba feliz, y mi delicia
"era de libertad, el dulce nombre.
"¡Recuerdos de dolor! yo vi a mis hijos
"alanzarse a mi voz a las batallas,
"y acometer las haces españolas,
"y lidiar y vencer... ¡Oh! ¡cuán ufana
"entonces respiré! Mas ¿qué valieran
"tanto y tanto afanar, y tanta sangre
"que mis campos regó? Cuando gloriosa
"me gozaba en el triunfo conseguido
"contra el bravo español, un fementido,
"un cobarde traidor, con negras tramas
"me hundió otra vez entre el oprobio y llanto
"cercóse en torno de terror y espanto,
"y en su espada apoyándose insolente
"llamóse mi señor... Alza la frente,
"magnánimo Ahuitzol; mira tu cetro
"en qué manos está: mira al que un día
"en su torpe ambición para oprimirme
"hizo causa común con los iguales
"de Alvarado[1] y Cortés[2]. Ve cual humea
"de Mechoacán en los funestos campos

---

[1] Pedro de Alvarado. Conquistador español (1486-1541), colaborador de Cortés, exploró el Yucatán, sometiendo a los mayas, y fundó Guatemala.
[2] Hernán Cortés. Conquistador y descubridor español (1485-1547). Ayudó a la conquista de Cuba, de donde emprendió en 1519 la de Méjico. Llegó a la capital, se ganó al emperador Moctezuma, mas sublevados los aztecas por sus sacerdotes hubo de retirarse. (Noche Triste, victoria de Otumba). Vuelto en 1521, ocupó la ciudad. Descubrió la península de California. Murió pobre en Castilleja (Sevilla).

"la sangre de mis hijos generosos
"que a torrentes vertió... ¿Cómo le sufren
"de Acamapich y Guatemuz los nietos?
"¡Ay! ¡estéril clamor! ¡el cruel tirano
"canta insolente su fatal victoria,
"y un pueblo vil le aplaude fascinado!
"Finó del Anáhuac desventurado
"la esperanza feliz, la dicha y gloria."

No en torpe desaliento así desmayes,
reina del Anáhuac: alza la frente,
y a tus hijos invoca. ¡Oh! ¡quién me diera
del vengador Tirteo [1]
la abrasadora voz! ¡Oh! ¡si pudiera
encender en los pechos mejicanos
aquesta hoguera que mi pecho abrasa
de amor de libertad! ¡Alzad del polvo,
hijos de Acamapich! ved al tirano
ante quien viles os postráis; ¿en vano
sufrido habréis doce años de combates,
de sangre y de furor y de miserias?
¿Y esclavitud, y abatimiento infame
de tanta sangre y penas y fatigas
será vil galardón? ¿Por qué lidiasteis?
¿Por mudar de señor? ¡Ay! vanamente
de la patria en las aras se inmolaron
mil víctimas y mil... Hidalgo [2], Allende [3],

---

[1] Poeta griego, siglo VIII a. C. Elegías guerreras.
[2] Miguel Hidalgo y Costilla (1753-1811). Precursor de la independencia mejicana. Criollo, párroco de Dolores, dio en la noche del 16 de septiembre de 1810 el grito "¡Viva Fernado VII! ¡Viva la Virgen de Guadalupe y mueran los gachupines!" Tras un éxito inicial, acabó apresado y fusilado. "Le cortaron la cabeza y la colgaron de una jaula, en la Alhóndiga misma de Granaditas, donde tuvo su gobierno. Enterraron los cadáveres descabezados". JOSÉ MARTÍ: *Tres Héroes*.
[3] Allende, compañero de Hidalgo.

Morelos[1] valeroso, el sacrificio
que de la vida hicisteis a la patria
infructífero fue; sí, vanamente
al morir con infamia en un cadalso
pensabais que la patria en algún día
fuera libre, feliz, y vanamente
vuestra sangre preciosa regó el árbol
de la alma libertad, para que un día
cubriese el Anáhuac su augusta sombra.
¡Campeones infelices! ¡ay! el fruto
de vuestro acerbo afán y amarga muerte,
hoy lo coge un traidor, no vuestra patria.
Iturbide lo coge: el que imprudente
de la opresión llevando el estandarte
con rabia os persiguió. Vedle cuál tiende
de las tinieblas el odioso manto
en derredor del usurpado solio.
Y cual llama en su auxilio a la ignorancia
y a la fatal superstición. Miradle
cual sepulta en horrendos calabozos
a cuantos osan alentar serenos
patriotismo y virtud. Sabio Fogoaga,
Tagle, Lombard, o Castro ¡oh mis amigos!
vosotros lo decid... Ved en el cuadro
del universo al Anáhuac cubierto
de nieblas densas y de sombra oscura,
y cual cometa pálido en su seno
brilla el Usurpador... ¡Oh mejicanos!

---

[1] José María Tecio Morelos y Pavón (1765-1815). Héroe de la independencia mejicana. Era mestizo y cura de Cuaracuaro. Al morir Hidalgo, ganó, al frente de unos patriotas, varias batallas en lucha abierta contra los realistas españoles. Hizo proclamar la independencia de Méjico por un Congreso (1813). Vencido luego por Calleja e Itúrbide, fue hecho prisionero y fusilado.

¿cómo sufrís tan oprobioso suyo?
¡qué! ¿no respira un Bruto entre vosotros?
¿puñales no tenéis? ¿O acaso aliento
a vuestros brazos falta? Mejicanos:
jurad en los altares de la patria
ser libres o morir: las fuertes manos
contra el tirano vil la espada empuñen,
y él tiemble a su brillar, y palidezca
al mirar vuestra faz aterradora:
a la patria mirad que encadenada
los brazos tiende y vuestra ayuda implora.
Caiga el tirano, y húndase en el polvo
de que por mal del Anáhuac saliera,
y perezca hasta el nombre detestable
de monarca y señor, y guerra fiera
jurad por siempre a la opresión tirana:
reine sólo en vosotros soberana
la ley igual que juzga y que protege.
Así del universo que os contempla,
y un grande ejemplo aguarda de vosotros,
seréis la dmiración, y por do quiera
el nombre mejicano que hasta hora
de oprobioso baldón cubierto fuera,
pronunciarán con labio respetuoso
los pueblos todos que la tierra habitan;
y ejemplar tan espléndido y glorioso
seguirán encendidos a porfía,
rompiendo todos la cadena impía
que les cargara el despotismo odioso.

¡Sagrada libertad! ¡Cómo en su seno
sentirá el Anáhuac tus beneficios,
y altares te alzará de gozo lleno!
Sí: la peste voraz, la hambre rabiosa
que en sus llanuras pálidas vaguea,

la sucia desnudez que triste afea
a sus míseros pueblos, fácilmente
de leyes sabias al dichoso influjo
desaparecerán; su faz hermosa
mostrará por do quiera la abundancia,
eterna compañera
de paz y libertad, y la ignorancia,
la ignorancia fatal, causa primera
de los males del hombre, enfurecida
se lanzará a los antros del Averno [1],
apenas luzca con hermoso brillo
la luz de la razón. Al pueblo abiertas
serán las fuentes del saber: no en vano
los surcos regará que abrió su mano
con el sudor de su angustiada frente
el rústico infeliz, para que ostente
el poderoso su funesto orgullo,
y vano lujo y pompa desplegando
el rebaño servil del rey aumente.
No, que el fruto anhelado de su campo
dividirá con su feliz familia
el indio laborioso, sin que impío
se lo arrebate el exactor malvado
para que muestre de esplendor cercado
un inútil señor su poderío,
mientras de hijuelos pálidos la turba
se apila en torno del desnudo padre,
y el hambre enfurecido los devora.
De libertad bajo el feliz reinado
en paz respirará: libre y contento
de su afán esperando el fruto ansiado,

---

[1] Lago italiano de Campania, cerca de Nápoles, en el cráter de un antiguo volcán; por sus exhalaciones sulfurosas fue considerado en la antigüedad como la entrada al infierno.

con faz serena y venturoso acento
el suelo con la reja desgarrando,
junto a sus bueyes marchará cantando.

Tales los frutos son ¡oh mejicanos!
que ledos cogeréis si generosos
las frentes levantáis, y valerosos
el imperio destruís de los tiranos.
De Moctezuma y Ahuitzol el grande,
y Guatemuz magnánimo las sombras
se lanzan de sus tumbas polvorosas,
y revolando en torno del tirano
le amenazan furiosas,
y de terror le llenan: caiga, caiga
ese trono fatal que con su peso
va a abrumar a Anáhuac y a destruiros.
A la alma libertad álcense altares,
y la opulencia y paz serán sus frutos,
y rendirán a Méjico tributos
del Norte y Sur los apartados mares.

(1822)

No la reprodujo Heredia en ninguna de las dos ediciones que hizo de sus poesías. Esta obra, fue publicada sin la firma de Heredia, al final del libro "Bosquejo ligerísimo de la revolución de Méjico desde el grito de Iguala hasta la proclamación imperial de Itúrbide", por un verdadero americano... Philadelphia, Imprenta de Teracruoef y Noroajeb, 1822. Sostiene Bachiller y Morales que esta obra, a pesar de lo que indica su portada, fue impresa en La Habana, por los señores Bejarano y Vicente Rocafuerte, de cuyos apellidos son anagramas los de los impresores de Filadelfia.

LA ESTRELLA DE CUBA

¡Libertad! ya jamás sobre Cuba
lucirán tus fulgores divinos.
Ni aun siquiera nos queda ¡mezquinos!
de la empresa sublime el honor.
 ¡Oh piedad insensata y funesta!
¡ay de aquel que es humano y conspira!
Largo fruto de sangre y de ira
cogerá de su mísero error.

Al sonar nuestra voz elocuente
todo el pueblo en furor se abrasaba,
y la estrella de Cuba se alzaba
más ardiente y serena que el sol.
 De traidores y viles tiranos
respetamos clementes la vida,
cuando un poco de sangre vertida
libertad nos brindaba y honor.

Hoy el pueblo de vértigo herido
nos entrega al tirano insolente
y cobarde y estólidamente
no ha querido la espada sacar.
 ¡Todo yace disuelto, perdido...!
Pues de Cuba y de mí desespero,
contra el hado terrible, severo,
noble tumba mi asilo será.

Nos combate feroz tiranía
con aleve traición conjurada,
y la estrella de Cuba eclipsada
para un siglo de horror queda ya.
 Que si un pueblo su dura cadena
no se atreve a romper con sus manos,
bien le es fácil mudar de tiranos,
pero nunca ser libre podrá.

Los cobardes ocultan su frente,
la vil plebe al tirano se inclina,
y el soberbio amenaza, fulmina,
y se goza en victoria fatal.
 ¡Libertad! A tus hijos tu aliento
en injusta prisión más inspira;
colgaré de sus rejas mi lira,
y la gloria templarla sabrá.

Si el cadalso me aguarda, en su altura
mostrará mi sangrienta cabeza
monumento de hispana fiereza,
al secarse a los rayos del sol.
 El suplicio al patriota no infama;
y desde él mi postrero gemido
lanzará del tirano al oído
fiero voto de eterno rencor.

(Octubre 1823)

 Esta poesía no la publicó su autor hasta 1832, en la segunda edición que hizo en Toluca de sus composiciones poéticas.

A EMILIA

Desde el suelo fatal de su destierro
tu triste amigo, Emilia deliciosa,
te dirige su voz; su voz que un día
en los campos de Cuba florecientes
virtud, amor y plácida esperanza
cantó felice, de tu bello labio
mereciendo sonrisa aprobadora,
que satisfizo su ambición. Ahora
sólo gemir podrá la triste ausencia
de todo lo que amó, y enfurecido
tronar contra los viles y tiranos
que ajan de nuestra patria desolada
el seno virginal. Su torvo ceño
mostróme el despotismo vengativo
y en torno de mi frente, acumulada
rugió la tempestad. Bajo tu techo
la venganza burlé de los tiranos.
Entonces tu amistad celeste, pura,
mitigaba el horror a las insomnias
de tu amigo proscripto y sus dolores.
Me era dulce admirar tus formas bellas
y atender a tu acento regalado,
cual lo es al miserable encarcelado
el aspecto del cielo y las estrellas.
Horas indefinibles, inmortales,
de angustia tuya y de peligro mío,

¡cómo volaron! Extranjera nave
arrebatóme por el mar sañudo,
cuyas oscuras turbulentas olas
me apartan ya de playas españolas.

   Heme libre por fin; heme distante
de tiranos y siervos. Mas, Emilia,
¡qué mudanza cruel...! Enfurecido
brama el viento invernal: sobre sus alas
vuela y devora el suelo desecado
el yelo punzador. Espesa niebla
vela el brillo del sol, y cierra el cielo,
que en dudoso horizonte se confunde
con el oscuro mar. Desnudos gimen
por doquiera los árboles la saña
del viento azotador. Ningún ser vivo
se ve en los campos. Soledad inmensa
reina, y desolación y el mundo yerto
sufre de invierno cruel la tiranía.

   ¿Y es ésta la mansión que trocar debo
por los campos de luz, el cielo puro,
la verdura inmortal y eternas flores
y las brisas balsámicas del clima
en que el primero sol brilló a mis ojos
entre dulzura y paz...? Estremecido
me detengo, y agólpanse a mis ojos
lágrimas de furor... ¿Qué importa? Emilia,
mi cuerpo sufre, pero mi alma fiera
con noble orgullo y menosprecio aplaude
su libertad. Mis ojos adoloridos
no verán ya mecerse de la palma
la copa gallardísima, dorada
por los rayos del sol en occidente;

ni a la sombra de plátano sonante
el ardor burlaré de mediodía,
inundando mi faz en la frescura
que espira el blando céfiro. Mi oído,
en lugar de tu acento regalado,
o del eco apacible y cariñoso
de mi madre, mi hermana y mis amigas,
tan sólo escucha de extranjero idioma
los bárbaros sonidos; pero al menos
no lo fatiga del tirano infame
el clamor insolente, ni el gemido
del esclavo infeliz, ni del azote
el crujir execrable, que emponzoñan
la atmósfera de Cuba. ¡Patria mía,
idolatrada patria! tu hermosura
goce el mortal en cuyays torpes venas
gire con lentitud la yerta sangre,
sin alterarse el grito lastimoso
de la opresión. En medio de tus campos
de luz vestidos y genial belleza,
sentí mi pecho férvido agitado
por el dolor, como el Océano brama
cuando le azota el norte. Por las noches,
cuando la luz de la callada luna
y del limón el delicioso aroma
llevado en alas de la tibia brisa
a voluptuosa calma convidaban,
mil pensamientos de furor y saña
entre mi pecho hirviendo, me nublaban
el congojado espíritu, y el sueño
en mi abrasada frente no tendía,
sus alas vaporosas. De mi patria
bajo el hermoso desnublado cielo,
no pude resolverme a ser esclavo,
ni consentir que todo en la Natura

fuese noble y feliz, menos el hombre.
Miraba ansioso al cielo y a los campos
que en derredor callados se tendían,
y en mi lánguida frente se veían
la palidez mortal y la esperanza.

   Al brillar mi razón, su amor primero
fue la sublime dignidad del hombre,
y al murmurar de "Patria" el dulce nombre,
me llenaba de horror el extranjero.
¡Pluguiese al Cielo, desdichada Cuba,
que tu suelo tan sólo produjese
hierro y soldados! ¡La codicia ibera
no tentáramos, no! Patria adorada,
de tus bosques el aura embalsamada
es al valor, a la virtud funesta.
¿Cómo viendo tu sol radioso, inmenso,
no se inflama en los pechos de tus hijos
generoso valor contra los viles
que te oprimen audaces y devoran?

   ¡Emilia! ¡Dulce Emilia! La esperanza
de inocencia, de paz y de ventura
acabó para mí. ¿Qué gozo resta
al que desde la nave fugitiva
en el triste horizonte de la tarde
hundirse vio los montes de su patria,
por la postrera vez? A la mañana
alzóse el sol, y me mostró desiertos
el firmamento y mar... ¡Oh! ¡cuán odiosa
me pareció la mísera existencia!
Bramaba en torno la tormenta fiera
y yo sentado en la agitada popa
del náufrago bajel, triste y sombrío,

los torvos ojos en el mar fijando,
meditaba de Cuba en el destino,
y en sus tiranos viles, y gemía,
y de rubor y cólera temblaba,
mientras el viento en derredor rugía,
y mis sueltos cabellos agitaba.

¡Ah! también otros mártires... ¡Emilia!
doquier me sigue en ademán severo
del noble Hernández[1] la querida imagen.
¡Eterna paz a tu injuriada sombra,
mi amigo malogrado! Largo tiempo
el gran flujo y reflujo de los años
por Cuba pasará, sin que produzca
otra alma cual la tuya, noble y fiera.
¡Víctima de cobardes y tiranos,
descansa en paz! Si nuestra patria ciega,
su largo sueño sacudiendo, llega
a despertar a libertad y gloria,
honrará, como debe, tu memoria.

¡Presto será que refulgente aurora
de libertad sobre su puro cielo
mire Cuba lucir! Tu amigo, Emilia,
de hierro fiero y de venganza armado,
a verte volverá, y en voz sublime
entonará de triunfo el himno bello.
Mas si en las lides enemiga fuerza
me postra ensangrentado, por lo menos
no obtendrá mi cadáver tierra extraña,

---

[1] Ver en esta misma sección la poesía titulada "Elegía", que Heredia dedicó a la memoria del Dr. D. Juan José Hernández.

y regado en mi féretro glorioso
por el llanto de vírgenes y fuertes
me adormiré. La universal ternura
excitaré dichoso, y enlazada
mi lira de dolores con mi espada,
coronarán mi noble sepultura.

(1824)

Ed. 1832

Emilia es Josefa (Pepilla) de Arango y Manzano, hija de José de Arango y Castillo, en cuya residencia estuvo escondido Heredia desde el 6 al 14 de noviembre de 1823, fecha en que logra huir a los Estados Unidos.

"Entre los papeles del Dr. Vidal Morales y Morales existentes en la Biblioteca de la Sociedad Económica de Amigos del País figura la copia de un artículo titulado o perteneciente a una serie titulada "La Societé et la litterature a Cuba", publicado en la "Revue des Deux Mondes", de París, t. XII, año XXI, nuevo período, 15 de diciembre de 1851, cuyo autor no se menciona en la copia, y donde aparecen traducidas al francés, en prosa, casi toda la segunda estrofa y parte de la tercera de esta poesía". JOSÉ MARÍA HEREDIA: *Poesías Completas*. Homenaje de la ciudad de La Habana en el centenario de su muerte. Municipio de La Habana, 1941, vol. II, pág. 61.

Elijah Clarence Hills tradujo al inglés, en verso, parte de la segunda estrofa. Ver "The Odes of Bello, Olmedo and Heredia", G. P. Putnam's Sons, New York and London, 1920, págs. 15 y 16. Alfred Coester tradujo en prosa parte de la segunda estrofa al inglés. Ver "The Literary History of Spanish America", The Macmillan Company, New York, 1928, pág. 101.

Roland Larre tradujo al francés, en verso, algunas estrofas de la "Epístola a Emilia". Ver *Les grands traits de la culture cubaine*, en "Evil aux Amériques, Cuba", Editions Sociales, París, 1962, pág. 216.

PROYECTO

De un mundo débil, corrompido y vano
menosprecié la calma fastidiosa,
y amé desde mi infancia tormentosa
las mujeres, la guerra, el Océano.

¡El Océano...! ¿Quién que haya sentido
su pulso fuertemente conmovido
al danzar en las olas agitadas,
olvidarlo podrá? Si el despotismo
al orbe abruma con su férreo cetro,
será mi asilo el mar. Sobre su abismo
de noble orgullo y de venganza lleno,
mis velas desplegando al aire vano,
daré un corsario más al Océano,
un peregrino más a su hondo seno.

Y ¿por qué no? Cuando la esclava tierra
marchita y devorada
por el aliento impuro de la guerra,
doblando al yugo la cerviz domada
niegue al valor asilo,
yo en los campos del piélago profundo
haré la guerra al despotismo fiero.
Libre y altivo en el sumiso mundo.
De la opresión sangrienta y coronada
ni temo al odio, ni al favor impetro.
Mi rojo pabellón será mi cetro
y mi dominio mi cubierta armada.

Cuando los aristócratas odiosos,
vampiros de mi patria despiadados,
quieran templar sus nervios relajados
por goces crapulosos,
en el aire genial del Océano,
sobre ellos tenderé mi airada mano,
como águila feroz sobre la presa.
Sufrirán servidumbre sin combate,
y opulento rescate
partirán mis valientes compañeros.

Bajo del yugo bárbaro que imponen
a la igualdad invocarán: vestidos
con el tosco buriel de marineros,
me servirán cobardes y abatidos.
Pondré a mis plantas su soberbia fiera,
temblarán mis enojos,
y ni a fijar se atreverán los ojos
sobre mi frente pálida y severa.

(1824)
Ed. 1832

No la incluyó en la edición de Nueva York.
Manuel Pedro González en su estudio sobre Heredia, reproduce el poema *Proyecto* por considerarlo "escasamente comentado y conocido". Sentimos discrepar del señor González, pero este poema ha aparecido en todas las ediciones completas que en el siglo pasado se hicieron de las obras poéticas de Heredia.
Elías Zerolo en el prólogo a las *Poesías Líricas* de Heredia copia una estrofa y lo incluye completo en las págs. 294 y 295. En nuestros días, Francisco González del Valle lo incluyó en 1936, en las páginas 6 y 7, en *Prédicas de libertad,* Cuadernos de Cultura, núm. 4, Publicaciones de la Secretaría de Educación, Dirección de Cultura, La Habana. Rafael Esténger en su libro *Heredia, la incomprensión de sí mismo,* Editorial Trópico, La

Habana, 1938, lo reproduce íntegro y lo comenta en las págs. 190, 191, 192 y 193. María Lacoste de Arufe lo incluye en el tomo I, pág. 101,en la selección de *Poesías, Discursos y Cartas de José María Heredia,* que publicó en 1939. En la edición de las *Poesías Completas* de José María Heredia, publicada por el Municipio de La Habana, en 1941, bajo la dirección de Emilio Roig de Leuchsenring, se reproduce íntegra en el volumen II, págs. 62 y 63.

A WASHINGTON
Escrita en Monte Vernon

    Primero en paz y en guerra,
primero en el afecto de tu patria
y en la veneración del Universo,
viva imagen de Dios sobre la tierra,
libertador, legislador y justo,
Washington inmortal, oye benigno
el débil canto, de tu gloria indigno,
con que voy a ensalzar tu nombre augusto.

    ¿Te pintaré indignado
a la voz de la patria dolorida
volar al arduo campo de la gloria,
y como Jove[1] en el Olimpo armado,
a la suerte mandar y a la victoria?
magnánimo apareces;
ríndese Boston, y respira libre.
Vanamente el tirano
cuarenta mil esclavos lanza fiero
para extirpar el nombre americano.
Tú, sin baldón, al número cediste,
y acallando el espíritu guerrero,
a tu gloria la patria preferiste,
así del pueblo eterno los caudillos
al vencedor Aníbal[2] contemplaron

---

[1] Nombre de Júpiter, dios principal de los romanos.
[2] Famoso general cartaginés (247-183 a N. E.).

con inmutable frente,
y la invasión rugiente
a la púnica playa rechazaron.

Mas luego, en noche de feliz memoria,
del Delaware[1] el vacilante yelo
ofreció a tu valor y patrio celo
el camino del triunfo y de la gloria
la soberbia británica humillada
es por último en York, y su caudillo
rinde a tus pies la poderosa espada.
El universo atónito saluda
a la triunfante América, y te adora,
mientras que la Metrópoli sañuda
tu gloria bella y su baldón devora.
Mas cuando por la paz inútil viste
de Libertad la espada en tu alta mano,
el poder soberano
como insufrible carga depusiste.

Alzado a la primer magistratura,
de tu patria la suerte coronaste,
y en cimientos eternos afirmaste
la paz, la libertad sublime y pura.
De años y gloria y de virtud cargado,
con mano vencedora
regir te vieron el humilde arado.
Con Sócrates divino te asentaste
de la Fama en el templo,
y a la virtud, con inmortal ejemplo,
la fe del Universo conservaste.

---

[1] Río de los Estados Unidos.

Cuando en noble retiro,
de oro y de crimen y ambición ajeno,
tu espléndida carrera coronabas,
en este bello asilo respirabas
pobre, modesto, y entre libres, libre
¡oh Potomac [1] del orgulloso Tíber [2]
no envidies, no, la delincuente gloria,
que no recuerda un héroe como el tuyo
del orbe todo la sangrienta historia.

Por la Francia feroz amenazada
vuelve la patria del peligro al día.
Y en unánime voto al héroe fía
de Libertad y América la espada.
Los rayos de la gloria
vuelven a ornar su venerable frente...
mas ¡ay! desapareció, volando al cielo,
como de nubes en brillante velo
hunde el sol su cabeza en occidente.

¡Oh Washington! Protegen tu sepulcro
las copas de los árboles ancianos
que plantaron tus manos,
y lo cubre la bóveda celeste,
aun el aire que en torno se respira,
el que tú respirabas,
paz y santa virtud al pecho inspira.

En la tumba modesta,
que guarda tus cenizas por tesoro,
ni luce el mármol, ni centella el oro,
ni entallado laurel, ni palmas veo.

---

[1] Río de los Estados Unidos.
[2] El río Tíber que atraviesa la ciudad de Roma.

¿Para qué, si es un mundo
a tu gloria inmortal digno trofeo?
Con estupor profundo,
por tu genio creador lo miro alzado
hasta la cumbre de moral grandeza.
Potente y con virtud; libre y tranquilo;
esclavo de las leyes;
del Universo asilo;
asombro de naciones y de reyes.

(1824)
Ed. 1832

No la incluyó en la edición de Nueva York.

ODA[1]

¡Cuba! ¡Cuba...! y ¿tú callas? ¡Ay! ¿Esperas
a que el torrente atroz de la conquista
ruede sangriento sobre ti? ¿No sabes
que siempre aumenta tu raudal funesto
un diluvio de lágrimas? ¿O quieres
con tu abandono y ceguedad horrible
que en vano el mar te ciña al occidente,
y a oriente, y norte y sur? Sola entre tantos
en vez de alzar a libertad altares,
¿mudarás de señor? ¿Serán tu hijos
los Ilotas de América? Funesto
como inminente porvenir! ¡Oh patria!
por do quiera las brisas del océano
te dicen Libertad! Si tus oídos
cierra más al clamor, vendrán las armas
y te despertarán. Los pueblos fuertes,
que han sacudido el ominoso yugo,
no necios sufrirán que los tiranos
más acá del Atlántico conserven
su guarida final. Si tú insensata
amas la esclavitud, serás esclava:

---

[1] Como Colombia tenía decretado dar libertad a Cuba y Puerto Rico conforme se concluyera la campaña del Perú, habiéndose sabido en Nueva York la decisiva acción de Bolívar en Ayacucho, dijo un cubano (José María Heredia) improvisada la oda anterior.

mas de ellos lo serás. Lanzas y naves,
y corazones fieros y valientes
se aprestan contra ti. Contra su furia
¿quién tu escudo será? Tal vez los flacos,
que huyendo de los libres, se acogieron
a tu recinto, de tendido en torno
los amparase el mar. ¡Alzate! ¡Oh Cuba!
y con tu independencia, generosa
abre la senda a tu poder y gloria:
o pide al mar que férvido amontone
las olas sobre ti, y así te guarde
de las calamidades vergonzosas,
y de la esclavitud y eterna infamia
que te prepara tu impotencia indigna.

(Principios de 1825)

"Indicador Federal", Méjico, t. I, núm. 45, 28 abril 1825, pág. 4. Copia M. García Garofalo Mesa.

EN EL ANIVERSARIO
DEL 4 DE JULIO DE 1776

Sagrada libertad, numen de vida,
que tu cetro divino
por Atenas y Roma esclarecida
otro tiempo tendías,
y a sus pueblos felices animabas,
y vida, fuerza y esplendor sembrabas
donde tu planta férvida ponías,
¿brillar y perecer fue tu destino?
En Europa infeliz, te busco en vano,
y de tu altar en vez do quier me aflige
el simulacro vil de algún tirano.

En América está; salvó las ondas
del terrible Océano,
y huyó proscripta del antiguo mundo.
Un siglo y otro más, plácidamente
aquí moró; mas la opresión tirana
osó violar su asilo. Enfurecida
se alzó la libertad, y mil guerreros
desnudan las espadas,
y constancia al poder, muerte a la muerte,
contrastan por do quier. La diosa fuerte,
de acero y majestad la frente armada,
a la opresión soberbia desafía,
y de natura las eternas leyes,
en memorable día,
a los pueblos anuncia y a los reyes.

"¡El hombre es libre!" dice, y del aplauso
sube al cielo el clamor. "Hombres, iguales
"os hizo Dios. Quien bárbaro os oprime
"ofende a la razón, insulta al cielo.
"Es justo el resistir, santo y sublime.
"Luchad, héroes, venced, y en vuestro suelo
"de paz y de justicia,
"de libertad y luz, de dicha y gloria,
"la semilla feliz en vuestra sangre
"robusta brotará. Pueblos del mundo,
"hijos de un padre sois, vivid hermanos,
"y el vengador acero
"reservad solamente a los tiranos."

¡Día de bendición! Cincuenta veces
en la revolución de su carrera
te trajo el sol a iluminar al mundo.
¡Oh! ¡cómo a tu calor dulce, fecundo,
en vida y en placer hierve la tierra!
De un mar al otro mar no hay ya tiranos.
Por ciudades, montañas y desiertos
lleva el hombre la plácida conciencia
de su seguridad: su altiva mente
en contemplar su dignidad se goza,
y al cielo sin rubor alza la frente.
América feliz, fuerte y hermosa,
ceñíla en torno de sus hijos fieles,
y a terrible defensa preparada,
se ostenta majestuosa coronada
con verde oliva, estrellas y laureles.

¡Día de redención! La voz sublime
que escuchaste tronar de todo un mundo
resuena en la extensión, y por do quiera
rompen los pueblos la cadena fiera
que a sus cuellos cargó la tiranía.

De mar a mar, del norte al mediodía,
de libertad el árbol se ha plantado.
América feliz bajo él adora
de la santa igualdad el dulce imperio,
y los vientos de oriente al hemisferio
llevarán su semilla bienhechora.

(1825)
Ed. 1832

Publicada por primera vez en "El Iris", Méjico, t. II, núm. 31, 1 julio 1826. La tercera estrofa de esta poesía fue traducida al inglés por la escritora norteamericana Minna Carolina Smith, y publicada en un artículo que dedicó a Heredia en "The Bookman and lllustrated Literary Journal", Nueva York, agosto 1899.

VUELTA AL SUR

Vuela el buque: las playas oscuras
a la vista se pierden ya lejos,
cual de febo a los vivos reflejos
se disipa confuso vapor.
　Y la vista sin límites corre
por el mar a mis ojos abierto.
Y en el cielo profundo, desierto,
reina puro el espléndido sol.

Del aliento genial de la brisa
nuestras velas nevadas llenamos,
y entre luz y delicia volamos
a los climas serenos del sur.
　A tus hielos adiós, norte triste;
de tu invierno finaron las penas,
y ya siento que hierven mis venas,
prometiéndome fuerza y salud.

　¡Salve, cielo del sur delicioso!
Este sol prodigóme la vida,
y sus rayos en mi alma encendida
concentraron hoguera fatal.
　De mi edad las amables primicias
a tus hijas rendí por despojos,
y la llama que aun arde en mis ojos
bien demuestra cual supe yo amar.

¡Oh recuerdos de paz y ventura!
¡Cómo el sol en tu bello occidente
inundaba en su luz dulcemente
de mi amada la cándida faz!
 ¡Cómo yo del naranjo a la sombra
en su seno mi frente posaba,
y en sus labios de rosa libaba
del deleite la copa falaz!

 ¡Dulce Cuba! en tus aras sagradas
la ventura inmolé de mi vida
y mirando tu causa perdida,
mis amores y amigos dejé.
 Mas tal vez no está lejos el día
(¡cuál me anima tan bella esperanza!)
en que armado con hierro y venganza
a tus viles tiranos veré.

 ¡Cielo hermoso del sur! Compasivo
tú me tornas la fuerza y aliento,
y mitigas el duro tormento
con que rasga mi seno el dolor.
 Al sentir tu benéfico influjo,
no al destino mi labio maldice,
ni me juzgo del todo infelice
mientras pueda lucirme tu sol.

 ¡Adiós, hielos! —¡Oh lira de Cuba!
cobra ya tu feliz armonía,
y del sur en las alas envía,
himno fiel de esperanza y amor.
 Por la saña del norte inclemente
destrozadas tus cuerdas se miran;
mas las brisas, que tibias suspiran,
te retornan la vida y vigor.

Yo te pulso, y tus ecos despiertan
en mis ojos marchitos el llanto...
¡Cual me alivias! Tu plácido encanto
la existencia me fuerza a sentir.
¡Lira fiel, compañera querida
en sublime delicia y dolores!
de ciprés y de lánguidas flores
ya te debes por siempre ceñir.

¡Siempre...! No, que en la lid generosa
tronarás con acento sublime,
cuando Cuba sus hijos reanime,
y su estrella miremos brillar.
"¡Libertad", clamarán, "en su pecho
"inflamó de su aliento la llama!"
Y si caigo, mi espléndida fama
a los siglos futuros irá.

(1825)
Ed. 1832

Esta poesía fue compuesta en la travesía de Nueva York para Méjico (22 agosto - 15 septiembre). Se publicó por primera vez en el periódico "El Amigo del Pueblo", Méjico, t. I, núm. 3, 15 agosto 1827, pág. 27.
La versión de 1832 ha sido traducida al japonés por Ryoji Imamura, cónsul de Japón en Lima, y publicada en su libro *Antología Hispanoamericana*, Tokyo, 1903.
Roland Labarre tradujo al francés, en verso, dos estrofas de esta composición. Ver *Les grands traits de la culture cubaine*, en "Evil aux Amériques, Cuba", París, 1962, pág. 216.

HIMNO DEL DESTERRADO

    Reina el sol, y las olas serenas
corta en torno la prora triunfante,
y hondo rastro de espuma brillante
va dejando la nave en el mar.

    ¡Tierra! claman; ansiosos miramos
al confín del sereno horizonte,
y a lo lejos descúbrese un monte...
Le conozco... ¡Ojos tristes, llorad!

    Es el Pan... En su falda respiran
el amigo más fino y constante,
mis amigas preciosas, mi amante...
¡Qué tesoros de amor tengo allí!

    Y más lejos, mis dulces hermanas,
y mi madre, mi madre adorada,
de silencio y dolores cercada
se consume gimiendo por mí.

    Cuba, Cuba, que vida me diste,
dulce tierra de luz y hermosura,
¡cuánto sueño de gloria y ventura
tengo unido a tu suelo feliz!

¡Y te vuelvo a mirar...! ¡Cuán severo,
hoy me oprime el rigor de mi suerte!
La opresión me amenaza con muerte
en los campos do al mundo nací.

Mas, ¿qué importa que truene el tirano?
Pobre, sí, pero libre me encuentro;
sola el alma del alma es el centro;
¿qué es el oro sin gloria ni paz?

Aunque errante y proscripto me miro,
y me oprime el destino severo,
por el cetro del déspota ibero
no quisiera mi suerte trocar.

Pues perdí la ilusión de la dicha,
dame ¡oh gloria! tu aliento divino.
¿Osaré maldecir mi destino,
cuando puedo vencer o morir?

Aunque habrá corazones en Cuba
que me envidien de mártir la suerte,
y prefieran espléndida muerte
a su amargo azaroso vivir.

De un tumulto de males cercado
el patriota inmutable y seguro,
o medita en el tiempo futuro,
o contempla en el tiempo que fue.

Cual los Andes en luz inundados
a las nubes superan serenos,
escuchando a los rayos y truenos
retumbar hondamente a su pie.

¡Dulce Cuba! en tu seno se miran
en su grado más alto y profundo,
la belleza del físico mundo,
los horrores del mundo moral.

Te hizo el cielo la flor de la tierra;
mas tu fuerza y destinos ignoras,
y de España en el déspota adoras
al demonio sangriento del mal.

¿Ya qué importa que al cielo te tiendas
de verdura perenne vestida,
y la frente de palmas ceñida
a los besos ofrezcas del mar,

si el clamor del tirano insolente,
del esclavo el gemir lastimoso,
y el crujir del azote horroroso
se oye sólo en tus campos sonar?

Bajo el peso del vicio insolente
la virtud desfallece oprimida,
y a los crímenes y oro vendida
de las leyes la fuerza se ve.

Y mil necios que grandes se juzgan
con honores al peso comprados,
al tirano idolatran, postrados
de su trono sacrílego al pie.

Al poder el aliento se oponga,
y a la muerte contraste la muerte;
la constancia encadena la suerte,
siempre vence quien sabe morir.

Enlacemos un nombre glorioso
de los siglos al rápido vuelo;
elevemos los ojos al cielo,
y a los años que están por venir.

Vale más a la espada enemiga
presentar el impávido pecho,
que yacer de dolor, en un lecho,
y mil muertes muriendo sufrir.

Que la gloria en las lides anima
el ardor del patriota constante,
y circunda con halo brillante
de su muerte el momento feliz.

¿A la sangre teméis...! En las lides
vale más derramarla a raudales,
que arrastrarla en sus torpes canales
entre vicios, angustias y horror.

¿Qué tenéis? Ni aun sepulcro seguro
en el suelo infeliz cubano.
¿Nuestra sangre no sirve al tirano
para abono del suelo español?

Si es verdad que los pueblos no pueden
existir sino en dura cadena,
y que el cielo feroz los condena
a ignominia y eterna opresión;

de verdad tan funesta mi pecho
el horror melancólico abjura,
por seguir la sublime locura
de Washington, y Bruto, y Catón.

¡Cuba! al fin te verás libre y pura
como el aire de luz que respiras,
cual las ondas hirvientes que miras
de tus playas la arena besar.

Aunque viles traidores le sirvan,
del tirano es inútil la saña,
que no en vano entre Cuba y España
tiende inmenso sus olas el mar.

(Septiembre 1825)
Ed. 1832

Francisco González del Valle en su *Cronología herediana,* afirma de esta composición lo siguiente: "Ha sido vertida al inglés, en parte, en la obra *Selections from the best Spanish poets,* editada por Gertrudis F. de Vingut, Nueva Yor, 1856". Sin embargo, Emilio Roig de Leuchsenring sostiene que la traducción del *Himno del Desterrado,* que aparece en el libro de Gertrudis F. de Vingut fue tomada de la "North American Review, Boston, enero 1849, habiéndola realizado H. W. Hurbult.

Roland Labarre tradujo al francés, en verso, cuatro estrofas de esta composición. Ver Ob. cit., pág. 217.

Existe una traducción completa al georgiano, en verso, que aparece sin firma en la Revista "Mnatobi", núm. 12, 1963, págs. 67 y 68.

Alfred Coester tradujo al inglés, en prosa, dos estrofas. Ver Ob. cit., págs. 101 y 102.

LAS SOMBRAS

Sunt lacrimae rerum.
VIRGILIO [1]

EPISTOLA

Al ciudadano D... en su entrada a la Diputación
Provincial de...

"El orbe todo entre cadenas gima,
y el hombre hundido en servidumbre odiosa.
La mano bese que feroz le oprima;
los campos yermos y la tierra inculta
queden de hoy más: miseria dolorosa
única herencia a los humanos sea;
sumido en el horror todo se vea.
Y esto ha de efectuarse: yo lo quiero,
yo lo mando, y será."

                    Dijo orgulloso
el despotismo, y a su voz terrible
tronó doquiera el bronce sonoroso.
Tronó, y al punto de la espada horrible
brilló la triste luz, corrió la sangre,
y la tierra empapó; sonrióse el monstruo,
de su segur atroz al golpe horrendo,

---

[1] Poeta latino (70-19 a. N. E.), autor de *La Eneida*.

los fuertes destrozados expiraron,
y los cobardes, su furor temiendo,
en el polvo las frentes ocultaron.
Todo gimió vencido: el despotismo
en medio de la tierra esclavizada
fundó seguro su sangriento trono;
la venganza fatal y el negro encono
el mundo en sangre a su placer bañaron.
Desfalleció la industria entre cadenas
y miseria y dolores circundaron
al humano infeliz. —¿Y acaso eterna
será desgracia tal? No; lució el día
en que un mortal, a Marte [1] semejante,
lanzó al Averno el despotismo odioso
y el mundo respiró, y en un instante
la vio feliz su librador grandioso.
¡Ah! ¡Llegué a nuestra América infelice
tanto, tan grande bien! ¡Sobrado tiempo
vertiera estéril llanto entre condenas,
sujeta a un opresor vil y tirano,
América infeliz! ¡El Ser Supremo
a ser feliz te destinó: tus campos,
de frutas mil salubres, deliciosas,
cubiertos siempre están; de tus montañas
la plata y oro en manantial perenne
corren por siempre a enriquecer al mundo:
tus bosques hermosísimos, soberbios.

¿A dó se oculta la nación que un día
al Anáhuac inmenso dominaba,
que su cetro de gloria en él tendía,
que a su enojo la América temblaba?

---

[1] En la mitología romana, dios de la guerra, hijo de Júpiter y Juno.

Huyó cual humo su brillante imperio;
hora sumida en hondo cautiverio
ni aun consigue templar su amarga pena
con el recuerdo de los grandes días
que fueron a sus padres de alta gloria,
cuando a sus enemigos dominaban,
cuando orlaba sus sienes la victoria.
De tan ínclitos hechos, la memoria
se borró de su mente, que avezada
hoy es tan sólo a la servil cadena
que la española gente echóle osada.

En este valle mismo se veían
los generosos héroes mexicanos,
que blandiendo los arcos en su mano
las huestes a la lid apercibían.
Aquí los himnos bélicos sonaban
que a los cobardes ánimo infundían,
y al son del caracol en noble aliento
los fuertes se inflamaban,
e impávidos, volaban
a la gloria, a la lid, al vencimiento.
Hora yace en silencio sepultado,
silencio que es no más interrumpido
por el triste llorar del desgraciado,
por el hondo gemir del oprimido.

Sombras de Axayaces y Ahuitzoles [1],
¿a dónde os ocultáis? ¿Qué os habéis hecho...?
Alzad: en vuestros reinos tan preciados,
en vez de los magnánimos soldados
de quien tembló la América asombrada,

---

[1] Reyes del Méjico precolombino.

sólo se ven indígenas menguados,
de triste faz y lamentable tono,
desde que la opresión y tiranía
aquí sentaran su nefando trono.
Cualesquiera español es un tirano
que orgulloso y feroz, sin más derecho
que nacer en Canarias o en Europa,
llena de orgullo su indolente pecho,
y al débil indio con soberbia mano
maltrata, insulta, oprime;
y él ni aun siquiera gime
la cruda afrenta en su cobarde pecho,
digno del yugo y la servil cadena.
Sombras de Axayaces y Ahuitzoles,

¿A dónde os ocultáis? ¿Qué os habéis hecho...?
Aquesos pensamientos revolvía
en el espacio de mi inquieta mente,
cuando una tarde, al acabar el día,
silencioso vagaba tristemente
en el monte sagrado [1] en que reposan
de los reyes aztecas las cenizas:
allá donde mil árboles antiguos,
a despecho del tiempo y de los siglos,
siempre verde y hermosa alzan al cielo
la inmensa copa. —Hablad, plantas sublimes,
¿no lamentáis de América la suerte?
¿qué vio tres siglos en su rico suelo,
sino horror y cadenas, luto y muerte?
¡Vosotros, oh dolor, trocar las visteis
de altares, lengua y de señor! Vosotros
disteis placer a sus sencillos reyes,
y los visteis pasar bien cual bandada

---

[1] Chapultepec, colina en las inmediaciones de Méjico.

de fugitivas aves; su alta gloria
feneció, y su poder, y ya olvidada
se ocultó en el sepulcro su memoria.
¿Y vosotros duráis? ¿Y en vano el hombre
se afana en perpetuar su nombre
y en sangre y en sudor fiero se baña,
y mil pueblos y mil encadenados
víctimas gimen de su horrenda saña?
¿Y su memoria muere, y sobrevive
un árbol vil a su funesta gloria?

Yo cavilaba así; la clara luna,
resplandeciente en la mitad del cielo,
al través de los árboles sombríos
con suave vislumbrar bañaba el suelo
con su plateada luz, que dulce y triste
al mover de las hojas semejaba
a mil espectros pálidos y fríos
que rápidos en torno vagueando
se ocultaban doquier; mi alma llenaba
una dulce y feliz melancolía.
Mas de repente escucho entre los vientos
tristes gemidos resonar; alzado
revuelo en derredor la vista mía,
y un hombre miro que hacia mí se acerca,
de perlas y oro el traje recamado;
dorada mitra su cabeza cubre;
manto nevado de algodón hermoso
con majestad al brazo revolvía,
y rica espada en ademán airoso
de un dorado tahalí pender se vía.
Absorto y de respeto poseído
al ver su faz severa y majestuosa,
iba a inclinarme ante él, mas de repente
le vi volver con rabia dolorosa

a México los ojos, y encendido
en despecho fatal juntó las manos,
y al cielo alzó los furibundos ojos,
y exclamó con dolor:

MOCTEZUMA [1]

Hados tiranos,
¿por qué guardarme a tanta desventura?
Húndame yo otra vez en el sepulcro,
y no torne a sentir tanta amargura.
¿Mi imperio hermoso en mano de los viles
que me ultrajaron bárbaros? ¡Ay! ¿Cómo
sucedió tanto mal? ¿Cómo pudieron
mis asesinos derrocar mi trono?
¿Cómo en la negra lid no sucumbieron,
de mis vasallos al feroz encono?
¡Oh sucesores de mi grande imperio!
¡Alzad del polvo en que yacéis sumidos,
cargados de baldón y vituperio!
Los sepulcros dejad: rotos, vencidos,
¿cómo osaréis ante el monarca vuestro
los ojos levantar?

Dijo, y al punto
vi aparecer dos héroes: el primero
mostraba ser en los consejos sabio;
gallardo el otro, me forzó a admirarle,
y el aprecio captó del alma mía:
ni en Apolo, ni en Marte, dios guerrero,
se vio tanta beldad, tan alto brío.
Mitra dorada entrambos adornaba.
Entonces del imperio mexicano

---

[1] Emperador de los aztecas (1466-1520).

conocí a los monarcas infelices.
Mas Moctezuma, con semblante airado,
así dijo a los dos:

MOCTEZUMA

¿Cómo, cobardes,
el alto imperio que os dejé perdisteis?
¿Mis soldados invictos, qué se hicieron?
¿A quién el trono de Ahuitzol cedisteis?

CUITLAHUATZIN [1]

¡Ay! los dioses, señor, abandonaron
nuestra causa infeliz; por dondequiera,
polvorosos, sangrientos, expiraron
mil guerrero, y mil, al hierro duro
de los advenedizos; la atroz muerte
precoz me arrebató.

GUATIMOZIN [2]

Mientes, cobarde.
Si en los combates, si en la guerra fiera
buscases la salud, otra la suerte
fuera del Anáhuac; si valeroso
tú nuestras huestes bélicas guiaras,
si con la vista, y voz las animaras
a la gloriosa lid, allá en Otumba [3]
hallaran nuestros crueles opresores

---

[1] Rey que sucedió a Moctezuma y murió a pocos meses de su reinado.
[2] Ultimo emperador azteca, muerto en 1522.
[3] Villa de Méjico, victoria de Cortés en 1520.

a su ambición y a su furores tumba.
Mas de la muerte horrenda temeroso,
el mando del ejército fiaste
a un caudillo inexperto, que muriendo,
de matanza feroz a los horrores
nuestra hueste infeliz dejó entregada.
No fui yo así, señor, siempre constante,
siempre de libertad en sed ardiendo,
a los monstruos odié; mas mis vasallos,
al yugo atroz en su furor corriendo
contra mí fascinados se lanzaron;
ellos mismos con bárbaro alborozo
la cadena execranda se cargaron;
los extranjeros bárbaros triunfaron:
yo intenté sacudir su odioso yugo
y en un suplicio perecí; mas siempre
digno de ti, señor, y de mi padre [1].
La suerte, de mis glorias enemiga,
bien me pudo abatir, no degradarme.
En el cadalso, en el soberbio trono
siempre igual me mostré, ni de la muerte
pudo la frente pálida arredrarme.

Dijo, y gimiendo Moctezuma noble,
los ojos de mil lágrimas cargados
alzaba al cielo, y las robustas manos
doblaba con furor; y el héroe joven
del monarca infeliz la pena fiera
quiso calmar, y habló de esta manera:

GUATIMOZIN

No fuimos ¡oh señor! en nuestro tiempo
los desgraciados únicos: ¡Alzaos

---

[1] Ahuitzol.

oh reyes de la América, que fuisteis
de aquesos hombres bárbaros, feroces,
las víctimas también! Venid, juntemos
nuestras quejas amargas, y angustiosos
nuestra suerte infeliz juntos lloremos.

Dijo; su voz cual trueno retumbando
por los aires sonó; del sur volando,
tres indios generosos y gallardos
la colina pisaron; en sus sienes
ondear rosada borla se miraba,
y entre dolor envuelta y pesadumbre,
hermosa majestad su frente ornaba.

Al llamar del monarca mexicano,
también en la agradable Venezuela
alzóse de la tumba Guaycaypuro,
caudillo noble, generoso y fuerte,
a quien con vil traición los españoles
lanzaron a los reinos de la muerte
por quitar a su patria tal escudo.
Taramayna también se alzó sañudo,
Taramayna, terror de los iberos.
Y ambos marchando lívidos y fieros,
con clamores horribles se lanzaron
a la regia colina; allí reunidos
de tantos reyes las augustas sombras,
habló Guatimozín de esta manera:

GUATIMOZIN

¿Quiénes sois? Responded; nuestras desdichas
gimamos a la par, y a la inclemencia
de nuestra suerte bárbara lloremos,

y al cielo vengador de la inocencia
clamores de venganza levantemos.

ATAHUALPA

El inmenso Perú me obedecía,
cuando esos monstruos, por mi mal llegando,
aniquilaron la ventura mía,
yo descendiente de mi Dios los juzgo,
y envuelto en inocencia candorosa
a sus pérfidas manos me confío.
Mas su ambición y su codicia odiosa
ellos mostraron: con perfidia horrenda
y bárbara ansiedad, montones de oro
por darme libertad, falsos, exigen;
yo derramo sobre ellos mi tesoro,
pero a pesar de mi inocencia pura,
del rescate a pesar, juran mi muerte,
el vil Pizarro [1] su palabra olvida;
saciar su sed de sangre era forzoso,
y en un suplicio atroz, ignominioso,
terminé mis desgracias y mi vida.

MANCO-CAPAC [2]

Yo, del Imperio sucesor, no quise
la sangre derramar de mis vasallos;
por montañas estériles, incultas,
el Imperio troqué, mas, ambiciosos,
los crueles opresores de mi pueblo
la presa con furor se disputaron.

---

[1] Francisco Pizarro, conquistador español (1475-1541).
[2] Emperador de los incas que murió hacia 1563.

algunos de ellos, a la muerte huyendo,
seguro asilo junto a mí buscaron;
yo, mis justos rencores deponiendo,
generoso les doy en mi retiro
noble hospitalidad; pero uno de ellos,
ingrato a par de víbora traidora,
me hizo lanzar el último suspiro.

TUPAC-AMARU [1]

Yo, tranquilo y pacífico en las selvas,
a la cadena atroz degradadora
no quise nunca doblegar el cuello,
y los tiranos con furor odioso
de prisiones injustas me cargaron,
y a fuer de esclavo a su señor rebelde,
la vida en su suplicio me arrancaron.

GUAYCAYPURO [2]

Mi brazo, que a mi patria consagrado,
su gloria en los combates sostuviera,
contra esa cruel y engañadora gente
fue de su libertad constante escudo.
Su hueste atroz, esclavizar ansiando,
cual invencible asolador torrente
llenó la tierra; su ímpetu sañudo
en mí se quebrantó; mi firme pecho,
cual dique insuperable a sus furores,
su soberbia humilló mil y mil veces.

---

[1] Descendiente de los incas que en 1780 se sublevó contra la dominación española y se proclamó soberano del Perú. Fue descuartizado por las autoridades españolas.
[2] Jefe caribe de Venezuela, que vivió en el siglo XVI.

Mas ¿qué sirve el valor para un contrario
bárbaro a par que vil? Los españoles,
ya que en la dura lid no me rindieron,
con infame traición me sorprendieron;
mas no fueron señores de mi suerte;
yo, al insufrible horror de ser esclavo,
sereno preferí la triste muerte.

TARAMAYNA

Yo lidiando también...

MOCTEZUMA

                    Basta, infelices,
he aquí ¡oh dolor! la ensangrentada historia
de la infeliz América: doquiera
selló con sangre el español su gloria;
ferocidad, perfidia, hipocresía:
tal su carácter fue. Yo, rodeado
del gran poder y de la gloria mía,
cuando, por mis hazañas asombrada,
del raudo Chagre [1] al Niágara postrada,
América a mi voz se estremecía,
los colmé de tesoros y de gracias.
Si aniquilarlos quiso el pueblo mío,
yo los amé, y vivieron:
¡Y en vez de recompensa, ultrajes, muertes...!
¡Qué ingratitud, oh Dios...!
                       Dijo gimiendo.
Los américos reyes le escuchaban.
También mi tierno pecho comprimido
en sollozos rompió; mi ardiente rostro

---

[1] Río de Panamá.

un torrente de lágrimas bañaba;
mas de repente el cielo oscurecióse;
a la luna ocultó, que antes hermosa
al mundo con su faz iluminaba.
Allá a lo lejos el furioso trueno
estalló, resonando en mis oídos;
relámpagos sin fin brillar se vieron,
por el aire las sombras se esparcieron,
y el monte resonó con sus gemidos.

(1825)

Este poema se incluyó por primera vez en las colecciones de Heredia en la edición de Nueva York de 1875, hecha por Ponce de León. Había aparecido en forma incompleta en la "Gaceta diaria de Méjico", t. I, núm. 149, octubre 23, 1825.

EN LA APERTURA

DEL INSTITUTO MEJICANO

 Luce por fin el venturoso día
que con votos ardientes invocaban
los amantes del bien. Sobrado tiempo
de llanto, luto y de pavor cercada
reinó de Anáhuac en los yermos campos
guerra feroz. La paz apetecida
ciñe de libertad el ara santa
con sereno esplendor, y abre Minerva
a nuestra juventud su templo sacro.

 ¡Día de bendición! ¡Qué dulce aurora
vemos lucir de gozo y esperanza!
¡Con qué vivo placer miro adunados
los alumnos ilustres de la ciencia
para abrir a los pueblos mejicanos
la fuente del saber! Arde en sus pechos
el patriotismo, la virtud, la fuerza,
el entusiasmo férvido que al hombre
arrebata hacia el bien, y largos frutos
producirá su generoso anhelo.
Aquí naturaleza por do quiera
Virgen, robusta, ostenta de su seno
los tesoros sin fin. Nuestros tiranos

de oro, de sangre y opresión sedientos.
Su beldad no preciaban. Mas ahora
el celo y los afanes de Minerva
levantarán el velo que la cubre,
y en la alta majestad de su belleza
brillará, cual saliendo de las nubes
la blanca luna en el profundo cielo.

Y las Musas también su trono de oro
en Anáhuac pondrán: Naturaleza
a nuestra juventud do quiera brinda
fuentes de inspiración. El panorama
del universo todo nos circunda.
En él se juntan bajo el mismo cielo
eterna nieve y perenal verdura,
y en un estrecho círculo se abrazan
los polos y los trópicos. Florida
se ostenta la beldad, y arde en sus ojos
del sol del Ecuador la etérea llama.
¿Quién puede contemplar sin entusiasmo
los magníficos cuadros que Natura
nos prodiga en América? ¿Quién puede
indiferente ver las tempestades
vestir de oscuridad las anchas bases
de los Andes altísimos, en torno
hervir el rayo, retumbar el trueno,
a torrentes bajar la gruesa lluvia,
y encima descollar nevadas cumbres
y dibujarse en el desierto cielo
inundadas en luz; o lentamente
ver ir con majestad al Océano
ríos profundos, inmensos, que parecen

mares corrientes, o lanzarse airados
de un precipicio, y asordar la esfera
su tremendo fragor? ¡Oh! ¿Qué hombre frío
a vista de unos cuadros tan sublimes
no palpita, y se asombra, y en su pecho
no siente ardiendo levantarse el canto?

La más abominable tiranía
a par cargó con su cadena odiosa
los cuerpos y las almas. Luengos años
nos devoró. Su aliento ponzoñoso
convirtió los santuarios de Minerva
en guaridas de error. Así en los pechos
de nuestra juventud se sofocaba
el noble germen de mental grandeza
y elevación. Estúpida pasaba
una generación, y otra, ignorando
su fuerza y sus derechos, avezadas
a servidumbre y crímenes. Empero
colmóse al fin la copa ensangrentada
del infortunio, y nos lucieron días
de gloria y libertad. La luz divina,
disipando las nieblas de ignorancia,
nos alza al rango que nos dio natura.

Es la alma libertad madre fecunda
de las artes y ciencias: ella rompe
la atroz cadena que al ingenio humano
los déspotas cargaron, y a la sombra
de su manto benéfico y su oliva
crece la ilustración: en el espacio
el genio vencedor tiende sus alas,

y la mente atrevida y generosa,
superando a las águilas en vuelo,
se levanta en los aires, y su vista
abarca tierra y mar, nubes y cielo.

¡Sagrada libertad! ¡oh! ¡cómo siente
tu dulce influjo el pueblo americano
en los climas del norte! Allí sereno
con impávida frente mira Franklin
venir tronando por el aire oscuro
la negra tempestad. Su mano fuerte
arranca el rayo a la cargada nube,
y le arroja a morir lejos del hombre.
Fulton allí con el vapor ardiente
osa quitar al caprichoso Eolo
el imperio del mar, y por su genio,
blasón glorioso del saber humano,
de América los rápidos navíos
contrastan la corriente de sus ríos
y el contrario furor del Océano.
El mismo alza flotantes fortalezas
de su patria en los mares, do segura
lidie la libertad, e invulnerable
sobre siervos y déspotas fulmine.
Así América opone generosa
valor constante a la opresión injusta,
y el ingenio al poder. Obras sublimes,
que pálido contempla y despechado
el tirano del mar, cuando invisible
truena el *torpedo,* y sus soberbias naves
saltan, se incendian, y en el mar ardiente
llueven armas, cadáveres y sangre.

Pronto de noble brillo circundados
se vestirán los hijos del Anáhuac
las alas del saber. Sabio Instituto,
vuestras serán la gloria y las fatigas
de empresa tan espléndida y sagrada.
Mi espíritu, del bien fogoso amante,
de exaltación sublime y esperanza
se inunda venturoso en vuestro seno.
Y de entusiasmo y de delicia lleno,
en el brillante porvenir se lanza.

(1826)
Ed. 1832

Recitada el 2 de abril de 1826.
Composición leída en la apertura solemne del Instituto Mejicano por el C. (ciudadano) José María Heredia, quien la dedica a su querido amigo el C. José María Tornel.

HIMNO DE GUERRA

I

Pues otra vez la bárbara guerra
lejos retumbaba el profundo rugir,
de los aztecas resuene en la tierra
el noble grito vencer o morir!
Qué ¿pensarán insensatos y audaces
los españoles el yugo imponer
a los valientes que alianzas o paces
con los tiranos juraron no hacer?

II

¿Cómo tan pronto el terror olvidaron
con que les vimos perdón demandar,
cuando a los pies de los héroes juraron
nuestros derechos por siempre acatar?
Vuelvan y tornen la patria y la gloria
en nuestra frente a ceñir su laurel.
Eterno vive en la espléndida historia
quien en las lides se adorna con él.

III

Vana contemple su infame perfidia
el degradado avariento español,
el devorado su pecho de envidia,
felices mire a los hijos del Sol.

Ya le tendimos de amigo la mano,
y el insolente la osó despreciar:
quiere que Anáhuac le adore tirano,
y Anáhuac libre sabrále humillar.

IV

Allá se postre en la mísera España
ante el tirano más vil y feroz,
y en él se cebe la estúpida saña
de su execrable y sangriento Moloch.
¡Fuera tiranos! El Sur exclamó.
La libertad sus esfuerzos bendijo,
y al nuevo mundo en su templo erigió.

V

Nunca olvidemos las bárbaras penas
que nos hiciera la España pasar.
Trescientos años de oprobio y cadenas.
Se nos presenta ocasión de vengar.
Para tiranos, cobardes y reyes
arde muy fiero de América el sol,
mas vivifica benigno las leyes
y las coronas de puro esplendor.

VI

Armad guerreros con ira la diestra
y en vano truena la nube fatal;
la patria bella nos clama y nos muestra
la senda noble de gloria inmortal.

Obedezcamos su acento sublime;
aseguremos su dicha y su paz,
un solo ardor nuestro pecho anime,
un solo voto ¡Morir o triunfar!

(Abril 1826)

Letra de Heredia y música de J. B. Wenzel. Anunciado en "El Iris", de 3 de mayo de 1826. El mismo periódico lo reprodujo en el t. II, núm. 17, de 17 de junio de 1826, págs. 111 y 112.

Este Himno fue publicado por primera vez en Cuba en la *Cronología herediana*, de Francisco González del Valle, La Habana, 1938.

El Himno al publicarse, fue precedido de la nota siguiente:

HIMNO DE GUERRA

Si hay documentos que atestiguan el poder mágico de los versos, son sin duda los himnos patrióticos. Sin subir a los tiempos de Tirteo, ni de Osian, basta echar una mirada sobre las últimas revoluciones en Inglaterra, Suiza y Francia, para convencernos de los prodigios de que han sido capaz. No negaremos, que así como para destruir el prestigio de ciertas sociedades, los tiranos no encontraron un medio más eficaz que el generalizarlas, para destruir el efecto de las canciones patrióticas, emplearon todos sus cuidados, en multiplicarlas. Es natural que un hombre que corteja muchas mujeres, no puede tener grande afecto a ninguna, y no le es menos, que los pueblos que tienen demasiadas canciones patrióticas, no se electrizan ya por ninguna. Mientras algunas naciones están pecando por un extremo, Méjico peca por otro: el de tener ninguno. Semejante consideración nos hizo rogar al señor Heredia que procurase llenar este vacío y habiéndole presentado un rasgo de música de Wenzel, tuvo la bondad de adaptarle la poesía que copiamos.

HIMNO EN HONOR DEL GENERAL VICTORIA

Si de mi libre musa
jamás el eco adormeció a tiranos,
ni vil lisonja emponzoñó su aliento,
allá del alto asiento
a que el valor magnánimo te eleva,
el himno escucha que a tu nombre entona.

¡Gloria al jefe a quien ciñen la frente
con sus lauros constancia y valor!
Largos años su vida se aumente
para dicha de Anáhuac y honor.

Hoy que alzado resuena en los aires
tu fatídico nombre, ¡oh Victoria!,
goza ya tu purísima gloria,
digno premio a la austera virtud.
Ese pueblo ya libre que mandas,
te saluda sincero y bendice,
y en ti ve del Anáhuac felice
la esperanza, la gloria y salud.

Gloria al jefe, &.

Del Anáhuac los campos y montes,
del Océano la férvida arena
de tu ardor y constancia está llena,
y aun alienta tu espíritu allí.
   Al ceder a discordia y reveses
de Dolores la gloria expirante,
su mirada postrera, anhelante,
en Guerrero fijaba y en ti.

Gloria al jefe, &.

Una roca en el mar daba asilo
al ibero tirano orgulloso,
y al rigor de su bronce ominoso,
fulminada gimió Veracruz.
   A tu afán incansable, vencida
desaparece la hueste española,
y el pendón del Anáhuac tremola
victorioso del sol en la luz.

Gloria al jefe, &.

Ante ti la discordia se acalla,
y visita la paz nuestro suelo,
y el fulgor apacible del cielo
ve en sus campos Anáhuac lucir.
   Por tu voz reconoce la Europa
nuestros santos sublimes derechos,
y amistad con sus lazos estrechos
ambos mundos en breve ha de unir.

Gloria al jefe, &.

Por tu premio tan sólo apeteces
la corona modesta de encina
que la patria feliz te destina,
cuando dejes excelso poder.

Libre ya de sus rayos, tu frente
brillará más cercana y más pura,
¡y de Anáhuac verás la ventura,
inundado en divino placer!

Gloria al jefe, &.

"Correo de la Federación", Méjico, t. I, núm. 42, 12 diciembre 1826, pág. 3. Copia del Dr. Manuel García Garófalo Mesa.

Apareció con el siguiente título:

Himno compuesto para cantarse en el teatro de Méjico en la noche de hoy 12 de diciembre de 1826, por el C. José María Heredia, con música del célebre profesor D. Manuel García.

Obsérvese la semejanza entre los primeros versos de esta composición y los de la silva *A Bolívar*, compuesta por Heredia en 1827.

ELEGIA

Pereció! Ya no existe el que fue un día
honor y lustre de la patria mía!
Pereció! Ya no existe! En él acaba
de robarnos la muerte al mejor padre;
al filósofo, al sabio justiciero;
al esposo más fiel: al que su mano
rehusó jamás al mísero abatido,
al liberal valiente y decidido,
a Hernández, digo en fin, de los tiranos
enemigo mortal, y de la patria
el numen titular; el que primero
bajó cadáver a la tumba fría
que doblarse a la infanda tiranía,
ni treguar nunca con el crimen fiero.
Présteme Melpomene[1], tus favores:
sin tu auxilio divino, sin tu amparo,
en vano el honor afán de mis dolores
pretendiera cantar de este hombre raro
el mérito sin par. Acá en mi mente
un copioso torrente
derrama de tu fuego
que a mi numen indocto iluminado
hasta el sublime le levante luego
de tanta empresa digno...
Y tú, cuyo ejercicio, cuyo empleo

---

[1] Musa de la tragedia.

es en libro inmortal, divina Clio[1],
guardar de la virtud la inmensa historia,
escribe la de Hernández eminente
mientras que Cuba en ademán doliente
perpetúa con su muerte su memoria.

Que alzóse de la cuna como se alza
naciente flor al lado de algún río,
cuidado y regalado de la patria
que en él gozaba su esplendor y brillo;
que corrió por las ciencias intrincadas,
que se embebió, que se formó con ellas,
por más escollos, que en su curso hallara:
y cuando el aula premiadora puso
las leyes en sus manos
fuera verlo y oirlo entre las leyes
trabajar por el bien de los cubanos.
¿Resonaron tiranos?
Miradlo entonces execrar sus vidas
más que alabadas siempre maldecidas
aun de su misma prole. Y tales monstruos
han de existir en años venideros?...
No: tiranos; no más. Perpetuo encono
os jura el orbe entero!
El siglo ya llegó de vuestra ruina,
no más cadenas, ni opresión! Volando
hierve de libertad llama divina
que os ha de destronar y que abrazando
os ha de hundir en el profundo averno!
Caeréis. Caeréis. Y de la feroz caída
hasta en la tumba se ha de oír, y entonces
al aire vividor vueltos los héroes
víctimas de la infanda tiranía,

---

[1] Musa de la historia.

vuestro seno rasgando,
de sierpes llenarán vuestra alma impía.
Y tú, campeón ilustre y venerado,
el triunfo alcanzarás de tu justicia,
tú a quien venal maldad, torpe malicia
sumergiera temprano entre la tumba
por medio bien distante
del digno a tu virtud!... Vil asesino
que confundido en el debate noble
de este bravo y valiente Colatino,
de este intrépido Bruto [1]
favor al despotismo que bebiste
su funesta desgracia le ofreciste.
Cébate con su sangre; ya difunto
le dejó tu furor: cébate y mira
la vida negra y criminal gozando
cuando este ilustre ciudadano expira.

No de Hernández el pecho valeroso
entrada dio a la infamia: yo lo veía
en incansable afán, sin temer riesgos
la libertad sembrar que en él hervía
y luto por sus víctimas vistiendo
jurar por sus cenizas la venganza
del tirano cruel: ya consolando
al que hundido en grasiento calabozo
por la patria sufría,
o bien su auxilio generoso dando
a los valientes que en lejana ausencia
en extranjero y dilatado clima
yacen en la indigencia
privados de su patria y sus familias.

---

[1] Ahijado de César, asesino suyo en defensa de la República, 85-42 a. C.

Ni otro ha sido jamás; el indigente
nunca llegó a sus puertas acosado
del hambre y desnudez, sin que aliviado
no fuese en su pena; ni la doliente
viuda pidióle su favor y amparo
que no la consolara,
y el huérfano su padre en él hallara.

Así fue en el saber: cuando en el foro
los litigios amargos fermentaban;
cuando los contrapuestos litigantes
sordos a la equidad se encarnizaban,
si a Hernández por final se cometían
inter más complicados ser podrían,
tanto más presto Hernández los sanaba
y en paz la guerra fúnebre acababa.
Si una rápida ojeada a su elocuencia
echamos por ventura,
hallaremos el tino y la cordura
de Camilo y Valerio, y Roma entera.
¡Qué digo! El ateniense Epaminondas,
Arístides, la Grecia nunca fuera
sabia más que este Arístipo habanero.
Cuando la imprenta libre un feliz rasgo
liberal imprimió de su talento;
cuando le censuró necio jurado,
allí escuchad su intrépido ardimiento;
allí fue a confundir al juez curado
si déspota a la vez... Quedara absuelto.
Mas el ciego Tarquino le jurara
su ruina funeral, y se ha cumplido
cuando sin patria el pueblo soberano
yace en esclavitud de *un rey tirano*.

Téjese la impostura
de la conjuración... En que aparece
Hernández criminal! ¡Cuál se enfurece
el vil Nerón[1] que su desgracia jura!
Prisión al héroe se le impone y sufre
en el fuerte *Severo* de Matanzas,
que jamás encerró ni más virtudes
ni mayor inocencia. Empero, nada
su fuerte pecho acongojar pudiera
si un infortunio tal no se reuniera
a otro infortunio tal. Su dulce amada,
su tiernísima esposa a la honda huesa
en tres soles atrás bajado había
cuando se le oprimió! Tanta desgracia
el encono templar habría alcanzado
de Diocleciano[2] mismo
si hoy no fuera mayor el despotismo
que todos los que al hombre han subyugado.

Sufre Hernández el ceño del destino
émulo del honor, aunque infamado
lo arrastren de un castillo a otro castillo,
aunque a cárcel cruel sea arrastrado...
A la cárcel oh, Dios! donde el inicuo,
el asesino, el hartador, el de alma
negra, horrenda, esperando sus castigos
detestan aun la luz...! Serena calma
respira siempre el sabio! La alma pura,
la alma noble podrá ser abatida
mas no hacerla treguar con la impostura!

---

[1] Emperador romano, cruel y depravado, 54-68 d. C. Bajo su reinado tuvo lugar la primera persecución de los cristianos.
[2] Emperador romano de 284 a 305. Dividió y reorganizó el Imperio. Gran persecución de los cristianos.

Poder de la virtud! Sócrates[1] fuerte
primero que el baldón y que la afrenta
el cáliz apuró de infausta muerte.
Firme resiste Hernández, como erguida
robusta palma que se eleva al cielo;
que si en deshecha tempestad se dobla
de aquilón al empuje, a poco luego
su antigua majestad serena sobra.
De esta manera así los raudos días
se vieron resistir a sus contrarios,
y le vieran triunfar, si las impías
parcas no hirieran su existencia hermosa
digna de más vivir, de más dichosa
y próspera fortuna...
*Pereció! Ya no existe aquel que un día
fue honor y lustre de la patria mía!*

Almas justas llorad: jamás el llanto
tuvo más ocasión ni más objeto;
y tú. ¡Oh numen! reanima mi quebranto
que se siente expirar mi amor primero.
¿Y que viva el malvado? ¿Y que los fieros
verdugos de su vida en vez de luto
vistan galas alegres y en victoria
una sonrisa den a su memoria...?
¡Rayos abrasadores! A mis manos
venid sólo una vez, y yo perezca
si la tierra no purgo de tiranos!

Pero el baldón, la afrenta, el vituperio
a Hernández cubrirá...? Preclara estirpe
le sobrevive. ¡Oh tú! naciente genio

---

[1] Filósofo ateniense, 470-399 a. C. Acusado de haber corrompido a la juventud, enseñándole doctrinas contrarias a la religión de la ciudad, fue condenado a beber la cicuta.

de virtud y saber! En ti descuide
el honor de tu padre; Tú imitando
su patriótico ardor, y superando
la iniquidad de sus contrarios crueles,
del llanto que tu faz tierna marchita
de ese dolor que el corazón te agita
haz nacer los laureles,
el árbol de la gloria
que ciña en algún día su victoria!
Crece, y creciendo a par como en Orestes [1]
el odio contra el vil pérfido Egisto,
véngale del borrón... Todo lo pueden
el tiempo y la virtud! Te espera escrito
encargo postrimer de ilustre padre:
¡Ah! Nunca olvides que al morir te dijo:
"Lava mi afrenta, es tu deber..." Un hijo
de tal héroe serás, cuando a su sombra
aplaques, aunque tarde, en grande día
más que con sangre con agudo acero
de la virtud, el elocuente labio,
puñal destrozador! Arma del sabio!
Y tú, patricio, condenado triste
dentro del alma a ahogar el sentimiento
de tanto padecer, el curso libre
déjale al llanto; al doledor tormento
rienda deja sin fin: sin fin tu pena
llora, Matanzas, ¡ay! Llórale, Habana,
madre infeliz a esclavitud opresa.
Cubanos desdichados! Si; ya os veo
dó quiera vaguear y adoloridos
los ojos levantar al alto cielo

---

[1] En la mitología griega, hijo de Agamenón, a quien venga en su asesino Egisto y su propia madre Clitemnestra. Perseguido por las Erinias, fue absuelto por Apolo.

henchidos de llorar, y más henchidos
de reprimida libertad! Lloremos,
y si acaso el tirano nos sorprende
a Hernández invocando en el sepulcro,
de su sagrada tumba repeliendo
la mirada feroz de su verdugo,
lanzándole exclamad: *"Salva, tirano*
el reino de los justos; no perturbe
la quietud celestial tu aliento insano!"
Y la amarilla faz volviendo mustia
al insensible mármol
prorrumpid con dolor y con angustia
¡pereció! Ya no existe el que fue un día
honor y lustre de la patria mía...!

"El Amigo del Pueblo", Méjico, t. I, núm. 2, 8 de agosto de 1827, págs. 27-32.
Esta poesía no aparece en ninguna de las ediciones de las poesías de Heredia. En Cuba la dio a conocer González del Valle, en el número 4 de la Segunda Seria de los Cuadernos de Cultura.
La poesía, al publicarse, fue precedida de la nota siguiente:
Para honrar la memoria del Dr. D. Juan José Hernández, primer mártir de la independencia de Cuba, y para probar que aún respiran en aquella isla almas ardientes que se indignan contra la esclavitud, y aman y merecen la libertad, insertamos la siguiente elegía, que se nos ha remitido al efecto.

A BOLIVAR

¡Libertador! Si de mi libre lira
jamás el eco fiero
al crimen halagó ni a los tiranos,
escucha su himno de loor que inspira
ferviente admiración. Alto, severo
será por siempre de mi voz el tono.
Sí, columna de América: no temo
al cantar tus hazañas inmortales
que me escuchen los genios celestiales,
y juzgue el Ser Supremo.

¿Qué era, decid, el vasto continente
que Colón reveló? Bajo la saña
de la terrible España
tres centurias gimió su opresa gente
en estéril afán, en larga pena,
en tinieblas mentales y cadena.
Mas el momento vencedor del hado
al fin llegó los hierros se quebrantan,
el hombre mira al sol, osado piensa,
y los pueblos de América, del mundo
sienten al fin la agitación inmensa,
y osan luchar, y la victoria cantan.

Bella y fugaz aurora
lució de libertad. Desastre inmenso
cubrió a Caracas de pavor y luto.
Del patriótico afán el dulce fruto

fatal superstición seca y devora.
De libertad sobre la infausta ruina
más osado y feroz torna el tirano,
y entre la desolación, insano
amenaza y fulmina.

   Pero Bolívar fue. Su heroico grito
"Venganza, patria y libertad" aclama.
Venezuela se inflama,
y trábase la lucha
ardua, larga, sangrienta,
que de gloria inmortal cubre a Bolívar
en diez años de afán. La fama sola
a la prosperidad los triunfos cuenta
que le vio presidir, cuando humillaba
la feroz arrogancia,
la pujanza española,
y su genio celebra y su constancia.
Una vez y otra vez roto y vencido,
de su patria expedido,
peregrino en la tierra y Océano,
¿quién le vio desmayar? El infortunio
y la traición impía
se fatigaron por vencerle, en vano
su genio inagotable
igualaba el revés a la victoria,
y le miró la historia
empapar en sudor, llenar de fama,
del Golfo Triste al Ecuador sereno,
del Orinoco[1] inmenso a Tequendama[2].

---

  [1] Río de Venezuela.
  [2] Salto de Funza. El Funza es un afluente del Magdalena, 255 km.; riega la meseta de Bogotá, que deja en el salto de Tequendama (160 m.).

¡Bolívar inmortal! ¿Qué voz humana
enumerar y celebrar podría
tus victorias sin fin, tu eterno aliento?
Colombia independiente y soberana
es de tu gloria noble monumento.
Del vil polvo a tu voz, robusta, fiera,
de majestad ornada,
ella se alzó, como Minerva [1] armada
del cerebro de Júpiter saliera.

Mas a tu ardor sublime
no bastan ya de Araure y Carabobo,
de Boyacá [2] y de Quito los laureles,
libertad al Perú volar te ordena.
La espada ardiente que tu mano esgrime,
rayo al poder de España,
brilla donde su saña
a servidumbre o destrucción condena
la familia del Sol, en cuyo templo
inexorable y fiera
alzaba ya la Inquisición su hoguera.

Entre guerra civil e iberas lanzas
aquel pueblo infeliz vacila triste,
cuando el poder dictatorial te viste,
y te manda "salvar sus esperanzas".
La discordia feroz huye aterrada,
el sumiso Perú tu genio adora,
y de venganza y libertad la aurora
luce en Juanín al brillo de tu espada.

---

[1] Antigua diosa itálica de los operarios, artífices y médicos; luego identificada con la diosa griega Palas Atenea.
[2] En Boyaca ganó Bolívar la batalla contra las tropas españolas que decidió la independencia colombiana en 1819.

Tu espíritu feliz a Sucre [1] llena;
y un mundo por tu genio libertado
en Ayacucho al fin ve destrozado
el postrer eslabón de su cadena.
Allí el ángel de América la vista
dilata por sus llanos
desde la nube umbrosa en que se asienta,
y con terror involuntario cuenta
seis mil patriotas y diez mil tiranos.
Mas eran los patriotas colombianos,
alumnos de Bolívar y la gloria;
tu generoso ardor los abrasaba,
y fue suyo el laurel de la victoria.
Allí termina la inmortal campaña,
y al colombiano pabellón glorioso,
sangriento y polvoroso
cede y se humilla el pabellón de España.

¡Libertad a la patria de los Incas!
¡Libertad de Colón al hemisferio!
¡Lauro al Libertador! Del Cuzco [2] antiguo
las vírgenes preciadas,
libres del afrentoso cautiverio,
himnos de triunfo entonan a Bolívar.
Los pueblos que feliz libra y aduna,
manco nuevo le llaman,
y con ardiente gratitud le aclaman
el genio de la guerra y la fortuna.

---

[1] Antonio José de Sucre nació en Cumaná (Venezuela) en 1795, fue compañero de Miranda y, desde 1819, lugarteniente y el mejor amigo de Bolívar. Libertó al Ecuador con la victoria de Pichincha (1822) y el Perú con la de Ayacucho (1824). Fue elegido presidente de Bolivia (1826) y luego del Ecuador, mas no llegó a Quito, pues murió asesinado cerca de Pasto (1830).
[2] Capital del Imperio Inca hasta 1533.

Y resuena su voz, y soberana
se alza Bolivia bella,
y añádase una estrella
a la constelación americana.

¡Numen restaurador! ¿Qué gloria humana
puede igualar a tu sublime gloria?
¡Oh Bolívar divino!
tu nombre diamantino
rechazará las olas con que el tiempo
sepulta de los reyes la memoria;
y de tu siglo al recorrer la historia
las razas venideras
con estupor profundo
tu genio admirarán, tu ardor triunfante,
viéndote sostener, sublime Atlante [1],
la independencia y libertad de un mundo.

¿Y tan brillante gloria
eclipsaráse al fin...? Letal sospecha
en torno de tu frente revolando,
empaña su esplendor: yacen las leyes
indignamente holladas,
sin ser por ti vengadas.
La patria y la virtud su estrago gimen:
triunfa la rebelión, se premia el crimen.

¡Libertador! ¡y callas...! ¿Cuándo insano
truena un rebelde, ocioso
el rayo vengador yace en tu mano?
¿Y ciñes a un faccioso
tu espada en galardón...? A error tan triste

---

[1] En la mitología, hijo de Zeus que fue condenado a sostener sobre sus hombros el Mundo.

permite a mi dolor que corra un velo.
si patria no ha de haber, ¿por qué venciste?
¡Ah! los reyes dirán con burla impía
que tantos sacrificios fueron vanos,
y que sólo extirpaste a los tiranos
para ejercer por ti la tiranía.

Cual cometa serás, que en su carrera
por la atracción del Sol arrebatado,
se desliza en el éter, y abrasado
se pierde al fin en su perenne hoguera.
¿Contra la Libertad entronizada
por tu constante, generoso brío,
esgrimirás impío
de Carabobo y de Junín la espada?
Cuando tu gloria el Universo abarca,
libertador de esclavos a millones,
creador de tres naciones,
¿te querrás abatir hasta monarca?

¿Vuelve los ojos...? A Iturbide [1] mira
que de Padilla en la fatal arena
paga de su ambición la dura pena,
y como un malhechor sangriento expira;
y pálido, deforme, le recibe
el suelo que libró, que le adoraba,
y cívica apoteosis le guardaba
en vez de vil, ignominiosa muerte.
Más alta que la suya fue tu suerte,
muy más largo tu afán, mayor tu gloria.
¿A tu inmortal carrera
con lágrimas y sangre

---

[1] Agustín Iturbide, que se erigió Emperador de Méjico. Murió fusilado (1783-1824).

un fin igual recordará la historia?
Después que al orbe atónito dejaste
con tu sublime vuelo,
brillante Lucifer, ¿caerás del cielo?

   Jamás impunemente
al pueblo soberano
pudo imponer un héroe ciudadano
el sello del baldón sobre la frente.
El pueblo se alza, y su voraz encono
sacrifica al tirano,
que halla infamia y sepulcro en vez de trono,
así desvanecerse vio la tierra
de Napoleón y de Agustín [1] la gloria,
y prematura tumba los encierra,
y la baña con llanto la Victoria.
¡Hijo de Libertad privilegiado,
no a su terrible majestad atentes,
ni a nuestro asombro y lástima presentes
un laurel fulminado...!

(1827)
Ed. 1832

---

[1] Alusión a Agustín Iturbide.
"El Amigo del Pueblo", Méjico, t. IV, núm. 1, 2 abril 1828, pág. 24. La reprodujo en "El Sol", Méjico, núm. 1764, 13 abril 1828.

TRIUNFO DE LA PATRIA

Cuando en la etérea cumbre
de los eternos Andes se amontonan
mil pavorosas nubes,
de hielo, fuego y destrucción preñadas,
y con fúnebre cerco los coronan,
en negra sombra se oscurece el día,
y gira en las llanuras aterradas
triste, sordo rumor, nuncio de muerte.
Pero si el rayo fuerte
estalla y rompe de la nube el seno,
la densa oscuridad rasga su velo,
la fiera tempestad ruge bramando,
y más puro brillando
se ostenta el sol en el desierto cielo.

Así la torpe sedición que impía
a la gloria de Anáhuac insultaba,
y fiera provocaba
a la guerra civil y horrendo estrago,
despareció, cual humo, al solo amago
del ínclito GUERRERO.
La hidra feroz por él yace vencida;
y la ley afirmada,
al relucir su fulminante acero
brilla de nuevo lustre coronada.

¡Caudillo vencedor! Siempre la Patria
ídolo fue de tu alma generosa.

Su independencia y libertad hermosa
siempre a su culto vieron consagrados
tu brazo y corazón. Cuando Anáhuac
vio al Ibero triunfar, puso en tus manos
la centella feliz de sacro fuego
que devoró por fin a los tiranos.
Hoy de furor anárquico lo libras.
De la victoria espléndida el camino
mostrándote la Patria te imploraba:
de su estrella el fulgor te iluminaba:
¡Llegar, ver y vencer fue tu destino!

¡Goza tu pura gloria,
de ciudadanos inmortal modelo,
predilecto de Anáhuac! Por do quiera
de salvación el grito y de victoria
se oye sonar. El pueblo que salvaste
una vez y otra vez, levanta al cielo
con exaltado amor tu nombre y fama,
y de su libertad e independencia
inexpugnable Paladión te aclama.

Tú, VICTORIA, también honor ganaste
sofocando la bárbara anarquía,
y la alta profecía
de tu nombre fatídico llenaste.
Osó la rebelión llamar flaqueza
tu alta moderación; pero tu mano
supo frenar sus ímpetus furiosos,
y presentaste noble a los facciosos
la inalterable frente que al tirano.

¿Quién pudo resistir cuando a GUERRERO
al campo del honor lanzó VICTORIA?
¡Columnas del Anáhuac! A vosotros

de hoy más la patria fía
su alto destino, libertad y gloria.
Sus enemigos con maldad impía
querrán soplar en vuestras nobles almas
de la discordia el bárbaro veneno.
¡Su gozo no excitéis! Por siempre unidos
os mire Anáhuac y os admire el mundo,
y húndase la anarquía
del Averno en el antro más profundo.

¡Y tú, BRAVO infeliz, ángel caído...!
Mi canto dolorido
no insultará tu inmensa desventura.
Con sensible amargura
renueva la memoria
los timbres inmortales
de tu antigua virtud y de tu gloria.
A pesar del laurel por el Anáhuac
a tu frente gloriosa entretegido,
del rayo celestial te ves herido.
En tu funesta suerte
alta lección a las facciones diste
y también a los reyes.
Contra el Anáhuac o sus santas leyes,
¿quién osará luchar, si tú caíste?

(Enero 1828)
Ed. 1832

"El Amigo del Pueblo", Méjico, t. III, núm. 4, 23 enero 1828, págs. 125-128.

A LOS MEJICANOS, EN 1829

   ¿Por qué el tiempo en sus alas fugitivas
llevó el siglo dichoso
en que abrasaba el pecho en llamas vivas
el canto poderoso,
y a los míseros siervos alentaba
el yugo a sacudir, y la alta frente
al vencedor sublime coronaba?
¡Tiempo feliz, en que al cantar de Alceo
turbábase el tirano,
y a los triunfos volaba el Espartano,
a la fulmínea voz del gran Tirteo!

   Si piadoso el destino
a mi labio prestara
una centella de su ardor divino,
¡cómo, Anáhuac, tronara,
y contra tus eternos enemigos
a devorante lid te levantara!

   El tirano de España
tras once años de lid, roto y vencido,
de su impotente saña
en el delirio bárbaro y furores
ordena que sus siervos a millares
dejen los patrios lares
para cubrir a Méjico de horrores.

"¡Id", les dice, "volad al rico suelo
"que Cortés y Callejas desolaron:
"sea la ferocidad que allí mostraron
"vuestro norte feliz, vuestro modelo!"

   Al mortífero acento
la vela sus esclavos dan al viento,
y al azaroso piélago se lanzan,
sin contemplar su inevitable suerte.
¡Insensatos! ¿dó vais? Mirad la muerte
que en las costas de Anáhuac asentada
tiende su mano pálida, y erguida
con placer infernal suyos os nombra.
Vuestra invasión no asombra
a los libres de Méjico. ¡Miradlos!
En ira santa palpitando el pecho
os aguardan, y más que la existencia
estiman denodados
su libertad, honor e independencia.

   ¡A las armas, Anáhuac! y de guerra
el grito suene salvador, sublime,
y el patrio fuego por do quier anime,
y de acero y furor vista la tierra.
¡A lidiar! ¡a vencer! ¡De sangre ibera
sediento el suelo está: su ardor saciemos,
y en despojos sangrientos de tiranos
perenne trono a Libertad fundemos.
Muerte, baldón al que la lid rehusare.
Y prefiriendo a Libertad el yugo,
la patria y el honor menospreciare!

   ¡No! ¡Jamás dejaremos
que de la Independencia en la ruina
con funesta victoria
hunda un tirano el porvenir de gloria

que grato Dios a nuestro afán destina!
¡Jamás a la alta mente
servidumbre fatal frene su vuelo,
y audaz nos vede levantar la frente,
y dirigirla sin rubor al cielo!
¡Antes muramos que su indigna planta
conculque las cenizas
de doscientos mil mártires!... ¡Oidlos!
¿No escucháis cómo claman
desde sus tumbas con terrible grito,
y a lid y gloria y libertad nos llaman?

"¡Mejicanos, alzad! No divididos
"por odio vergonzoso
"en peligro pongáis el don precioso
"que con mano sangrienta os ofrecimos,
"y por cuya conquista en mil combates
"al seno de la muerte descendimos.
"¿Hoy a nuestros verdugos
"dejaréis que derriben de la Patria
"el sacrosanto altar, su altar querido,
"sobre nuestros cadáveres alzado,
"en tanta sangre y lágrimas bañado,
"con tantos sacrificios adquirido?
"¡No! circundadlo en torno,
"el juramento espléndido, sublime,
"de vivir libres, o morir con gloria
"truene do quier, y en letras de diamante
"en el ara esculpid; ¡oh Mejicanos!
"*¡Rencor eterno, muerte a los tiranos!*"

¡A los tiranos muerte...! ¡Yo lo juro,
sombras augustas! Mi alma enajenada
cede al Dios que me inspira
dejar la grave toga y blanda lira

para esgrimir la vengadora espada.
¡A lidiar! ¡a vencer! ¡Con brazo fuerte
presto en el Océano
hundamos para siempre los pendones
nuncios infaustos de opresión y muerte,
y al Anáhuac respeten las naciones!
El clamor lamentable
de la española rota el mar pasando
a Cuba llegue, su cadena impía
destroce al fin el águila triunfante,
y sus alas soberbias agitando,
hasta en el trono espante
al opresor de Iberia. En sus altares
a Libertad afirme la Victoria
y de Méjico aplaudan a la gloria
del Norte y Sur los apartados mares.

(Julio 1829)

Ed. 1832

DESENGAÑOS

Cana mi frente está, mas no por años,
que veinte y seis abriles, aun no cuento;
cana mi frente está, no por espanto
que no temí jamás. ¡Ay! el tormento
de ansiar un bien ideal, que de mi ha huido
cual vana sombra; el ponzoñoso encanto
del falso amor, y su ilusión perdida
mi tierno corazón han desecado,
y, como duro cierzo, han devorado
la dulce primavera de mi vida.

Joven lleno de ardor, yo recorría
con grave afán y meditar profundo
las maravillas del visible mundo
la estrellada región de Poesía.
Osé bajar a la profunda fuente
de la verdad, y reflejó en mi mente
su santidad y cándida hermosura.
Por premio a tanto afán la tumba oscura
me devoraba en flor, dudosa fama
dejándome esperar en lo futuro.
Contra envidia y calumnia mal seguro,
sentí apagar de mi ambición la llama,
y con profunda ira
cerré mis libros, y quebré mi lira.

De mi oprimida patria los clamores
turbaron mi quietud. Entre las manos

la vi gemir de un pueblo de tiranos,
y devorar del yugo los horrores.
Ardió mi sangre, y exaltado, fiero,
juré su libertad, y otros conmigo,
y vi temblar al déspota severo,
y tenderme falaz mano de amigo,
dándome parte en el poder: rehuséla:
quise más que opresor ser oprimido;
y osando sacudir la vil cadena,
de noble orgullo y esperanza henchido,
lanzéme audaz a la terrible arena.

"Cubanos", dije, "¿en servidumbre impura
el yugo sufriréis por siempre yertos?
¿Sólo entre cataratas y desiertos
producir pudo un Wáshington natura ?
A la lucha terrible que preveo
la espada y pecho apercibid, cubanos:
mostrad aliento digno de espartanos,
y en mi tendréis al vengador Tirteo.
La agonizante patria gime triste,
y no la salvarán clamores vanos:
¡Cuando amagan y truenan los tiranos
en hierro y sangre la salud consiste!"

De mi patria los ojos un momento
atraje sobre mí... ¡Delirio insano,
presa mirónos del feroz tirano,
sin sacudir su torpe abatimiento;
y en medio de una hueste conjurada,
no se nos dio ni desnudar la espada.
Mis compatriotas nuestra ruina vieron
sin gozo, indignación, ni pesadumbre,
y en la vil servidumbre
con más profunda ceguedad se hundieron.

El suplicio que fiero me amagaba
pude evitar, y en extranjero cielo
sentí apagar el generoso anhelo
que tan indigna ingratitud pagaba.
De la vana ambición desengañado,
ya para siempre adjuro
el oropel costoso de la gloria,
y prefiero vivir simple, olvidado,
de fama y crimen y furor seguro.
De mi azarosa vida la novela
termina en brazos de mi dulce esposa,
y de mi hija la risa deliciosa
del afán ya pasado me consuela.

(1829)
Ed. 1832

A LA *CANTATA HEROICA* DEL C. FRANCISCO ORTEGA

¿E la lira de Píndaro valiente
la que en mi oído atónito resuena,
y a cuyo son sublime, que enajena,
las glorias canta de la griega gente?

Es del patriota Ortega el plectro ardiente
que con himnos de triunfo el aire llena:
a su voz brama el mar, el bronce truena,
y el combate inmortal se ve patente.

"Miscelánea", primera época, Tlalpam, t. II, núm. 5, enero 1830. Copia del archivo de E. Larrondo.
Versos publicados al final de un juicio crítico de Heredia sobre esa composición.

A UN AMIGO
DESTERRADO POR OPINIONES POLITICAS

Si la Musa que altiva me inspira
nunca supo adular a tiranos,
de la lira que tiembla en mis manos
hoy preside a la noble canción.

De un ilustre infortunio pretendo
mitigar la gloriosa amargura:
de amistad opondré la voz pura
al rugir de tirana facción.

¡Caro Albano! Mi pecho afligido
el adiós te dirije postrero:
del cariño, más firme y sincero
es mi canto la prenda final.
Pero no: si la Patria te mira
por injusto poder abrumado,
noble esquife, en la playa barado
volverás con el flujo a flotar.

En la guerra civil nos ha sido
la gran causa común, y la suerte,
y los hierros, la lid y la muerte
arrostramos con cívico ardor.
¡Libertad la terrible metralla
aumentaba con rotas cadenas...!
¡Horas arduas, ardientes, y llenas
de peligros y ciego furor!

De ese pueblo ignorante y opreso
aliviar la miseria quisiste,
y a la causa infeliz ofreciste
tu elocuencia, tu genio y valor.
¡Ay! ¡en vano! Tus nobles afanes
burla ya la feroz tiranía:
al destierro sañudo te envía,
y alevosa mancilla tu honor.

¡Parte, parte! Del Norte en los climas
libertad un asilo te ofrece:
en su seno divino merece
ocultarse tu noble revés.
De ingratitud bajo el manto tranquilo
allí reina la paz en los pechos,
y del hombre los santos derechos
sólo a Dios reconocen por juez.

Parte, Albano, a sus playas felices,
y conserva con alta esperanza
a la Patria, que débil te lanza,
tu elocuencia y tu fiel corazón.
Siempre fueron los pueblos ingratos
cuando ensayan las duras cadenas,
y frenéticas Roma y Atenas
inmolaron a Bruto y Fación.

(1830)
Ed. 1832

AL C. ANDRES QUINTANA ROO

*Por haber reclamado contra la expulsión
del general Pedraza*

Fue tiempo en que la docta poesía
de independencia y de poder armada,
al moral universo presidía.
Las hijas inmortales de Memoria
en inflexible tribunal juzgaban
y a los héroes y dioses dispensaban
indeleble baldón, o eterna gloria.
A ministerio tan sublime y puro
prestaba grato su favor el cielo,
y ante los vates desgarraba el velo
a la incierta región de lo futuro.
Mas hoy la adulación su canto inspira,
al sórdido interés atienden sólo,
y a su boca venal airado Apolo
el don de los oráculos retira.

¡No empero yo! Si de mi voz el eco
yace olvidado en nulidad profunda,
de la lisonja inmunda
jamás a la opresión quemé el incienso,
y limpio el corazón, puras las manos,
osó decir que *de mi libre Musa
jamás el eco adormeció a tiranos.*

Recibe, pues, el himno de alabanza
que parte de mi lira,
y generosa admiración me inspira.

Cuando del hombre libre los derechos
arrolla la opresión entronizada,
y la calumnia y delación armada
siembran espanto en los confusos pechos;
cuando jueces cobardes prostituyen
de Temis la balanza envilecida
ante el gesto homicida
del audaz opresor, y los senados
enmudecen, o bárbaros oprimen;
cuando por el terror domina el crimen,
tan sólo tú, sus iras arrostrando,
das al Anáhuac el sublime ejemplo
de la virtud augusta
con la opresión despótica luchando.
Del altivo tirano la insolencia
con noble aliento desdeñar osaste,
y a su sangrienta elevación lanzaste
el rayo vengador de tu elocuencia.
Así el sublime Tulio
de Roma en el atónito senado,
envuelto casi en próxima ruina,
constante y denodado
el furor fulminó de Catilina.
Así en los campos del undoso Egipto
por el Nilo inundados,
magestuosa Pirámide se eleva,
y a las ondas hirvientes superando,
su noble frente hasta las nubes lleva.

Prosigue, Andrés, tu generoso empeño,
y humillando a tiranos y facciones,

haz ver a las naciones
que hay virtud en Anáhuac. Vano el ceño
terminará sus bárbaros furores.
Prosigue, pues, tu espléndida carrera,
el himno escucha que mi voz te entona,
y de encina y laurel noble corona
ciña tu frente pálida y severa!

(Diciembre 1830)

Ed. 1832

Andrés Quintana Roo, nació en Mérida el 30 de noviembre de 1787 y murió en ciudad Méjico el 15 de abril de 1851. Escritor y político mejicano, intervino en la guerra por la independencia y luchas políticas subsiguientes.

AL GENIO DE LA LIBERTAD

¡Genio de Libertad, mi voz te implora!
en todos climas tu invencible aliento
esparció vida y luz, salud y gloria.
Por ti con grito inmenso de victoria
de Maratón los ecos resonaron,
con espanto de déspota vencido.
Después en Roma de funesto olvido
preservastes los nombres inmortales
de Bruto, Cincinato y de Camilo
y de otros mil cuya sublime frente
adornó el laurel. Su vasto foro
con el aplauso resonar se oía
de un pueblo altivo, generoso y fuerte,
que incienso en tus altares ofrecía.
En los montes de Helvecia fulminante
con el arco de Tell[1], y allí fundaste
a la simple virtud perenne templo.
Al septentrión de América elegiste
luego por tu mansión, el noble
inspiraste de Wáshington divino,
y presidiste a su inmortal destino,
y consagraste su sencillo techo.

---

[1] Gillermo Tell, personaje legendario, tal vez con fundamentos históricos, libertador de Suiza frente al dominio austríaco (s. XIV).

Después el Galo insano y furibundo
te quiso colocar entre sus lares;
más te erigió cadalso por altares,
y facciosos te dio por sacerdotes,
que fueron duros, bárbaros; mas dieron
ejemplo memorable a las naciones,
y en la ruina de antiguas opiniones
monumentos perenne te erigieron.

¡Genio de la Libertad! cuando con Riego
la noble frente en Gades levantaste.
¿Cómo en el porvenir no contemplaste
la cruel desolación que vino luego?

Por fin al Sur de América volando
de los sublimes Andes en la cumbre
que baña el sol con su perpetua lumbre,
tu bandera divina tremolando
llamaste a libertad un hemisferio,
que tras lucha sangrienta y dilatada
destruye al fin el español imperio.

¡Genio de la Libertad! desde mi cuna
a los tiranos fieros me inspirabas
generosa aversión: tú me llenabas
de inesplicable, de sublime gozo
cuando sentado en la agitada popa,
vi a mi bajel, del viento arrebatado,
romper las turbadas olas
del irritado mar, y por sus campos
leve volar, cual despedida flecha.
por ti, Genio inmortal, por ti me agrada
clavar la vista al sol, y ansiosamente
beber su inmensa luz.

Mi voz te implora,
el ruego escucha de quien fiel te adora.
Ven, desciende al Anáhuac agitado
por el tumulto atroz de las facciones,
y su furor sangriendo sofocado,
respiren los humanos corazones.
¿O tan solo serás perturbadora,
fantástica ilusión? No: yo te miro
de Iztaccihual bellísimo asentado
en las etéreas cumbres, revestido
con alta majestad. Bella, impalpable,
como el arco de Dios entre las nubes,
aliá vislumbra la visión gloriosa.

(1831)
Ed. 1832

"El Conservador", Toluca, t. I, núm. 4, 22 junio 1831, págs. 30-32.

LIBERTAD

Cuando el Creador con gigantesca mano
sobre sus ejes a la tierra puso,
¿tal vez formar al hombre se propuso
siervo cobarde o criminal tirano?

¿Enseñóle a doblar la vil rodilla?
No: el que oprime feroz y el que se humilla
del modelo inmortal se han separado.
El hombre vio la luz altivo y bello,
de Libertad con el augusto sello
sobre su frente varonil grabado.
Después hollando su feliz decoro
la infame tiranía,
le osó pesar en su balanza impía
con la plata insensible y con el oro.

¿Y por siempre serás, hombre oprimido,
un lunar en la frente de Natura?
¿Jamás la guerra impura
plegará su estandarte sanguinoso,
nuncio de asolación y horror profundo?
¿Nunca los hombres vivirán hermanos?
¿Los crímenes ¡oh Dios! y los tiranos
han de durar mientras que dure el mundo?

No, fieros opresores; vanamente
queréis ver quebrantado

el gran resorte de la humana mente.
¿Podéis adormecer el viento alado,
o de los astros enfrenar el vuelo,
o encadenar la furia del Océano?
Pues el ingenio humano
es fuerte como el mar y el viento y cielo.

Profética esperanza me asegura
que han de salir mil genios de la nada
a inundar a la tierra despertada
en luz intelectual, celeste y pura.
Un nuevo sol dominará la esfera,
y el incendio que vibre
destruirá la opresión y los errores,
prodigando sus rayos bienhechores
al siervo libertad, virtud al libre.

Ed. 1832

EL AMOLADOR

Inventó un amolador
concluir su piedra un día,
y conseguirlo quería
aguzando un azador.

Poco la piedra menguara
mas constante en su querer,
llegó a ver como alfiler
el azador que aguzara.

Como ignorante atrevido,
pronunció muy enfadado:
la piedra se está en su estado
y al azador se ha comido.

Mi locura es bien visible,
y aunque tarde, me arrepiento;
sírvalo esto de escarmiento
a quien quiera un imposible.

La piedra sois, federales:
canalizo, el azador:
el Clero, el amolador:
¿Y qué consiguen los reales?
¡Muerte, afrenta y deshonor...!

"El Fénix de la Libertad", Méjico, t. III, núm. 127, 5 diciembre 1833, pág. 3. Fue reproducida por "El Reformador", t. III, núm. 250, 13 diciembre 1833.

EPISTOLA AL C. ANDRES QUINTANA ROO

¿Por qué despiertas, caro Andrés, ahora
la voz del canto en mi afligido pecho?
Huyeron. ¡Ay!, a no volver los días
en que benigna la celeste musa
férvida inspiración me prodigaba
para cantar amores inocentes
o del saber y Libertad las glorias.

En los campos bellísimos de Cuba,
entre sus cocoteros y sus palmas,
yace muda tal vez la ebúrnea lira
que allí pulsó mi juventud fogosa
mas tú lo quieres; y aunque torpe, frío,
mi labio cantará, que en lazo puro
ligónos amistad inalterable:
cuando la usurpación tronaba fiera,
apoyada en el hierro y los delitos,
los dos entonces combatirla osamos,
con fuerza desigual; y por tu acento
noble, inspirado, resonó en mi lira
himno de honor a tu proscripta gloria.
En tanto decenviros inhumanos,
apóstoles de error y tiranía
viles fundaban infernal imperio
de calumnia, traición y asesinato,
de reinar instrumentos; ya los vimos
adquirir en contrato ignominioso

la cabeza de un héroe; y sus verdugos
a lentos tribunales bárbaro a las leyes.
Corrió la sangre; desplegó sedienta
la dilación sus ominosas alas,
y provocó, para notar traidora
de las víctimas, tristes el despecho.
Las querellas, el llanto, los suspiros.

Colmóse aqueste cáliz, y del crimen
vengador, aunque lento, inevitable,
tronó por fin el indignado cielo.
El hijo de Mavorte y la fortuna,
que en la margen del Pánuco[1] gloriosa
al ibero invasor ha poco hacía
morder, muriendo, la salobre arena,
de libertad el estandarte sacro
a los aires desplega; ya vencido
ya vencedor, combate doce lunas
del pueblo capitán: sangre a torrentes
riega de Anáhuac los feraces campos,
hasta que por su base desquiciada,
la colosal usurpación impía
con fragoroso estrépito desciende.

Entonces nuestras almas abatidas
iluminó benéfica esperanza,
como entre nubes en Oriente ríe,
precursora del sol, cándida estrella.

¿Lo recuerdas, Andrés? Tú me excitabas
al celebrar el venturoso día,
y aun el mismo adalid en tus hogares,
de admiración universal objeto,

---

[1] Río mejicano; desemboca en el golfo de Méjico.

para apurar el cáliz de fortuna
pidió a mi lira de victoria el canto.
Yo, yo también, alucinado entonces,
quise cantar, mas la rebelde musa,
présaga fiel de males venideros,
prestar no quiso inspiración al labio.
Por todas partes proclamar se oía
de la razón el adorable imperio...
¡Fútil, vana esperanza! El despotismo,
aunque menos feroz y sanguinario,
volvió a tender su abominable cetro,
confundiendo a culpados e inocentes
en ostracismo bárbaro; furiosa
tronó do quier la pérfida venganza;
organízose destructor sistema
de explotación y de rapiña infame
y holláronse del hombre los derechos.
Empero el mismo jefe, cuyo brazo
de los tiranos desarmó la furia,
impuso dique al popular torrente,
prometiéndonos régimen estable
de paz, concordia, libertad y leyes.
Mas luego audaz en dictador se erige,
cuando falaz, impúdica lisonja
de Wáshington glorioso, le apropiaba
la pura, noble celestial grandeza.

Perturbador eterno de su patria,
ciego campeón, de la virtud o el crimen,
por ansia de mandar, feliz soldado,
sin genio ni virtud, nunca su mente
del patriotismo iluminó la llama:
imprudente, ligero, voluptuoso,
de insaciable codicia devorado,
adorador no más de la fortuna,

pérfido, ingrato, débil, sostenido
en la ardua cumbre del poder supremo
por odio universal que menosprecia,
en enigma profundo, pavoroso.

¿Será posible que en la muda noche
no turbe su descanso la presencia
de quince mil espectros, inmolados
por él a Libertad, y que le piden
cuenta espantosa de su sangre? En vano
la despreciable adulación incensa
sus yerros y delitos: en la Historia
el brillará, pero con luz sombría,
y su musa imparcial daréle asiento
cual infausto, mortífero cometa;
entre Mario tal vez y Catilina.
Ante su torvo ceño se desploman
los templos de Minerva, y los reemplaza
una torpe, decrépita estructura,
deposita caduco, monumento
de diez siglos de error, en cuyas torres
vuela, insultando a la razón humana,
del goticismo bárbaro la enseña.

Legisladores sin misión, vendidos
a servidumbre dura y afrentosa,
atropellan frenéticos la santa
majestad inviolable de las leyes,
para erigir el execrado solio.
Donde al saber y libertad proscriban,
en insolente alianza coligados,
la profanada cruz y el hierro impío.
El bien común y las sagradas leyes
a la ambición sacerdotal se inmolan:
el insano, expirante fanatismo

rugiendo ante la luz, ya reanimado
vuelve a tronar: y estúpidos reprimen
la libertad del pensamiento humano
el duro potro y la voraz hoguera.

¿Y el opulento Anáhuac para siempre
será ludibrio y compasión del orbe?
Después que con esfuerzo generoso
y torrentes de lágrimas y sangre
destrozó del ibero el torpe yugo,
¿habrá de ser irremediable presa
de vil superstición y tiranía,
o anárquico furor? Desesperado
como el sublime historiador de Roma,
tal vez me inclino a blasfemar, y pienso
que cual nave sin brújula ni carta,
en turbio mar sin fondo y sin orillas,
el hombre vaga, y que inflexible, sorda,
ciega fatalidad preside al mundo.

¡Sagrada Libertad!, Augusta diosa,
del cielo primogénita, del orbe
decoro, gloria y bendición; mi pecho
te idolatró desde la simple infancia;
por ti supe luchar con los tiranos
adolescente aún, y fiel contigo
me desterré de mi oprimida patria.
Legislador en turbulentos caos
fortuna seductora me brindaba
la omnipotencia bárbara del crimen;
mas yo rehuséla: con aliento inútil
defendí tus derechos, y constante
de la silla curul bajé gozoso
por no violar tus sacrosantas leyes.
A pesar de los crímenes y males
a que, inocente, de pretexto sirves,

yo te idolatro: pasan los delitos,
y en ti mi fe subsiste inalterable.
La demagogia furibunda brama
profanando tu nombre, cual calumnian
superstición y fanatismo al cielo:
mas a tiranos viles y facciosos
devora el tiempo audaz, y tú serena
sobre sus tumbas inmortales sonríes.
Perdona, Andrés, si tétrica mi lira
en vez de afectos plácidos te envía
de nuestros tiempos el horrible cuadro.

Huyamos este suelo delicioso,
que de celeste maldición objeto,
es ¡ay! al genio, a la virtud infausto.
La industria de los hombres, la rudeza
puede vencer de inhospitales climas
no de inmortalidad y de ignorancia
el pavoroso destructor imperio.
En las rocas helvéticas y nieves,
y en el vecino Septentrión helado,
cubren, fecundan a felices pueblos
de libertad las olas protectoras.
Allá volar anhelo: las orillas
del Delaware, el Hudson y el Potómac
asilo me darán, seguro puerto,
do lejos de tiranos y facciosos,
bajo el imperio de las leyes, viva
feliz, tranquilo, ni señor ni esclavo.

(Toluca, 1 mayo 1835)

"El Heraldo", Méjico, 14 enero 1858, pág. 2. "El Renacimiento", Méjico, 10 julio 1869, págs. 398-399. En "El Renacimiento", apareció con la siguiente nota:

Tenemos el mayor placer en publicar esta magnífica composición del gran poeta D. José María Heredia, que hasta ahora permanecía inédita y que debemos a la bondad del distinguido literato cubano, D. Juan Clemente Zenea, quien pensaba publicarla en la edición que prepara de las obras del cantor del Niágara. Que nos perdone si nos anticipamos a su pensamiento en obsequio de los lectores de nuestro periódico.

EL ONCE DE MAYO

¿Escucháis?... De trompeta sonora
a esta parte retumba el acento,
y en las alas del rápido viento
le responde lejano clarín.
De caballos e infantes la marcha
estremece la mísera tierra,
y entre bárbaro grito de guerra
todos ansían laurel y botín.

A chocar ambas huestes caminan:
una y otra rugiendo amenaza:
el acero al acero rechaza,
y la muerte se acerca veloz.
Se aproximan... se mezclan. En ambas
desparece fugaz el terreno,
cada cual del contrario en el seno
clava y hunde la espada feroz.

¡Cielo! ¿cuál de las haces que luchan
invadió nuestro suelo sagrado?
¿cuál, decid, generosa ha jurado
a la patria salvar, o morir?
¿Extranjera cuál es...? ¡Ah! ¡ninguna!
de la santa piedad en ultraje,
un origen, un culto, un lenguaje,
una ley no las pueden unir.

Y ¿cuál ¡ay! fratricida su brazo
levantó sobre el otro primero?
¿Del combate sacrílego, fiero,
el motivo execrando cuál es?
¡Nadie sabe...! A morir, a dar muerte,
todos ¡ay! sin rencor han venido,
y vendidos a un jefe vendido,
se degüellan, e ignoran por qué.

¿No tendrán esos tristes guerreros
hijas, madres, hermanas o esposas?
¿Pues por qué furibundas, llorosas,
no los vienen del campo a sacar?
¿Por qué callan de Dios los ministros?
¿Cómo apáticos, mudos, los viejos,
con humanos, prudentes consejos
no refrenan ardor tan fatal?

¡Veteranos! en sangre del pueblo
no empapéis vuestras manos furiosas:
reservad esas armas gloriosas
a librarlo de vil opresión.
No incurráis en atroz fratricidio
por un jefe cual pérfido, ingrato:
al vil trono que sueña insensato
no sirváis de sangriento escalón.

¡Ay! de cuerpos la tierra se cubre,
la llanura, de sangre es un lago,
y entre muerte, lamentos y estrago,
crece el grito, redobla el furor.
Una hueste vacila, se rompe,
sucumbiendo a la suerte severa,
y en el vulgo, que ya desespera,
de la vida renace el amor.

Ved cual huyen dispersos en torno,
como aristas que el viento atropella...
mas en vano... Los sigue y degüella
de reserva la hueste fatal.
El cobarde infeliz fugitivo,
cuando piensa escapar de la lucha,
a su espalda frenético escucha
al caballo enemigo bufar.

Goza en tanto el imbécil caudillo,
embriagado en su mísera gloria,
y tremendo clamor de victoria
del que muere sofoca el gemir.
Aún asordan el campo confuso
los aplausos funestos de Marte,
y del bárbaro triunfo a dar parte
mensajero se advierte salir.

Dondequier se detiene un instante,
mil curiosos en torno se juntan,
y con fútil anhelo preguntan:
"¿Qué agradables anuncios traerá?"
¿De do viene sabéis, infelices,
y ventura esperáis inhumanos?
Que asesinan hermanos a hermanos,
es la horrenda noticia que da.

¡Ah! de luto cubrámonos todos...
mas ¡oh mengua! ¡oh baldón! ¡oh delitos!
doquier suenan de júbilo gritos,
de venganza el aplauso feroz.
¡Oh maldad! Sacerdotes impíos,
de la patria en el duro quebranto,
alzar osan estúpido canto,
fieros himnos que insultan a Dios.

Tú, tirano, traidor a las leyes,
vanamente reinar imaginas:
entre sangre, sepulcros y ruinas
trono infame podrás erigir.
Pero ¡tiembla! Severa te marea
Libertad con su sello divino:
de Iturbide el sangriento destino
te reserva fatal porvenir.

Libertad fulminó vengativa
de este mundo a los héroes gigantes,
a Iturbide y Bolívar: aun antes
el coloso de Francia cayó.
Y ¿tú piensas, enano perjuro,
extirpar sin castigo las leyes,
la diadema ceñir de los reyes,
y cubrirnos de infame baldón?

Toluca, 1.º junio 1835. Cuaderno manuscrito de copias de poesías de Heredia, que perteneció al archivo de J. A. Escoto. Inédita hasta después de la muerte del poeta.

"El Renacimiento, Méjico, 1869, t. I, págs. 411-412. *Campaña de Zacatecas*. Con la mención: "Inédita". 96 versos. Apareció con la nota siguiente: "Nuestros lectores agradecerán la publicación de esta poesía del gran Heredia que permanecía inédita también. El tirano a quien con tan terrible energía increpa, es el general Santa Ana, que venció en Zacatecas a los soldados defensores de las leyes".

En el cuaderno manuscrito aparece esta nota, que no existe en las copias de la versión impresa: "Las primeras estrofas son traducidas de un coro del "Conte di Carmagnola, tragedia de Manzoni".

POESIAS FAMILIARES

EN EL SEPULCRO DE UN NIÑO

Al brillar la razón a su alma pura,
miró los males del doliente suelo:
gimió; y los ojos revolviendo al cielo,
voló buscando perennal ventura.

(Créese de alrededor de 1817)
Ed. 1832
Ed. 1825. "Inscripción para el sepulcro de mi hermano.

AL SR. JUAN LOPEZ EXTREMERA

en la ópera Isabela de España

Un padre contra un hijo preocupado,
naciente imbuido en su manía,
que se descubre amante declarado
de la misma a quien tanto aborrecía.
Un hombre inexorable y porfiado,
que en seguir su tesón se complacía,
un anciano por fin que compadece
aquel a quien poco antes aborrece.

Todas estas pasiones reunidas
y en muy pocos momentos exaltadas,
sin ser por ti, o Extremera confundidas,
fueron con propiedad representadas.
Tus acciones son siempre comedidas,
al carácter que finges arregladas,
tú has enseñado en fin al pueblo indiano
lo que Mayquez practica en el hispano [1].

---

[1] Este célebre actir que con aplauso universal desempeña los papeles más interesantes en uno de los coliseos de Madrid, es quien introdujo principalmente el buen gusto en el accionar y el que puso en el mayor grado de perfección la etiqueta exterior en interior del teatro.

"Noticioso General", Méjico, 27 septiembre 1819, núm. 584, pág. 4. Aparece en la obra de M. GARCÍA GARÓFALO MESA: *José María Heredia en México*, Ediciones Botas, Méjico, 1945, pág. 76.

CANCION EN ALABANZA DEL SR. JUAN LOPEZ EXTREMERA

en el papel de Haradín Barbaroja

que desempeñó en el drama intitulado:
"Los Piratas en el Bosque de los Sepulcros"

Haradin Barbaroja, el argelino
atrevido pirata,
a las costas de Italia deliciosa
dirige apresurado su camino.
El ansia de pelear que le maltrata
es por vengar a su querida esposa,
que no lejos de Reggio la famosa
se quedó abandonada.
Y él la lloró cruelmente asesinada.

Sanguinario, despótico, orgulloso
cuando la plaza ha entrado,
demuestra su furor irresistible.
Solamente Ramiro valeroso
de la suerte común es exceptuado.
De Haradin el ejército terrible
extiende por doquier la muerte horrible,
y Reggio ya se mira
inmolado a los manes de Zamira.

Mas a Haradin a la presencia viene
ya Laurentina bella.
El aspecto feliz de su hermosa
del vencedor la cólera contiene.
Cesa la mortandad a ruego de ella.
Un leve sentimiento de ternura
se excita en Barbaroja. No procura
verter más sangre humana,
y refrena por fin su furia insana.
Enternecido ya, llora, suspira,
y en tristísimo acento
invoca con dolor y con ternura
el dulcísimo nombre de Zamira.
Sensible el pueblo que le escucha atento
llora y gime también su desventura.
Llenos sus corazones de amargura
al mirar dolor tanto,
derraman compasivos tristes llanto.

Y yo también en tan funesto día
sufrí su saña fiera.
Temblé por mi cabeza horrorizado
cuando en el teatro Mexicano veía
al bárbaro Haradin en Extremera.

Basta, basta Haradin, dije espantado,
perdona por piedad a un desdichado
que nunca te ha ofendido.
Concédeme la vida que te pido...
Yo, Extremera, te vi cuando ablandaba
Laurentina tu pecho,
cuando por fin de Reggio te apiadaste
mi corazón más libre respiraba,
admiré la nobleza de tu pecho

cuando de una mirada que le echaste
a Estéfano traidor avergonzaste,
y en fin cuando te miro
aprobar la protesta de Ramiro.

Loor eterno al actor que de este modo
con genio inimitable
conmueve el corazón de los humanos!
Su talento admiró México todo,
el joven y el anciano venerable,
letrados, militares y artesanos
batiendo con fervor las anchas manos
gozosos le aplaudieron,
y justicia debida así le hicieron.

Canción, dile a mi amigo,
que jamás acabara
si en mis versos cual debo celebrara
su talento feliz y su alta gloria.

Obras Poéticas, 1820.
"Noticioso General", Méjico, 18 octubre 1819, pág. 4.

A MI PADRE, EN SUS DIAS

Cuando feliz tu familia
se dispone, caro Padre,
a solemnizar la fiesta
de tus plácidos natales,
yo, el primero de tus hijos,
también primero en lo amante,
hoy lo mucho que te debo
con algo quiero pagarte.
¡Oh! ¡cuán gozoso repito
que tú de todos los padres
has sido para conmigo
el modelo inimitable!
De mi educación el peso
a cargo tuyo tomaste,
y nunca a manos ajenas
mi tierna infancia fiaste.
Amor a todos los hombres,
temor a Dios me inspiraste,
odio a la atroz tiranía
y a las intrigas infames.
Oye, pues, los tiernos votos
que por ti Fileno hace,
y que de su labio humilde
hasta el Eterno se parten.
Por largos años el cielo
para la dicha te guarde
de la esposa que te adora

y de los hijos amantes.
Puedas ver a tus biznietos
poco a poco levantarse,
como los verdes renuevos
en que árbol noble renace,
cuando al impulso del tiempo
la frente sublime abate.
Que en torno tuyo los veas
triscar y regocijarse,
y entre cariño y respeto
inciertos y vacilantes,
halaguen con labio tierno
tu cabeza respetable.
Deja que los opresores
osen faccioso llamarte,
que el odio de los perversos
da a la virtud más realce.
En vano blanco te hicieron
de sus intrigas cobardes
unos reptiles impuros,
sedientos de oro y de sangre.
¡Hombres odiosos...! Empero
tu alta virtud depuraste,
cual oro al crisol descubre
sus finísimos quilates.
A mis ojos te engrandecen
esos honrosos pesares,
y si fueras más dichoso,
me fueras menos amable.
De la triste Venezuela
oye al pueblo cual te aplaude,
llamándote con ternura
su defensor y su padre.
Vive, pues, en paz dichosa:
jamás la calumnia infame

con hálito pestilente
de tu honor la luz empañe.
Entre tus hijos te vierta
salud, bálsamo suave,
y amor te brinde risueño
las caricias conyugales.

(Noviembre 1819)

Ed. 1832

A MI PADRE ENCANECIDO

en la fuerza de su edad

Es el sepulcro puerta de otro mundo:
los sabios y los buenos
así lo afirman, y de espanto llenos
tiemblan los malos a su horror profundo.

¡Verdad sublime! ¡Oh Padre! Bastaría
tu dolor elocuente
a demostrarla, y a fijar mi mente
en los tormentos de la duda impía.

Deja que vil calumnia se prepare,
porque has obedecido
el acento del Dios que ha prometido
"Piedad y amor a quien piedad usare".

Los pueblos te bendicen: ellos fueron
de tu virtud testigos,
y cargan a sus torpes enemigos
la justa execración que merecieron.

No tus canas fijó del tiempo el vuelo;
sí noble desventura...
—¡Contempla ese volcán! ¿Su nieve pura
no prueba, di, su inmediación al cielo...?

(1820)

Ed. 1832

Ed. 1825. "A mi padre encanecido en la flor de su edad".

José María Heredia y Girad, primo de Heredia y autor de *Los Trofeos*, tradujo al francés, en 1859, a los diecisiete años de edad, la versión de esta poesía que figura en la edición de Toluca, 1832, con el título *A mon pére dont les cheveux avaient blanchi avant l'age*.

CARACTER DE MI PADRE

Integer vitae scelerisque purus.
HORAT

Candorosa virtud meció su cuna.
Fiole Clío su pincel sagrado;
su espada Temis. Contrastó indignado
al sangriento poder y la fortuna.

Siempre fue libre. De su frente pura
el ceño augusto fatigó al tirano,
cuya cobarde y vengativa mano
vertió en su vida cáliz de amargura.

Humanidad fue su ídolo. Piadoso
le hallaron el opreso, el desvalido:
fue hijo tierno, patriota esclarecido,
buen amigo, buen padre y buen esposo.

Hombres que de ser libres hacéis gloria,
él adoraba en vuestro altar augusto:
el polvo respetad de un hombre justo
y una lágrima dad a su memoria.

(Noviembre 1820)
Ed. 1832

"Semanario Político y Literario", Méjico, núm. 20, 29 noviembre 1820. Como epitafio al final de la *Biografía de José Francisco Heredia*, publicada sin la firma del poeta.

A MI ESPOSA EN SUS DIAS

¡Oh! ¡cuán puro y sereno
despunta el sol en el dichoso día
que te miró nacer, esposa mía.
Heme de amor y de ventura lleno.

Puerto de las borrascas de mi vida,
objeto de mi amor y mi tesoro,
¡con qué afectuosa devoción te adoro,
y te consagro mi alma enternecida!
Si la inquietud ansiosa me atormenta,
al mirarte recobro
gozo, serenidad, luz y ventura;
y en apacibles lazos
feliz olvido en tus amantes brazos
de mi poder funesto la amargura.

Tú eres mi ángel de consuelo,
y tu celestial mirada
tiene en mi alma enajenada
inexplicable poder.
Como el iris en el cielo
la fiera tormenta calma,
tus ojos bellos del alma
disipan el padecer.

Y ¿cómo no lo hicieran,
cuando en sus rayos lánguidos respiran

inocencia y amor? Quieran los cielos
que tu día feliz siempre nos luzca
de ventura y de paz, y nunca turben
nuestra plácida unión los torpes celos.
Esposa la más fiel y más querida,
siempre nos amaremos,
y uno en otro apoyado, pasaremos
el áspero desierto de la vida.

    Nos amaremos, esposa
mientras nuestro pecho aliente:
pasará la edad ardiente
sin que pase nuestro amor.
  Y si el infortunio vuelve
con su copa de amargura,
respete tu frente pura,
y en mí cargue su furor.

(28 noviembre 1827)
Ed. 1832

"Miscelánea", primera época, Tlalpam, t. II, núm. 5, enero 1830, pág. 29.

AL RETRATO DE MI MADRE

Es ella, sí: la venerada frente
que adoró mi niñez, de nuevo miro
con profunda emoción, aunque las huellas
del tiempo y del dolor tiene grabadas.
He aquí los ojos de mi débil cuna
estáticos velaban, y los labios
que con tierno cariño tantas veces
en mi pálida frente deponían
el santo beso maternal... Imagen
de la madre mejor y más amada,
ven a mis labios, a mi ardiente seno,
y recibe las lágrimas que brotan
mis ojos mustios; llanto de ternura
y acaso de fatal remordimiento.
Sí, madre idolatrada: tus amores,
tu anhelo por mi bien infatigable,
y tus lecciones de virtud sencilla
desatendí frenético... ¿Qué pago
recibiste de mí? Dolor y luto.
Precipité mis pasos imprudentes
tras el glorioso, espléndido fantasma
de inaccesible libertad. La ira
de celoso poder me hizo blanco,
y fulminó tremenda. ¡Cuántas noches
cuando los ojos de llorar cansados
cerrabas, te mostró la fantasía
mi sangriento patíbulo! Mi fuga,
y una separación tal vez eterna,

calmaron tu terror, no tus pesares.
¡Qué lágrimas ansiosas, de amargura,
te habrá tu primogénito costado;
prófugo, errante en extranjeros climas,
donde sentaron su fatal imperio
feroces odios, ambición tirana,
y fratricida, bárbara discordia!
   Y yo, madre, también tu triste ausencia
lamento inconsolable. Los prestigios
de mísero poder o fútil gloria
no me embriagaron, ni del pecho ansioso
borrar pudieron tu sagrada imagen.
De Temis en el templo venerando,
en la silla curul a que fortuna
elevóme después; en el peligro
y excitación de bélico tumulto;
entre los brazos de adorada esposa
o las tiernas caricias de mis hijos,
recordé tus amores, y brotaba
de mis ardientes labios el suspiro.
Tres años ha que por la vez primera
desde el trono español se pronunciaron
los dulces ecos de la paz y olvido.
¡Oh! cómo palpité... La fantasía
en mágica ilusión mostróme abiertos
los campos deliciosos de mi Cuba,
y entre sus cocoteros y sus palmas,
al margen de los plácidos arroyos,
con mi familia cara y mis amigos
me hizo vagar. Al agitado pecho
pensé estrechar a las hermanas mías,
a mi madre inundar en llanto dulce
de inefable ternura, y en su seno
deponer a mis hijos... ¡Mas sañudo
arbitrario poder frustró mis votos:

que en la opresa, infeliz, hollada Cuba,
de viles siervos abatida sierva,
no es dado el hacer bien ni al mismo trono
cuyo querer eluden los caprichos
de sátrapa insolente...! Se arrastraron
dos lustros y dos años dolorosos
de expatriación, de lágrimas y luto,
y en los hispanos pechos implacable
arde vivo el rencor...
                      Mas, a despecho
del odio suspicaz y la venganza,
yo, madre, te veré. Cuando benigna
primavera genial restaure al mundo,
las turbulentas olas del océano
hendiremos los dos y venturosos
del Hudson en las fértiles orillas
te abrazaré. Tu imagen venerada
será entretanto mi mayor consuelo.
Mostrándola a mis hijos cada día,
enseñaréles con afán piadoso
a que te amen, respeten y bendigan,
y oren por ti sus inocentes labios.
Ella en este desierto de la vida
será para mis ojos vacilantes
astro sublime de virtud. Al verla,
tus augustos consejos recordando,
fiel les seré, y a Dios enardecido
elevaré mis inocentes votos
porque a tus brazos me conduzca. Sea
báculo a tu vejez tu primer hijo,
y en asilo rural, feliz, oscuro,
te haga olvidar las anteriores penas
con amantes cuidados y caricias.
Aquesto y nada más demando al cielo.

(Diciembre 1835)

A MI MADRE

(Que me llama a Cuba con motivo de la Amnistía
dada por la Reina de España en abril de 1854)

I

"Ven otra vez a mis brazos
—me dices con tierno anhelo:—
dale a mi alma este consuelo,
que la tengo hecha pedazos!

Muévete las ansias mías,
mi gemir y mi llorar,
y consuelo venme a dar,
hijo, en mis últimos días;

porque es terrible aflicción
pensar que en mi hora postrera
no pueda verte siquiera
y echarte mi bendición!"

—Ay, triste ¡con qué agonía,
y con qué dolor tan hondo
a tu súplica respondo
que no puedo, madre mía!

Que no puedo, que no quiero,
porque, entre deber y amor,

me enseñaste que el honor
ha de ser siempre primero;

y yo sé que mal cayera
tu bendición sobre mí
si al decirte "Veme aquí",
sin honor te lo dijera.

II

Pisar mi cubano suelo,
y oír susurrar sus brisas
que son ecos de las risas
de los ángeles del cielo;
alrededor de la ciudad,
ver los grupos de palmares
cual falanges militares
de la patria Libertad;
ver desde la loma el río,
sierpe de plata en el valle,
y entrar por la alegre calle
donde estaba el hogar mío;

pasar el umbral y luego...
no encuentro frase que cuadre...
echarme en tus brazos madre,
loco de placer y ciego!

Volver a tus brazos... ¡ay!
Para pintar gozo tanto
ni pincel, ni arpa, ni canto,
ni nada pienso que hay!
Porque hasta en mis sueños siento
tan inmenso ese placer,

que al fin me llego a poner
el corazón en tormento;
y si expresártelo a ti
fuerza fuera, madre mía,
solamente Dios podría
decir lo que pasa en mí.

III

Pero, ¡ay, madre! que apenas
oigo tu voz que bendice
oiré otra voz que maldice...
¡la voz de Cuba en cadenas!

Dolorosa voz de trueno
que gritará sin cesar:
"Cobarde ¡ven a brindar
con la sangre de mi seno!"
  Y al ir a estrechar la mano
del hombre que en otro día
me respetaba y oía
como patriota y hermano,

sentiré aquel tacto frío
de la suya, que me dice
que su corazón maldice
la debilidad del mío;
y cualquier dedo, el más vil,
contra mí alzarse podrá,
y con razón me dirá:
"¡Bienvenido a tu redil!"

Al verme en vergüenza tanta,
pobre apóstata cubano,

querrá el soberbio tirano,
que vaya a besar su planta;
y ¿qué le responderé
cuando insolente me llame?
Menester será que exclame:
"¡Pequé, mi Señor, pequé!"

Y dirá el vulgo grosero,
con carjada insultante,
al pasar yo por delante:
"¡Ahí va un ex-filibustero!"

Y habrá de bajar la frente
sin poderla replicar,
porque tendré que tragar
su sarcasmo humildemente.

Esto no lo quieres, no:
lo sé bien, no lo querrías
y tú misma me odiarías
a ser tan menguado yo.

Mas pronto lucirá el sol
de mi Cuba, independiente,
hundiéndose oscuramente
el despotismo español;

y apenas raye ese día,
con amor y honor iré;
y "¡Aquí estoy ya! te diré;
"¡bendíceme, madre mía!"

La reproduce Gerófalo en su libro sobre Heredia.

POESIAS VARIAS

CHAPULTEPEC

El monte sagrado en que reposan
de los reyes aztecas las cenizas:
allá donde mil árboles soberbios
en desprecio del tiempo y la conquista
siempre verde y gloriosa alzan al cielo
su inmensa copa.

"El Iris", Méjico, 25 marzo 1826, pág. 80. La reproduce
M. GARCÍA GARÓFALO MESA: *Vida de José María Heredia en
Méjico*, pág. 231.

FRAGMENTO

Trocaste en cetro de hierro
mi bandera profanada.
¡Tiembla! Tu estrella eclipsada
palidecer miro yo.
La fuerza no tiene apoyo
cuando sin freno se mira,
¡adiós! Tu reinado expira,
y tu gloria ya pasó!

"La Oposición", Méjico, t. I, 2 agosto 1834. La reproduce Garófalo en la pág. 529.

DECIMAS

Entran en el cazador
las parvadas de sujetos
que parecen esqueletos
llenos de angustia y dolor.
Hallan allí un redentor
que sus penas les mitiga,
y la hambre les amortigua
del modo más infernal,
dándoles por un peso un real,
y aun en esto no sin fatiga.

El café del cazador [1]
es hoy la comisaría;
pues se ve en él todo el día
hacer pagos con ardor:
causa cólera y dolor
ver tanto pobre oficial
que hallándose sin un real
y de miseria acosados,
ocurren a los malvados
autores de nuestro mal.

La hambre nos hace ladrar
como perros de azotea,
y no hay cosa que no sea

---

[1] "El Mosquito Mejicano", t. IV, 31 marzo 1837. La reproduce Garófalo en la pág. 624.

agiotismo y más robar:
¡todo se nos va en pensar
qué haremos para vivir;
pues no se puede existir
en época tan fatal,
cercados de tanto mal,
que nadie puede sufrir!

ULTIMA CARTA DE HEREDIA
ESCRITA A SU MADRE

México, mayo 2 de 1839

Queridísima mamá de mi corazón:

No sé cómo disculpe el imperdonable descuido de no haber anunciado a su merced mi fe de vida, sobre todo, después que se levantó el bloqueo.

Por los médicos hace mucho tiempo que me tienen prohibido el que escriba, y valerme de un escribiente sería dejar a su merced en sus temores. Al cabo, me decido por este último extremo, pues de otro sólo podría ese escribir unos cuantos renglones y tan malamente, que darían lugar a mil cavilaciones siniestras.

Los médicos, después de haberme molido por todos los medios imaginables, me mandan ahora que haga un viaje de mar y pienso emprenderlo para ésa en cuanto logre allanar las dificultades que se presentan para salir de esta tierra de promisión. Jacoba se va conmigo, pues por más que le he instado haciéndole ver el riesgo a que se expone, esta mujer incomparable arrostra por todo, diciendo que su obligación es acompañar y asistir a su marido enfermo, y que a ella le suceda lo que Dios quiera.

Les advierto para que no se espanten, que no van a ver a mí, sino a mi sombra. Quizá con el ajiaquito, el ñame y el quimbombó lograré restablecerme algo, no menos con la compañía de su merced y de mis hermanas:

Adiós, adorada mamá: dé su merced mis finas espresiones a José Miguel e Ignacio, a Santiago, a Agustín y demás parentela, a Osés y a Pancho de la O. que pronto empezará, si Dios me da vida, la batalla de los berros, pues los médicos me han dicho que los coma a toda hora, cuando aquí no se encuentra en ninguna parte. Su merced cuídese mucho y reciba todo el corazón de su hijo amantísimo.

José María

P. S. Mil abrazos a mis querídisimas hermanas.

Porque sé que le será de mucho consuelo si no volvemos a vernos, diré a su merced que me he preparado a lo que el Señor disponga con una confesión general, y que he de vivir y morir en el seno de la Iglesia.

INDICE

INDICE

Págs.

DEDICATORIA 7
RECONOCIMIENTOS 9
INFLUENCIAS POÉTICAS EN JOSÉ MARÍA HEREDIA 11
BIBLIOGRAFÍA 43
RESUMEN CRONOLÓGICO DE LA VIDA DE JOSÉ MARÍA HEREDIA 61
DEDICATORIA Y ADVERTENCIA A LA EDICIÓN DE 1825 67
DEDICATORIA Y ADVERTENCIA A LA EDICIÓN DE 1832 69

POESIAS AMOROSAS

La Partida 73
La Prenda de Fidelidad 76
El Rizo del Pelo 78
A Elpino 80
Recuerdo 82
A la Hermosura 83
La Inconstancia. 86
Misantropía... 90
A..., en el Baile 93
A mi Caballo 97
La Cifra... 99
¡Ay de mí! 100
A Lola, en sus días 101
El Ruego. 104
Ausencia y recuerdos... 106
El Desamor.. 109
El Consuelo... 112

Págs.

En mi cumpleaños	114
Los Recelos...	119
El Convite...	122
La Resolución	124
A Rita L....	127
Renunciando a la Poesía...	129
La Lágrima de Piedad	130
Atala.	132
A la Estrella de Venus	135
A la señora María Pautret	138
Adiós.	140
En la representación de "Oscar"	142
A mi amante	144
La ausencia...	146
La mañana	148
Voto de amor...	149

POESIAS DESCRIPTIVAS

En una tempestad...	153
La estación de los nortes...	156
Al sol	159
Niágara	164
Himno al sol	170
Calma en el mar	173
Al Océano...	176

POESIAS FILOSOFICAS E HISTORICAS

Soneto	183
Al Popocatepetl.	184
En el Teocalli de Cholula	191
Inmortalidad.	197

ÍNDICE

Págs.

Poesía 198
Napoleón 203
Sócrates... 204
Catón 205
Roma. 206
Placeres de la Melancolía 207
Al cometa de 1825 218
A don Diego María Garay en el papel de Junio Bruto. 221
A Sila 222
A la religión 223
Los compañeros de Colón 228
Contemplación... 231
Progreso de las ciencias 234
Atenas y Palmira 237
Misantropía... 239
Meditación matutina... 242
A la gran pirámide de Egipto 244
Últimos versos... 246

POESÍAS PATRIÓTICAS Y REVOLUCIONARIAS

A don José Tomás Boves 251
A la paz 252
1820... 254
España libre 255
Himno patriótico al restablecimiento de la Constitución 265
En la muerte del señor don Alejandro Ramírez 269
El Dos de Mayo 270
A los griegos en 1821 273
Oda a los habitantes de Anáhuac 280
La estrella de Cuba 287
A Emilia 289
Proyecto. 295
A Washington... 298

	Págs.
Oda	302
En el aniversario del 4 de julio de 1776	304
Vuelta al Sur	307
Himno del desterrado...	310
Las Sombras	315
En la apertura del Instituto Mejicano	328
Himno de guerra...	333
Himno en honor del general Victoria...	336
Elegía	339
A Bolívar	347
Triunfo de la Patria	354
A los mejicanos, en 1829	357
Desengaños...	361
A la Cantata heroica del C. Francisco Ortega	364
A un amigo desterrado por opiniones políticas	365
Al C. Andrés Quintana Roo...	367
Al Genio de la Libertad	370
Libertad...	373
El Amolador	375
Epístola al C. Andrés Quintana Roo	376
El Once de Mayo...	383

POESIAS FAMILIARES

En el sepulcro de un niño	389
Al Sr. Juan López Extremera, en la ópera Isabela de España.	390
Canción en alabanza del Sr. Juan López Extremera en el papel de Haradin Barbaroja...	391
A mi padre, en sus días	394
A mi padre, encanecido en la fuerza de su edad... ...	397
Carácter de mi padre...	399
A mi esposa en sus días	400

	Págs.
Al retrato de mi madre	402
A mi madre	405

POESIAS VARIAS

Chapultepec.	411
Fragmento	412
Décimas...	413
ULTIMA CARTA DE HEREDIA A SU MADRE	417

www.ingramcontent.com/pod-product-compliance
Lightning Source LLC
Chambersburg PA
CBHW070058020526
44112CB00034B/1435